PETIT GUIDE ENCYCLOPÉDIQUE

LES POISSONS

ᴰ'AQUARIUM

Ouvrage collectif créé par Losange

Édition dérivée du Grand guide encyclopédique de l'Aquarium
(Éditions Artémis)

© 1998, Losange
© 1998, Éditions Artémis pour la présente édition

ISBN : 2-84416-009-3
Dépôt légal : novembre 1998
Achevé d'imprimer : octobre 1998
Imprimé en UE

PETIT GUIDE ENCYCLOPÉDIQUE

LES POISSONS
D'AQUARIUM

Alain BREITENSTEIN

ARTÉMIS
ÉDITIONS

SOMMAIRE

L'aquariophilie est un vieux hobby. Bien après les Chinois, ce sont les Romains qui entretenaient des viviers où l'on élevait des poissons. Ensuite les progrès techniques, notamment la rapidité des transports aériens, ont largement contribué au développement de ce monde du silence à domicile. Aujourd'hui, les aquariums ont pris une place prépondérante dans la décoration des habitations. Ils n'apportent que des satisfactions et sont attrayants pour tous. Ils ont un grand pouvoir de séduction et représentent des supports merveilleux de méditation et d'observations.

Les poissons, qui représentent environ 50 % des vertébrés, se distinguent par leurs silhouettes extrêmement diversifiées qui reflètent leurs habitudes alimentaires et leur mode de vie.

Les écailles

La peau de nombreux poissons est recouverte d'écailles imbriquées comme les tuiles d'un toit, elles constituent une barrière contre les agressions extérieures, maladies ou parasites. Les écailles confèrent aussi au poisson un profil aérodynamique. Leur forme et leur structure sont utilisées pour la classification des espèces. Certains poissons-chats et des requins ne possèdent pas d'écailles. Leur peau est nue.

Pterophyllum altum.

Les nageoires

Elles interviennent dans la propulsion du poisson et ont aussi un rôle de stabilisateur. Elles ont des formes très variées.
On classe les nageoires en deux catégories :
– les nageoires paires, placées symétriquement de chaque côté du corps, correspondent aux membres des vertébrés supérieurs ; ce sont les pectorales, situées en arrière de la tête, derrière les ouïes, et les ventrales, encore appelées pelviennes, situées en avant de l'anale ;

Betta splendens.

Acanthodoras spinossimus.

Anatomie externe

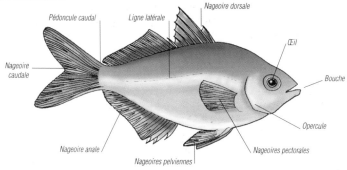

les nageoires impaires, uniques, sont représentées par l'anale, la caudale et la dorsale ; chez certaines familles, il peut y avoir plusieurs dorsales ou anales, placées l'une derrière l'autre. Les nageoires constituent l'un des meilleurs critères d'identification des poissons, par leur forme, leur niveau d'implantation et le nombre des rayons mous ou durs (ou épineux) qui les soutiennent.

Poecilia sphenops.

La respiration des poissons

Généralement, les échanges respiratoires ont lieu au niveau des branchies. Ces organes très vascularisés sont protégés par les opercules dont l'ouverture et la fermeture traduisent les mouvements respiratoires.

Appareil respiratoire du poisson

Lamelles branchiales — Arc branchial

Opercule fermé — Opercule ouvert

Gosier dilaté — Gosier contracté

L'eau est aspirée — L'eau est expulsée

La vue

La vision rapprochée se révèle assez précise chez de nombreuses espèces. Leur champ visuel est assez large sur les côtés, un peu moins en avant. Cette fonction n'est cependant pas primordiale pour toutes les espèces, notamment pour celles qui vivent en eau trouble.

L'odorat

Les poissons sont dotés d'une ou de deux paires de narines. L'odorat joue un rôle important dans la recherche de nourriture, de même que les barbillons situés près de la bouche de certaines espèces qui sont pourvus de papilles gustatives.

Le système digestif

L'emplacement de la bouche indique souvent à quel niveau évolue le poisson dans l'aquarium. Placée vers le haut, en position supère, le poisson nage près de la surface où il prélève sa nourriture. Une bouche terminale, située juste à l'extrémité de la tête, révèle des animaux nageant indifféremment vers le fond et vers le haut. La majorité des espèces possède une bouche infère, orientée vers le bas, leur permettant de racler les

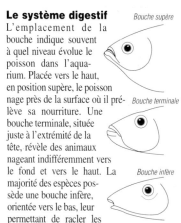

Bouche supère

Bouche terminale

Bouche infère

Anatomie interne

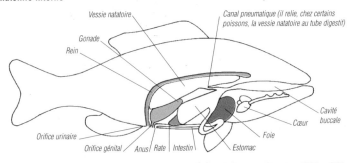

Vessie natatoire

Canal pneumatique (il relie, chez certains poissons, la vessie natatoire au tube digestif)

Gonade

Rein

Cavité buccale

Cœur

Orifice urinaire

Foie

Orifice génital | Anus | Rate | Intestin | Estomac

algues sur le substrat. Enfin, certaines espèces courantes ont une bouche entourée de nombreux barbillons sensoriels ou gustatifs. Les espèces prédatrices portent des dents robustes sur les deux mâchoires.

L'intestin, court chez les poissons carnivores, se prolonge en longues circonvolutions chez les espèces végétariennes.

Un diverticule du système digestif, la vessie natatoire, permet au poisson de contrôler sa flottabilité. C'est en fait une poche remplie de gaz, dont la quantité varie suivant les circonstances, permettant à l'animal de s'équilibrer à des profondeurs différentes.

Les organes tactiles

Pour capter les vibrations du milieu dans lequel ils évoluent, les poissons utilisent leur oreille interne et leur ligne latérale. L'oreille interne, dont le rôle auditif est limité, sert par ailleurs d'organe équilibrateur. La ligne latérale est en fait une succession de pores traversant les écailles et communiquant avec un canal sous la peau. Le long de ce canal se trouvent des cellules sensibles aux vibrations de l'eau, reliées au système nerveux des poissons. Elle est capable d'analyser les vibrations transmises par l'eau et d'informer les animaux sur la présence d'un congénère, d'un prédateur ou d'une proie.

Zebrasoma flavescens.

La coloration

En plus de l'attrait qu'elle exerce sur les aquariophiles, la couleur des écailles joue un rôle important chez les poissons. Elle sert d'une part à identifier les espèces et parfois les sexes, d'autre part elle dissimule le poisson aux yeux de ses prédateurs. Cette coloration provient de cellules spéciales qui contiennent des pigments. Elle est donc le résultat d'un processus chimique naturel, mais elle est aussi déterminée par la réflexion de la lumière. Certaines espèces sont capables, par mimétisme, de contrôler la quantité de pigments qu'elles produisent. Leur patron de coloration change alors en fonction de leur environnement. Pour des raisons de sécurité, certains poissons modifient leur coloration pendant les périodes nocturnes.

Xiphophorus maculatus.

Acanthurus leucosternum.

D'abord, ne vous pressez pas pour acheter vos futurs pensionnaires. Attendez que votre aquarium s'équilibre, c'est-à-dire que les plantes forment leurs racines et que les bactéries commencent leur travail. Ensuite, sélectionnez des espèces qui vivent en parfaite harmonie. Assurez-vous que les mœurs de vos nouveaux sujets ainsi que leur taille et leur sociabilité soient toutes compatibles dans un aquarium communautaire.

Les magasins spécialisés sérieux offrent un large choix de poissons exotiques parfaitement sains, acclimatés à la vie en aquarium. En effet, ces boutiques sont équipées de bacs de quarantaine dans lesquels les nouveaux arrivants, très affaiblis par le voyage, reprennent des forces durant deux à trois semaines avant d'être exposés dans les aquariums de vente. C'est au cours de cette période que le taux de mortalité est le plus important, surtout en ce qui concerne les espèces tropicales marines. Un poisson en bonne santé présente un comportement vif et curieux, des écailles brillantes, scintillantes et des nageoires largement déployées. En revanche, la présence de taches sur le corps ou sur les nageoires révèle un poisson malade, mal soigné.

Quelques précautions avant l'achat

Avant d'acquérir un poisson, posez-vous les questions suivantes : de quel pays provient-il ? Quelles sont ses exigences par rapport aux qualités de l'eau ? Est-il prédateur ? Quelle sera sa taille adulte et éventuellement est-il résistant aux maladies, est-il facile à reproduire ?

Choisissez l'animal dans un bac de vente propre et sain, dans lequel vous ne remarquez aucun poisson mort.

Si l'espèce sélectionnée est grégaire, achetez au moins cinq à dix spécimens de la même espèce et de la même taille.

Recherchez des espèces qui vivent en bonne intelligence, et ne vous laissez pas séduire par un superbe spécimen dont vous ne connaissez pas le comportement ou la taille adulte.

Évitez de surpeupler votre aquarium.

Le transport des poissons

Pour transporter des poissons, des plantes fragiles ou des invertébrés sur une courte distance, votre fournisseur remplira une pochette en plastique avec un tiers d'eau provenant de l'aquarium d'origine et il gonflera le volume restant. Cette enveloppe sera entourée par du papier journal pour éviter les refroidissements mais aussi parce que, dans l'obscurité, les animaux s'effraient moins. Bien sûr, ils seront répartis en fonction de leur taille, de leur régime alimentaire et de leur comportement.

Pour éviter les déperditions thermiques dues à de longues distances, il est parfois utile d'isoler ces pochettes dans une glacière. Des précautions spéciales sont prises pour le transport de poissons épineux.

L'introduction dans le bac

Arrivé à destination, laissez flotter le sac à la surface de l'eau de votre aquarium pendant une dizaine de minutes, au cours desquelles la température va s'équilibrer entre les deux milieux, puis faites pénétrer peu à peu l'eau de l'aquarium à l'intérieur du sachet, pour mélanger les deux eaux, qui peuvent avoir des caractéristiques différentes, avant de libérer vos pensionnaires. Si vous introduisez un nouveau spécimen dans un bac communautaire déjà peuplé, nourrissez abondamment les autres poissons et réduisez l'éclairage. En effet, il est possible que cet intrus soit au début violemment pourchassé par les occupants du bac, surtout s'il s'agit de poissons tropicaux marins ou d'espèces d'eau douce territoriales. Dans tous les cas, veillez à ce qu'il y ait toujours suffisamment de cachettes et de refuges convenables pour que les nouveaux venus puissent rapidement s'abriter. Dernier conseil pour conclure : évitez les transferts inutiles de poissons ou de plantes d'un aquarium à l'autre. Cette opération engendre beaucoup de stress et l'apparition de maladies. Préférez toujours la prophylaxie à la thérapie.

Le cas particulier des poissons marins tropicaux

L'un des meilleurs critères pour choisir ses premiers poissons d'aquarium marins est le prix. Les moins chers sont généralement des espèces courantes, abondantes dans la nature. Si l'on ajoute que ces espèces sont souvent de petite taille, et par conséquent de sociabilité assez bonne, ce qui est rarement le cas avec ces poissons, on constate qu'un prix moyen s'accompagne d'autres avantages déterminants.

Pour vos premiers pas choisissez de préférence des poissons-demoiselles, dont les plus recommandés appartiennent aux genres *Chromis, Glyphidodontops* et *Dascyllus*. Les jeunes Labridés sont aussi tout à fait recommandables, en particulier les girelles des genres *Coris* (*Coris gaimard* par exemple) et *Thalassoma* (*Thalassoma lunare* en particulier). Si vous cherchez un peu d'originalité, n'hésitez pas, offrez-vous quelques blennies : ces petits poissons de fond ont un comportement tout à fait amusant ; même s'ils sont souvent moins colorés que les autres poissons tropicaux, il existe cependant quelques espèces aux couleurs remarquablement vives, dans le genre *Escenius* en particulier. Si l'équilibre biologique de votre aquarium semble se mettre en place convenablement, vous pouvez ensuite tenter d'introduire des poissons-clowns, plus sensibles que les espèces précédentes à la qualité de l'eau. Parmi les espèces les plus robustes, retenez *Amphiprion ocellaris* et *Amphiprion sebae*.

Attention ! Un poisson robuste ne signifie pas que vous puissiez lui faire subir n'importe quel traitement ! Les poissons marins restent de toute façon fragiles, et très sensibles à la qualité physico-chimique de l'eau et à la variété de l'alimentation.

maintenue à une température convenable par l'intermédiaire d'un combiné thermostat-résistance, éventuellement entouré d'un grillage (plastique) pour éviter que les poissons ne se brûlent. Un petit filtre intérieur, muni d'un exhausteur et garni d'une couche de Perlon, assure la limpidité et l'aération de l'eau. Un pot en terre cuite renversé sur le côté sert de refuge, offrant aux animaux malades ou nouvellement acquis un abri sécurisant. Une ou deux plantes en plastique peuvent agrémenter le décor. L'intérêt des plantes en plastique réside dans la facilité avec laquelle elles se désinfectent. L'emploi de charbon actif dans le système de filtration est à proscrire car ce produit très efficace absorberait les médicaments dilués dans l'eau. L'éclairage, programmé 10 à 12 heures par jour, doit être modéré, les poissons malades étant sensibles à une lumière trop puissante. N'oubliez pas non plus de désinfecter l'épuisette qui sert au transfert des poissons contaminés. L'aquarium de quarantaine et de soins d'eau de mer doit mesurer 1 m de long et contenir une eau exactement identique à celle du bassin d'origine. Il est souhaitable de prélever une partie de l'eau dans l'aquarium collectif pour remplir le bac de soins, tout en complétant le niveau avec de l'eau neuve préparée quelques jours à l'avance.

Aquarium de quarantaine

Avant d'introduire de nouveaux poissons dans un aquarium d'ensemble déjà peuplé, il est prudent de les isoler dans un bac de quarantaine pendant une période de huit à quinze jours. Cette précaution, qui limite les risques de contamination, permet également l'observation attentive des pensionnaires nouvellement acquis. Cette période d'isolement est suffisante pour que les maladies latentes se déclarent et soient rapidement soignées.

C'est dans cet aquarium un peu particulier que vous pourrez aussi isoler éventuellement un spécimen malade sans perturber les autres poissons du bac collectif.

L'aquarium de quarantaine, d'une longueur de 50 cm environ, construit en verre collé, ne contient aucun substrat, ni sable ni plantes aquatiques naturelles. L'eau est

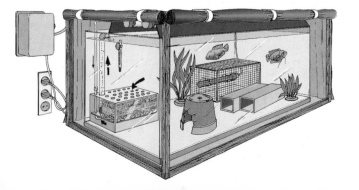

EN EAU DOUCE | EN EAU DE MER

Aération

Puissante pompe à air. Diffuseur en bois ou en céramique. Colmatage rapide. Nettoyage à la flamme ou remplacement fréquent. Utilisez un diffuseur pour 60 litres d'eau et un autre pour l'écumeur.

Filtration

Filtrez au moins 3 fois le volume du bac par heure. Ajoutez des pompes à eau uniquement pour créer des courants et des turbulences.

Aération

Pompe à air de quelques watts. Diffuseur en pierre poreuse ou en céramique. Colmatage lent. Branchez plusieurs diffuseurs sur une même pompe à air. Utilisez un diffuseur pour 100 litres d'eau.

Filtration

Avec un peuplement normal, filtrez 1 fois le volume de l'aquarium par heure. Les bacs de Cichlidés africains sont filtrés 2 fois par heure.

Lumière

Installez 1 watt de lumière fluorescente pour 1 litre d'eau. Durée de l'éclairage : de 12 à 15 heures par jour. Pensez aussi aux lampes à vapeur de mercure, plus coûteuses mais très efficaces.

Chauffage

Prévoyez 1 watt de chauffage pour 2 litres d'eau. Surveillez les dépôts de sels sur les résistances électriques. Pas de variation diurne/nocturne.

Lumière

Installez 1 watt de lumière fluorescente pour 2 à 3 litres d'eau. Durée de l'éclairage : de 10 à 12 heures par jour.

Substrat

Sable de corail ou coquilles d'huîtres pilées.

Matériel spécifique

Stérilisez en utilisant une lampe germicide. Installez un écumeur de protéines sur une pompe à air uniquement destinée à cet usage.

Chauffage

Dans un aquarium d'une capacité égale ou inférieure à 100 litres, installez 1 watt de chauffage par litre d'eau. Si le bac est supérieur à 100 litres, 1 watt pour 2 litres d'eau est suffisant. La température diurne/nocturne peut légèrement baisser de 1 à 2 °C.

Substrat

Sable, quartz.

Matériel spécifique

Aucun.

Standard ou sur mesure

Vous trouverez facilement dans les magasins spécialisés un vaste choix de cuves en verre collé réalisées dans des dimensions standards. Généralement, ces aquariums vendus prêts à l'emploi ont l'avantage d'être présentés avec une galerie d'éclairage bien adaptée et des couvercles en verre protégeant le ou les tubes fluorescents.

Les mesures usitées dans le commerce sont généralement les suivantes :

Longueur	Largeur	Hauteur	Volume
40 cm	20 cm	25 cm	20 litres
50 cm	25 cm	30 cm	37 litres
60 cm	30 cm	30 cm	54 litres
60 cm	30 cm	35 cm	63 litres
70 cm	30 cm	35 cm	73 litres
70 cm	30 cm	40 cm	84 litres
80 cm	30 cm	40 cm	96 litres
80 cm	35 cm	40 cm	112 litres
100 cm	35 cm	40 cm	140 litres
100 cm	40 cm	40 cm	160 litres
100 cm	40 cm	45 cm	180 litres
120 cm	40 cm	50 cm	240 litres
135 cm	45 cm	50 cm	300 litres
150 cm	50 cm	55 cm	412 litres
200 cm	50 cm	60 cm	600 litres

Selon l'espace ou le support dont vous disposez, vous pourrez envisager la construction d'un aquarium sur mesure exactement adaptée à vos besoins. Depuis les années 1960, l'apparition de colles aux silicones a considérablement simplifié la construction des aquariums, en éliminant tout risque de

La première démarche consiste évidemment en l'acquisition d'un aquarium. Il y a beaucoup de modèles mais le plus populaire reste le bac rectangulaire construit en verre collé. La traditionnelle boule en verre est définitivement à proscrire. Il faut retenir une forme qui offre une large surface de contact entre l'air et l'eau. La vie des poissons et des plantes aquatiques dépend en effet des échanges de gaz avec l'atmosphère. La hauteur d'eau contenue dans l'aquarium est elle aussi importante, car c'est un facteur susceptible de limiter la pénétration de la lumière, énergie indispensable à la croissance des végétaux aquatiques. Il existe des cuves de toutes dimensions et de toutes formes, mais les aquariums les mieux adaptés pour assurer le bien-être des poissons ont une contenance qui varie de 50 à 500 litres. Le volume de l'aquarium détermine la quantité et les espèces de poissons que vous allez élever. Beaucoup de débutants très enthousiastes font un choix hâtif, peu réfléchi, qui les conduisent le plus souvent à l'échec. Dans un aquarium d'un volume inférieur à 50 litres, le choix des poissons est limité. Dans un bac plus grand, les poissons ont plus d'espace libre, le choix des espèces s'élargit et les problèmes de maintenance passent au second plan.

10 cm et la femelle 12 cm, soit un total de 22 cm, il faut au minimum un aquarium de 50 litres, soit une façade d'environ 60 cm. En eau de mer, les choses sont un peu plus compliquées. Prévoyez 1 cm de poisson pour 5 à 10 litres d'eau. Les poissons marins ont des relations intra et interspécifiques et des besoins extrêmement variables. Par exemple l'*Arothron diadematus,* qui atteint 20 cm, est à l'aise dans

fuite. Cette invention, qui a révolutionné l'aquariophilie, permet aujourd'hui d'assembler des glaces dépourvues d'armature métallique et d'éviter tous les problèmes d'oxydation et de toxicité des métaux.

Les aquariophiles astucieux peuvent maintenant concevoir et réaliser des cuves de formes extrêmement variées, parfois de grande contenance (la fabrication de grands aquariums est cependant réservée aux personnes très expérimentées).

La construction d'un bac de petite ou moyenne dimension, entre 50 et 300 litres, devient tout à fait abordable pour l'amateur disposant d'un budget limité.

La densité de peuplement

Pour déterminer approximativement cette densité, il existe une règle simple qui a fait ses preuves depuis de longues années. Dans un aquarium d'eau douce prévoyez 1 cm de poisson pour 2 litres d'eau. Exemple : pour élever dans de bonnes conditions un couple de *Xiphophorus helleri* dont le mâle adulte atteint

un bac de 200 à 300 litres. Mais les *Chaetodon* ou poissons-papillons qui sont d'excellents nageurs, réclament la mise en eau d'un aquarium supérieur à 600 litres.

Xiphophorus helleri.

Le volume d'un aquarium marin joue d'autres rôles. Ainsi, dans un bac de 600 litres bien dotés de cachettes, plusieurs centropyges nains, pourtant très agressifs, peuvent cohabiter. Mais un aquarium de 300 litres ne pourra recevoir qu'un seul spécimen.

Arothron diadematus.

AQUARIUM DE 50 CM

Dans un aquarium de 50 cm de long, soit un volume d'environ 40 à 50 litres, vous pouvez élever de petits Bélontiidés :
– un ou deux couples au maximum, sélectionnés parmi les gouramis nains, Colisa lalia *et* Colisa sota.

Éclairage : un tube fluorescent de 45 cm, soit une puissance totale de 15 watts.
Filtration et aération : faible. Ce sont des poissons très calmes.
Chauffage : résistance sous verre ou câble chauffant sous sable de 30 à 40 watts.
Changements d'eau : environ 10 % 2 fois par mois.
Plantation : abondante en périphérie avec beaucoup de plantes flottantes.
Décor : composé de racines de tourbières et de quelques roches.
Alimentation : deux distributions journalières de petites proies vivantes. Les aliments frais et lyophilisés sont bien acceptés et les flocons sont utilisés en complément.

Gourami nain.

Poecilia reticulata *ou guppy. Le mâle est à gauche, la femelle à droite.*

Ce type d'aquarium peut aussi recevoir des Poéciliidés :
*– un couple d'*Heterandria formosa *ou poisson-moustique, un couple de* Poecilia reticulata *ou guppy, ou encore un couple de* Xiphophorus pygmaeus *ou porte-épée nain.*

Éclairage : deux tubes fluorescents de 45 cm soit une puissance totale de 30 watts. Cet éclairage puissant permet un abondant développement des algues appréciées par ces poissons.
Filtration et aération : filtre débitant environ 50 à 100 litres/heure.
Chauffage : résistance sous verre ou câble chauffant sous sable de 30 à 40 watts.
Changements d'eau : environ 10 % 2 à 4 fois par mois.
Plantation : abondante en périphérie avec de larges espaces pour la nage.
Alimentation : deux ou trois distributions journalières de petites proies vivantes, d'aliments lyophilisés et de paillettes.

AQUARIUM DE 80 CM

*Avec un bac de 80 cm de façade, soit environ 100 litres, le choix s'élargit. Vous pouvez élever des petits Cichlidés tels que un ou deux couples d'*Aequidens curviceps, Aequidens dorsiger *ou* Aequidens maronii, *mais attention aux combats de rivalité.*

Éclairage : deux tubes fluorescents de 60 cm pour une puissance de 40 watts.
Filtration et aération : filtre débitant au minimum 100 litres/heure.

Cichlidé nain.

Chauffage : résistance sous verre ou câble chauffant sous sable de 60 à 80 watts.

Changements d'eau : environ 10 % 2 à 4 fois par mois.

Plantation : abondante avec de larges espaces pour la nage.

Décor : composé de racines de tourbières et de quelques roches. Prévoyez de nombreuses cachettes.

Alimentation : deux ou trois distributions journalières de petites proies vivantes et d'aliments lyophilisés, les paillettes sont souvent refusées.

Des Bélontiidés comme le Trichogaster leeri *ou* Trichogaster trichopterus *s'élèvent facilement. Faites cohabiter un ou deux couples au maximum.*

Trichogaster leeri.

Éclairage : un tube fluorescent de 60 cm pour une puissance de 20 watts.

Filtration et aération : filtre débitant 100 litres/heure.

Chauffage : résistance sous verre ou câble chauffant sous sable de 60 à 80 watts.

Changements d'eau : environ 10 % 2 fois par mois.

Plantation : abondante avec de larges espaces pour la nage. N'oubliez pas les plantes de surface.

Décor : composé d'un enchevêtrement de racines de tourbières et de quelques roches.

Alimentation : deux ou trois distributions journalières de petites proies vivantes, d'aliments lyophilisés et de paillettes.

AQUARIUM DE 100 CM

Barbus nigrofasciatus.

À partir de 100 à 120 cm de façade, soit un volume de 180 à 240 litres, vous pouvez associer des poissons grégaires qui vivent en bancs : 8 à 10 Barbus nigrofasciatus, *8 à 10* Barbus titteya, *15 à 20* Danio rerio *et 10* Rasbora borapetensis. *Quelques poissons de fond comme les petits* Corydoras *trouvent ici leur place.*

Éclairage : deux tubes fluorescents de 90 cm, soit une puissance totale de 60 watts.

Filtration et aération : filtre débitant 100 litres/heure.

Chauffage : résistance sous verre ou câble chauffant sous sable de 100 à 150 watts.

Changements d'eau : environ 10 % 2 fois par mois.

Plantation : abondante avec de larges espaces pour la nage. N'oubliez pas les plantes de surface.

Décor : composé d'un enchevêtrement de racines de tourbières et de quelques roches.

Alimentation : deux ou trois distributions journalières de petites proies vivantes, d'aliments lyophilisés et de paillettes.

Danio rerio.

Petits cichlidés africains.

AQUARIUM DE 135 CM

Dans un aquarium de 135 cm de long, 45 cm de profondeur et 50 cm de hauteur, soit un volume de 300 litres, vous pouvez démarrer l'élevage des Cichlidés africains. Quelques Melanochromis, Pseudotropheus, Julidochromis *ou* Neolamprologus *pourront éventuellement cohabiter et se reproduire dans cet aqua-rium. Tous sont territoriaux et réclament un décor rocheux formant de nombreuses anfrac-tuosités. Les plantes sont absentes du milieu naturel. Seules quelques* Vallisneria *sont capables de résister aux assauts des poissons.*

Décor d'un aquarium destiné aux cichlidés africains.

Pseudotropheus.

Éclairage : quatre ou cinq tubes fluorescents de 90 cm soit une puissance totale de 120 à 200 watts. Cet éclairage puissant permet un abondant développement des algues indispensables pour l'acclimatation et le bien-être de ces poissons.

Filtration et aération : puissante. Filtrez au moins 2 fois le volume total par heure.

Chauffage : résistance sous verre ou câble chauffant sous sable de 150 à 200 watts.

Changements d'eau : environ 10 % toutes les semaines.

Plantation : pratiquement nulle.

Décor : composé d'empilements rocheux et de cavités sombres et profondes.

Alimentation : deux distributions journalières de proies vivantes et d'aliments lyophilisés.

AQUARIUM MARIN

Un aquarium marin doit être le plus grand possible. Sa façade minimale se situe entre 150 et 200 cm, ce qui représente respectivement un volume de 400 à 600 litres. Les poissons marins tropicaux ont du caractère et sont souvent individualistes. Même au sein d'une même espèce vous rencontrerez des comportements différents. Il est donc délicat de proposer des associations idéales. Une bonne méthode consiste à s'informer le plus précisément possible avant toute acquisition. En eau de mer, on distingue deux grands types d'aquariums : les communautaires, qui abritent poissons et invertébrés, et les spécifiques, dans lesquels on n'élève que des poissons. En général, les premiers poissons achetés par l'amateur sont des poissons-clowns ou *Amphiprion* et des demoiselles genre *Dascyllus*. L'acclimatation et l'élevage des *Amphiprion* sont simples si vous respectez une condition essentielle : la présence d'anémones symbiotiques. La règle idéale est d'élever un couple de poissons-clowns avec au minimum une anémone. Si vous augmentez le nombre d'anémones, l'aquarium sera plus esthétique et le ou les couples auront davantage de choix, ce qui réduit sensiblement les problèmes de territorialité.

L'équipement moyen d'un aquarium d'eau de mer est le suivant :

Éclairage : puissant à très puissant. Six tubes fluorescents de 150 cm, soit une puissance totale de 390 watts. Cet éclairage fluorescent peut être complété par quelques lampes à vapeur de mercure. Avec un bac de 600 litres, comptez trois ou quatre lampes de 125 watts chacune. Les invertébrés ont besoin de beaucoup de lumière.

Filtration et aération : prévoyez deux diffuseurs fortement alimentés par volume de 400 litres. Filtrez 4 à 5 fois

Caulerpa sertularioides.

Jeune Chromileptes altivelis.

Substrat calcaire destiné à l'aquarium marin.

le volume total par heure. N'oubliez pas l'indispensable écumeur de protéines.

Chauffage : résistance sous verre de 200 à 250 watts.

Changements d'eau : environ 10 % 2 fois par semaine. Veillez à ce que le pH se maintienne autour de 8,3. La densité normale est d'environ 1 025.

Plantation : les caulerpales jouent un rôle biologique et sont très décoratives. Lorsque les conditions de culture leur conviennent, elles peuvent devenir envahissantes. Certains poissons les dévorent.

Décor : composé d'empilements de roches calcaires, de squelettes de gorgones qui divisent l'aquarium et permettent à chaque couple d'établir son territoire.

Alimentation : deux ou quatre distributions journalières sont idéales. Variez le plus possible les menus, non seulement d'un repas à l'autre mais aussi d'un jour à l'autre. Les *Artemia* adultes vivantes sont indispensables. Des vers de vase soigneusement rincés et distribués vivants sont aussi bien appréciés. Viennent ensuite les aliments congelés, crustacés marins et d'eau douce, les encornets, les huîtres, les crevettes roses, le phytoplancton. Les aliments frais apportent de la variété dans les menus, je pense notamment aux moules crues ou rapidement ébouillantées, aux néréis, aux œufs de crevettes et aux élevages de rotifères comme le *Brachionus plicatilis*.

LES POISSONS
D'EAU DOUCE

ERPETOICHTHYS CALABARICUS
Poisson-roseau

ORIGINE : *Afrique, delta du Niger*
Syn. lat. : Calamoichthys calabaricus – Calamichthys calabaricus

• T. : 40 cm • Poisson de fond, crépusculaire • Aquarium : 200 litres • pH : 6,5 à 6,9 • T° : 22 à 28 °C

▌Comportement
Les relations intraspécifiques sont bonnes. Les petites espèces sont dévorées. Il est essentiellement actif la nuit.

▌Exigences
Bac spécifique. Ce poisson aime se dissimuler parmi les racines de tourbières agrémentées avec des plantes aquatiques. Il consomme exclusivement des proies vivantes.

▌Reproduction
Elle est inconnue en aquarium.

▌Particularités
Les Polypéridés ont un poumon auxiliaire qui leur permet de survivre plusieurs heures hors de l'eau. Couvrir soigneusement l'aquarium. Le genre *Erpetoichthys* est plus connu sous l'ancienne dénomination de *Calamoichthys*.

PANTODON BUCHHOLZI
Poisson-papillon

ORIGINE : *Afrique occidentale*

• T. : 10 cm • Poisson agressif • Aquarium : 100 litres • pH : 6,5 • T° : 24 à 30 °C • Nage sous la surface

▌Comportement
Ces poissons inféodés à la surface ont un comportement asocial et dévorent les petites espèces.

▌Exigences
Un bac recouvert de plantes flottantes, avec 20 cm de hauteur d'eau, lui convient. Il apprécie une filtration sur un lit de tourbe. Une alimentation abondante, à base de proies vivantes, sera goulûment happée sous la surface de l'eau.

▌Reproduction
Elle est possible dans une eau légèrement acide. Les œufs montent seuls à la surface. Il est souhaitable de les transférer dans un bac spécial d'incuba-tion. L'éclosion a lieu au bout de 36 heures. L'élevage des jeunes est délicat.

▌Particularités
Ces poissons peuvent planer sur de longues distances et il convient de prendre des précautions lors des nettoyages de l'aquarium.

CHITALA ORNATA
Poisson-couteau ocellé

ORIGINE : Asie du Sud-Est
Syn. lat. : Notopterus chitala

- **T. : 100 cm** • **Poisson prédateur nocturne** • **Aquarium : 250 litres** • **pH : 6 à 6,5** • **T° : 24 à 28 °C**
- **Nage près du fond et en pleine eau**

▌Comportement
Ces poissons présentent des relations intra-spécifiques belliqueuses. Ils mènent une vie solitaire en vieillissant. Ce sont aussi de redoutables prédateurs qui dévorent de nombreuses proies vivantes.

▌Exigences
Bac spécifique de 250 litres d'eau douce, légèrement acide. La végétation plantée en périphérie devra être exubérante pour procurer un maximum de refuges. Ce poisson apprécie aussi les plantes de surface qui atténuent la lumière. En complément des proies vivantes, il consomme des aliments carnés et de la chair de moule.

▌Reproduction
Elle est parfois signalée en aquarium.

XENOMYSTUS NIGRI
Poisson-couteau africain

ORIGINE : Afrique tropicale, Nil, Zaïre, Gabon
Syn. lat. : Notopterus nigri

- **T. : 30 cm** • **Juvéniles grégaires, adultes solitaires** • **Aquarium : 200 litres** • **pH : 6 à 6,5**
- **T° : 22 à 28 °C** • **Nage en pleine eau**

▌Comportement
Les relations intraspécifiques entre adultes sont très agressives. Les autres espèces d'une taille égale à la leur sont ignorées.

▌Exigences
Tous apprécient une végétation luxuriante en périphérie, complétée par quelques racines formant des abris. Ces poissons particuliers conviennent mal à l'aquarium collectif. Ils aiment une eau propre, légèrement acide. Ils vivent longtemps en aquarium. Prédateurs voraces, ils consomment essentiellement des proies vivantes, enchytrées, tubifex, jeunes poissons, insectes et leurs larves.

▌Reproduction
Elle est inconnue en aquarium.

▌Particularités
Les *Xenomystus* se distinguent des *Notopterus* par l'absence totale de nageoire dorsale.

GNATHONEMUS PETERSII
Poisson-éléphant

ORIGINE : Afrique, Nigeria, Cameroun, Zaïre
Syn. lat. : Mormyrus petersii – Gnathonemus pictus

• T. : 20 cm   • Poisson territorial   • Aquarium : 120 litres   • pH : 6 à 7   • T° : 24 à 28 °C   • Nage en pleine eau

Comportement

Les relations intraspécifiques sont excellentes, mais dans un groupe de poissons-éléphants, les plus faibles sont dominés.

Exigences

Ils se dissimulent parmi les zones ombragées par une plantation dense dont les feuilles atteignent la surface de l'eau. Le sol doit être composé de sable fin, mou, car ils aiment fouiller le substrat à la recherche de micro-vers.

Ce sont des poissons fascinants parfois difficiles à acclimater en raison d'une trop grande spécialisation alimentaire.

Ils consomment de petites proies vivantes, tubifex, enchytrées, daphnies, cyclops.

Reproduction

Leur mode de reproduction en aquarium est inconnu.

Particularités

Un appendice en forme de trompe se détache de la mâchoire inférieure d'où leur nom de poissons-éléphants. La dorsale est située très en arrière du corps. La caudale, réduite, est fourchue. Un organe situé dans le pédoncule caudal produit de faibles décharges électriques qui créent un champ électrique tout autour du poisson. Ce champ se modifie en fonction des objets ou proies situés à proximité. Le poisson est ainsi capable d'éviter un obstacle ou au contraire de pourchasser une petite proie vivante dans une eau très boueuse ou encore la nuit.

GNATHONEMUS TAMANDUA

ORIGINE : Afrique, Niger
Syn. lat. : Mormyrus tamandua – Gnathonemus elephas

• T. : 43 cm   • Poisson territorial, assez paisible   • Aquarium : 250 litres   • pH : 6 à 7,8   • T° : 23 à 27 °C   • Nage en pleine eau

▌ Comportement
Les relations intraspécifiques sont excellentes, mais dans un groupe de poissons-éléphants, les plus faibles sont dominés. L'acclimatation est possible dans un bac communautaire spacieux.

▌ Exigences
Le sol est composé de sable fin. La filtration sur tourbe est indispensable. Cette espèce apprécie de forts courants d'eau et une végétation dense. Sa nourriture naturelle est essentiellement composée de petits vers.

▌ Reproduction
Son mode de reproduction est inconnu en aquarium.

▌ Particularités
Voir les informations concernant *Gnathonemus petersii.*

BARBUS CONCHONIUS
Barbus rosé

ORIGINE : Asie du Sud-Est, nord de l'Inde
Syn. lat. : Cyprinus conchonius

• T. : 15 cm   • Poisson grégaire, paisible   • Aquarium : 150 litres   • pH : 6 à 6,5   • T° : 18 à 22 °C   • Nage en pleine eau et près du fond

▌ Comportement
Très actif, grégaire, le barbus rosé a besoin de beaucoup d'espace mais, malgré sa grande taille, il est rarement agressif. C'est une espèce robuste dont la longévité en aquarium dépasse trois ans.

▌ Exigences
Il supporte de larges variations de température et la composition de l'eau est sans importance. Il convient bien dans un bac collectif tempéré. C'est une espèce omnivore.

▌ Reproduction
De tous les *Barbus* c'est probablement le plus facile à reproduire. Les géniteurs dévorent leurs œufs. Un lit de gros gravier évite ce cannibalisme. Les alevins sont matures en cinq mois.

▌ Particularités
Il supporte des températures comprises entre 18 et 24 °C qui, l'hiver, peuvent baisser progressivement jusqu'à 15 °C.

BARBUS EVERETTI
Barbus-clown

ORIGINE : *Asie du Sud-Est, Singapour, Bornéo*
Syn. lat. : Puntius eugrammus

• T. : de 11 à 13 cm • Poisson grégaire, paisible • Aquarium : 200 litres • pH : 6 à 6,5 • T° : 24 à 30 °C • Nage en pleine eau et près du fond

▌ Comportement
Cette espèce grégaire apprécie des températures assez élevées. Ce poisson calme convient bien dans un aquarium communautaire.

▌ Exigences
Ce poisson réclame beaucoup d'espace pour évoluer librement et une température un peu plus élevée que la normale. De fréquents renouvellements d'eau sont très appréciés et ravivent les teintes de cette belle espèce.
Le barbus-clown est omnivore.

▌ Reproduction
Très prolifique, il est capable d'émettre plus de 2 000 œufs en une seule ponte, mais sa reproduction reste difficile. L'ensoleillement matinal est l'un des facteurs de réussite.

▌ Particularités
Les mâles ne sont matures qu'après dix-huit mois d'élevage. Les femelles le sont en douze mois.

BARBUS LATERISTRIGA
Barbus-clef

ORIGINE : *Asie du Sud-Est, Singapour, Thaïlande, Java, Bornéo*
Syn. lat. : Puntius lateristriga

• T. : 18 cm • Poisson robuste • Aquarium : 150 litres • pH : 6 à 6,5 • T° : 25 à 28 °C • Nage en pleine eau

Comportement
Les jeunes sont enclins à la grégarité, mais les adultes deviennent solitaires.

Exigences
Cette espèce résistante n'a pas de préférence pour les qualités de l'eau et l'aménagement de l'aquarium. Elle est omnivore et gourmande.

Reproduction
Ce grand *Barbus* ne présente pas de dimorphisme sexuel. C'est un poisson très prolifique qui pond facilement dans un bac bien planté.

Particularités
Dans leurs biotopes naturels les *Barbus lateristriga* présentent des variétés considérables de formes et de teintes corporelles. Les jeunes de cette espèce peuvent être confondus avec ceux de *Barbus zelleri*.

BARBUS NIGROFASCIATUS
Barbus nigro

CYPRINIDÉS

ORIGINE : *Asie du Sud-Est, Sri Lanka*
Syn. lat. : *Puntius nigrofasciatus*

• T. : 6,5 cm • Poisson grégaire, facile à élever • Aquarium : 120 litres • pH : 6 • T° : 22 à 26 °C
• Nage en pleine eau

Comportement
D'un caractère parfois taquin et enjoué, cette espèce a la manie de déchirer les longues nageoires flottantes d'autres poissons moins rapides qu'elle. C'est une espèce grégaire et vive, à élever de préférence en compagnie d'autres barbus rayés. Sa nourriture comporte un assortiment de proies vivantes et d'aliments inertes.

Exigences
Natif de Sri Lanka, il habite de préférence les eaux dormantes riches en végétation. Le sol est composé d'une couche de moulme. Une riche végétation périphérique offrira beaucoup de cachettes et de sup-

ports pour les œufs. La lumière est de préférence tamisée par un lit de plantes flottantes.

Reproduction
Cette espèce fraie facilement dans un bac de reproduction spacieux, où une végétation exubérante protégera les alevins de la voracité des géniteurs. La température de reproduction se situe entre 25 et 28 °C. Eau légèrement acide. La ponte se déroule le plus souvent le matin parmi les buissons de plantes fines. Elle dure environ 2 heures. Les œufs éclosent en 24 heures. La croissance des alevins est lente.

Particularités
Les femelles ont une parure terne. Ce poisson vit plusieurs années en aquarium.

BARBUS OLIGOLEPSIS
Barbus quadrillé

ORIGINE : Asie du Sud-Est, Indonésie, Sumatra
Syn. lat. : Puntius oligolepsis – Capoeta oligolepsis

• T. : 5 cm   • Poisson pacifique   • Aquarium : 70 litres   • pH neutre   • T° : 20 à 24 °C   • Nage près du fond et en pleine eau

Comportement
Actif et grégaire, il se sent très à l'aise dans un bac d'ensemble de forme allongée.
Ce poisson vif, aux nageoires érigées, convient très bien aux débutants.

Exigences
Sol tendre recouvert d'une épaisseur de moulme. Cette espèce omnivore apprécie les feuilles de salade préalablement rincées.

Reproduction
200 à 300 œufs sont pondus parmi les plantes à feuilles fines et éclosent en 48 heures

environ. Les mâles sont parfois agressifs entre eux et particulièrement à l'époque du frai, mais les blessures sont rares.

Particularités
La croissance des jeunes est rapide et la maturité sexuelle est atteinte en quatre à six mois.

BARBUS SEMIFASCIOLATUS
Barbus vert

ORIGINE : Chine, dans la région de Hongkong
Syn. lat. : Capoeta guentheri

• T. : 10 cm   • Poisson pacifique, bon nageur   • Aquarium : 100 litres   • pH neutre   • T° : 18 à 24 °C
• Nage près du fond et en pleine eau

Comportement
Ce nageur rapide, très habile, est un poisson grégaire vif mais sans problème.

Exigences
Comme les autres *Barbus*, il fouille le sol qui devra rester mou. Il aime recevoir directement les rayons du soleil. Des renouvellements d'eau déclenchent la ponte. Il mange de tout.

Reproduction
La ponte, très mouvementée, se déroule dans un aquarium supérieur à 100 litres.

L'incubation dure de 30 à 36 heures. Les parents seront retirés car ils dévorent leurs œufs. L'élevage des alevins est facile.

Particularités
Le *Barbus semifasciolatus* est très proche du *Barbus schuberti* qui en est la forme jaune.

BARBUS PENTAZONA
Barbus à cinq bandes

ORIGINE : Asie du Sud-Est, Singapour, Bornéo
Syn. lat. : Puntius pentazona

• T. : 5 cm • Poisson pacifique, parfois farouche • Aquarium : 100 litres • pH : 6 à 7 • T° : 22 à 26 °C
• Nage en pleine eau

▌Comportement

Ce poisson calme et craintif est moins actif que les autres *Barbus*. Il convient de l'élever dans un bac collectif en compagnie d'autres espèces calmes.

▌Exigences

Sol tendre recouvert d'une épaisse couche de moulme. Eau douce, légèrement acide. Le barbus à cinq bandes est sensible à toutes variations de la température. Cette espèce, relativement délicate à nourrir, préfère nettement les proies vivantes.

▌Reproduction

Le seul problème réside dans le choix des partenaires. Une fois installé, le couple ne doit plus être séparé. Les 200 œufs, quelquefois dévorés par les géniteurs, éclosent en 30 heures et la nage libre intervient au bout de cinq jours. Des changements d'eau fréquents sont indispensables pour garantir l'élevage des alevins.

▌Particularités

Le *Barbus pentazona* peut être confondu avec son homologue le *Barbus pentazona hexazona* chez lequel la première bande verticale est plus large, masquant la totalité de l'œil.

BARBUS TETRAZONA
Barbus de Sumatra

ORIGINE : Asie du Sud-Est, Indonésie, Sumatra, Bornéo
Syn. lat. : Puntius tetrazona

• T. : 7 cm • Poisson grégaire, actif nageur • Aquarium : 100 litres • pH : 6,5 à 7 • T° : 21 à 28 °C
• Nage près du fond et en pleine eau

▌Comportement

Ce poisson très actif, excellent nageur toujours en mouvement en pleine eau, se montre parfois taquin, aimant poursuivre et mordiller les nageoires d'autres espèces plus calmes. Élevé en groupe de six à dix individus, ce *Barbus* importune moins les autres habitants de l'aquarium.

▌Exigences

Cette espèce très populaire préfère une eau douce, dGH inférieur à 10 °, légèrement acide avec un pH compris entre 6,5 et 7. Un substrat de teinte sombre apaise ce poisson et surtout fait ressortir son étincelante coloration. La température la plus adaptée à son mode de vie s'étend de 21 à 28 °C, et une filtration efficace doublée d'une puissante oxygénation recréent des conditions de vie naturelle. Le *tetrazona* consomme avec beaucoup de plaisir toutes les petites proies vivantes, mais, les jours de pénurie, il accepte aussi les nourritures sèches.

▌Reproduction

Son frai se déroulera à une température de 27 °C, dans un bac spacieux et bien planté, recevant quelques rayons de soleil. La ponte est particulièrement tumultueuse. L'élevage des alevins est facile.

▌Particularités

Le *tetrazona* est assez sensible à un grand nombre de maladies. Depuis quelques années, le commerce aquariophile propose de superbes variétés albinos.

BARBUS TICTO
Barbus à deux taches

ORIGINE : *Asie du Sud-Est, Sri Lanka*
Syn. lat. : Cyprinus ticto – Puntius ticto

- • T. : 10 cm • Poisson pacifique, robuste • Aquarium : 100 litres • pH : 6 à 6,5 • T° : 14 à 22 °C
- • Nage partout

▌ Comportement
Espèce grégaire qui convient bien aux bacs communautaires.

▌ Exigences
Il apprécie un bac densément planté, offrant des cachettes. Bien qu'il accepte facilement les paillettes, ce poisson a besoin de consommer de petites proies vivantes, surtout en période de frai.

▌ Reproduction
Si vous placez un mâle en compagnie de deux femelles dans un petit aquarium d'une trentaine de litres, la ponte, précédée d'une vive parade amoureuse, se déroulera sans difficulté. Les parents consommant leurs œufs, il faudra les retirer. L'incubation dure une trentaine d'heures et les alevins sont très gourmands.

▌ Particularités
Cette espèce devrait hiverner à une température comprise entre 14 et 16 °C.

BARBUS TITTEYA
Barbus-cerise

ORIGINE : *Asie du Sud-Est, Sri Lanka*
Syn. lat. : Puntius titteya

- • T. : 5 cm • Poisson pacifique, craintif • Aquarium : 70 litres • pH : 6 à 6,5 • T° : 23 à 26 °C
- • Nage près du fond et en pleine eau

▌ Comportement
Élevé seul, comme beaucoup de ses semblables, il devient agressif. Il recherche souvent des cachettes parmi les plantes. Les mâles sont très batailleurs entre eux.

▌ Exigences
Il apprécie un bac densément planté, ombragé par un lit de plantes flottantes. Bien qu'il accepte facilement les paillettes, ce poisson a besoin de consommer de petites proies vivantes, surtout en période de frai.

▌ Reproduction
Il se reproduit en éparpillant ses œufs adhésifs parmi les plantes, et les jeunes s'alimentent avec des nauplies d'*Artemia*. Pendant le frai, le mâle, très ardent, pourrait tuer sa femelle si elle ne disposait pas d'assez d'abris. On obtient de meilleurs résultats en faisant frayer un mâle avec deux femelles. Une ponte compte environ 250 œufs qui incubent pendant 24 heures.

▌ Particularités
Le couple fraie en nageant en diagonale, la tête dirigée vers le bas.

BRACHYDANIO ALBOLINEATUS
Danio arc-en-ciel

CYPRINIDÉS

ORIGINE : Asie du Sud-Est, Sumatra et ouest de l'Inde
Syn. lat. : Danio albolineata

- T. : 6 cm • Poisson pacifique et grégaire • Aquarium : 100 litres • pH neutre • T° : 20 à 26 °C
- Nage en pleine eau

Comportement

Ce petit poisson, qui présente beaucoup de qualités, fréquente toutes les eaux stagnantes des rizières et les méandres des cours d'eau lents de la région de Maulmein, située à l'ouest de l'Inde, et dans différentes zones de Sumatra.

Le danio arc-en-ciel a impérativement besoin de la présence de ses semblables, tout comme pour l'ensemble des *Danio*. C'est un nageur infatigable, dynamique, qui évolue en pleine eau ou en zigzaguant parmi les touffes de plantes très nombreuses.

Exigences

Si filtration et aération sont efficaces, l'eau du robinet lui conviendra. C'est un omnivore facile à nourrir.

Reproduction

Cette espèce fraie parmi les plantes à feuilles fines, sous une hauteur d'eau inférieure à 15 cm. L'incubation dure de 36 à 48 heures.

Particularités

Ce sont d'excellents sauteurs qui nécessitent des couvercles parfaitement ajustés.

BRACHYDANIO FRANKEI
Danio-léopard

CYPRINIDÉS

ORIGINE : inconnue, probablement une mutation

- T. : 5 cm • Poisson pacifique • Aquarium : 70 litres • pH neutre • T° : 20 à 24 °C
- Nage en pleine eau

Comportement

Il présente les mêmes comportements que son proche parent le *Brachydanio rerio*. Il est grégaire et très sociable.

Particularités

Même morphologie que le *Brachydanio rerio*. D'ailleurs, il n'en serait qu'une variété. C'est un poisson attrayant dont le corps argenté est moucheté. Il offre plusieurs avantages : il est très prolifique et se croise avec le *rerio* en offrant des alevins féconds, mais le pourcentage d'œufs fécondés reste faible.

BRACHYDANIO RERIO
Danio zébré

ORIGINE : Asie du Sud-Est, Inde
Syn. lat. : Danio rerio

• T. : 6 cm   • Poisson pacifique, excellent nageur   • Aquarium : 100 litres   • pH : 6 à 7,5   • T° : 18 à 24 °C   • Nage en pleine eau

Comportement

Le danio zébré aime être entouré de ses semblables – au moins une dizaine de congénères – et ses relations interspécifiques sont très paisibles. Sans cesse en activité au milieu de l'aquarium, une compagnie de danios offre vraiment un délicieux spectacle, plein de vie, de gaieté et d'animation. Le *B. rerio* a de bonnes raisons d'être l'un des ovipares préférés des aquariophiles : très robuste, il supporte sans dommage beaucoup de maladresse de la part de l'amateur débutant.

Exigences

Cette espèce se moque des qualités de l'eau pourvu que celle-ci soit claire et bien aérée. Ce poisson, qui dépense beaucoup d'énergie, est un gros consommateur d'aliments préparés, mais des distributions régulières de petites proies vivantes sont souhaitables pour les futurs reproducteurs.

Reproduction

Il fraie si facilement que de nombreux aquariophiles néophytes débutent avec cette espèce très accommodante qui pond des œufs au sein même de l'aquarium communautaire. 400 à 500 œufs sont éparpillés parmi les plantes, mais les parents les recherchent goulûment, les consommant comme une friandise. Pour éviter de réduire ce cannibalisme, pensez à distribuer d'abondantes petites proies vivantes comme des tubifex ou des enchytrées aux reproducteurs. L'incubation dure deux jours, leur croissance est rapide, mais les alevins sont sensibles à l'*Oodinium*. Les alevins consomment rapidement de fines paillettes industrielles, du jaune d'œuf ou un broyat d'enchytrées et de tubifex.

Espèce proche

Le *Danio aequipinnatus* ou *Malabaricus*, natif de l'Asie du Sud-Est, de l'Inde, ou du Sri Lanka, atteint 10 cm. C'est un nageur actif, vigoureux, paisible et très robuste. Comme les *Brachydanio*, cette espèce dépose ses œufs adhésifs parmi la végétation composée de *Myriophyllum* et de *Cabomba*. Le *Brachydanio rerio* est aujourd'hui commercialisé sous une forme voile aux nageoires dorsale, anale et caudale extrêmement développées.

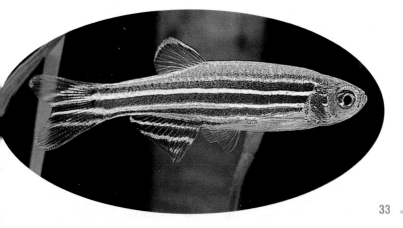

CARASSIUS AURATUS
Poisson rouge

CYPRINIDÉS

ORIGINE : Chine
Syn. lat. : Cyprinus auratus

• T. : 40 cm   • Poisson pacifique et calme   • Aquarium : 200 litres   • pH neutre   • T° : 10 à 20 °C
• Nage en pleine eau

▮ Comportement

C'est un poisson calme, paisible, qui aime la compagnie de ses semblables.

▮ Exigences

Élevé dans un aquarium trop petit, le poisson rouge est malheureux et ne grandit pas. Il est également incapable de se reproduire et sa durée de vie est très raccourcie. Dans un bassin de jardin légèrement ensoleillé, il peut atteindre 25 cm et vivre paisiblement 6 à 7 ans. Peu sensible aux variations progressives de la température et très résistant, le *Carassius auratus* supporte des eaux froides l'hiver jusqu'à 0 °C et relativement chaudes l'été avec 25 °C. La température idéale étant d'environ 16 à 18 °C.
Ce gros poisson est un vorace omnivore qui dévore algues, insectes, boulettes industrielles, grains de blé cuit, larves d'insectes.

▮ Reproduction

La ponte se déroule parmi les plantes fines à une température comprise entre 18 et 22 °C. Plusieurs milliers d'œufs incubent environ 72 heures. Les alevins consomment directement des nauplies d'*Artemia* et de fines paillettes habituellement réservées aux poissons exotiques. Ensuite, ils se nourrissent de plancton, de tubifex hachés et de flocons.

▮ Particularités

C'est en partant du carassin argenté, *Carassius auratus gibelio*, que les Chinois, il y a plus de 1 000 ans, ont obtenu le poisson rouge actuel.

Le Carassius auratus *var. bicaudatus est dépourvu de nageoire dorsale.*

LES VARIÉTÉS :

Les **comètes** ont le corps du poisson rouge, mais la caudale est plus développée. Il existe de nombreuses colorations : blanc, noir, vermillon, rouge et toutes les variations possibles entre ces différents coloris.
Les queues-de-voile au corps trapu, presque en boule, ont des nageoires très développées et la caudale est tri ou quadrilobée. Ces poissons sont plus fragiles que les autres espèces. Ils sont sensibles aux températures extrêmes. L'hiver, la température minimale est de 10 °C. L'été, le maximum optimal est de 22 à 25 °C. Les télescopes doivent leur nom à leurs yeux en saillie. La dorsale est parfois absente.

Le kalicot *ou* calicot *ressemble au poisson rouge originaire de Chine. Il atteint 30 cm de long dans un bassin de plein air.*

Les **uranoscopes** possèdent d'énormes poches sous les yeux. Il existe une variété sans dorsale. Cette variété monstrueuse est encore nommée « yeux au ciel ». Les **têtes-de-lion** ont les yeux normaux mais les adultes présentent des boursouflures sur le dessus de la tête. Il existe des variétés de toutes les couleurs.

Ce jeune tête-de-lion est doté d'une dorsale bien développée et d'une nageoire caudale trilobée.

Cette jolie variété est obtenue par de longs et minutieux croisements entre poissons rouges.

Les **orandas** sont dépourvus de dorsale. Les **pompons** à yeux exorbités ou normaux n'ont pas de dorsale mais leur caudale est trilobée.

Les **shus**, proches morphologiquement des poissons rouges, possèdent des écailles de toutes les couleurs. Ils sont originaires de Chine et se déclinent sous différentes variétés comme le poisson rouge : comète, queue-de-voile, télescope, uranoscope, etc.
Les **koïs** sont issues de la carpe commune, *Cyprinus carpio,* et possèdent de chaque côté de la bouche une paire de barbillons. Elles peuvent atteindre 60 cm de long. C'est un poisson de bassin.

Cette photo représente une autre variété de poisson rouge : le tête-de-lion à chapeau rouge.

Les « yeux au ciel » sont parfois dotés d'une nageoire dorsale. La caudale est profondément découpée.

CARASSIUS CARASSIUS
Carpe-carassin

ORIGINE : Europe
Syn. lat. : Cyprinus auratus

• T. : peut dépasser 50 cm • Poisson pacifique • Aquarium : 200 litres • pH neutre • T° : 14 à 22 °C
• Nage près du fond et en pleine eau

Comportement

Dans ses biotopes naturels, la carpe-carassin fréquente les bras morts des rivières et supporte bien des milieux pauvres en oxygène dissous. C'est un poisson calme, paisible, qui vit longtemps, d'abord en aquarium puis en bassin de plein air.

Exigences

Pas d'exigences particulières. L'aération est facultative. En aquarium, assurez de volumineux changements d'eau hebdomadaires. Omnivore, il prélève sa nourriture sur le sol.

Reproduction

Dans la nature, les pontes comptent 300 000 œufs déposés au hasard parmi la végétation.

Particularités

Sa croissance est lente et sa bouche est dépourvue de barbillons.

Pour se rapprocher du mode de vie naturel de la carpe-carassin, offrez-lui un bassin soit d'intérieur, soit, si cela est possible, dans le jardin. Le bassin d'intérieur est une alternative intéressante entre l'aquarium et le volumineux bassin de jardin. Le bassin d'intérieur forme un ensemble original et harmonieux. Il trouve sa place dans une pièce très lumineuse, près d'une baie vitrée. Le décor composé de gros galets et de racines recrée le biotope d'un bras mort de rivière encombrée de souches et de roches diverses. Une couche de 5 à 10 cm de sable grossier masque les parois du bassin constitué généralement de plastique ou de fibrociment. Une puissante pompe à eau de type intérieur ou extérieur maintient l'eau limpide. Le tuyau de rejet du filtre, disposé en cascade, contribue à l'oxygénation. Des plantes palustres et un assortiment de plantes d'appartement agrémentent et complètent cet ensemble rafraîchissant.

Le bassin de jardin est une autre approche de l'élevage de ce poisson. Sa profondeur varie de 50 à plus de 80 cm et sa forme générale est affaire d'espace et de goût. Ce type de bassin est destiné aux très gros spécimens et nécessite la mise en œuvre de moyens beaucoup plus importants.

Comme leurs proches parents, les carpes, les *Carassius carassius* sont goulus et omnivores. Les végétaux et les insectes constituent l'essentiel des repas. Il convient de bien équilibrer et de varier les distributions de nourriture pour pallier à toutes déficiences. Les boulettes et granulés commerciaux répondent parfaitement à ces critères.

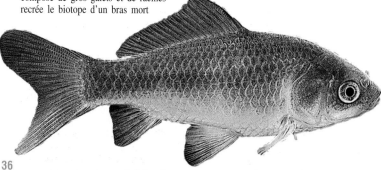

EPALZEORHYNCHUS BICOLOR
Labéo à queue rouge

CYPRINIDÉS

ORIGINE : Asie du Sud-Est, au centre de la Thaïlande
Syn. lat. : Labeo bicolor

• T. : 12 cm   • Poisson territorial, solitaire   • Aquarium : 150 litres   • pH neutre   • T° : 22 à 26 °C
• Nage vers le fond et en pleine eau

Comportement
Les relations interspécifiques sont paisibles, mais plusieurs labéos se querellent entre eux.

Exigences
En Thaïlande, il vit dans les cours d'eau tumultueux des montagnes. Sa bouche infère est pourvue de lèvres relativement épaisses formant un disque suceur avec lequel il arrache les algues. Beaucoup de plantes aquatiques et quelques racines immergées forment le décor parmi lequel cette espèce recherche sa nourriture composée de proies vermiformes, de feuilles de laitue ou d'épinards congelés.

L'eau doit être légèrement alcaline, tandis que des renouvellements partiels mais fréquents sont appréciés par cette espèce.

Reproduction
Sa reproduction serait obtenue dans les élevages locaux de Thaïlande.

EPALZEORHYNCHUS KALLOPTERUS
Barbeau à belles nageoires

CYPRINIDÉS

ORIGINE : Asie du Sud-Est, Inde, Indonésie
Syn. lat. : Barbus kallopterus

• T. : 15 cm   • Poisson pacifique, territorial   • Aquarium : 120 litres   • pH : 6,5   • T° : 24 à 26 °C
• Nage près du fond et en pleine eau

Comportement
Ce poisson qui défend un territoire n'est nullement agressif avec les autres espèces. En vieillissant il devient plus solitaire.

Exigences
Il apprécie, comme les autres membres de cette famille, un bac densément planté en périphérie. Des changements d'eau réguliers apportent beaucoup de bien-être à ce poisson. Omnivore, il marque une prédilection pour les planaires.

Reproduction
Elle est inconnue en aquarium.

Particularités
Le barbeau à raie noire, *Crossocheilus siamensis*, est fortement apparenté au barbeau à belles nageoires. C'est un grand mangeur d'algues qui respecte les plantes aquatiques. Sa bouche porte une paire de barbillons alors que l'espèce précédente en possède deux.

RASBORA BORAPETENSIS
Rasbora à queue rouge

ORIGINE : Asie du Sud-Est, Thaïlande, Malaisie

• T. : 5 cm   • Poisson grégaire   • Aquarium : 80 litres   • pH : 6,5 à 7   • T° : 22 à 26 °C   • Nage près de la surface et en pleine eau

∎ Comportement
C'est un nageur actif, vigoureux et très robuste. Il peut facilement cohabiter dans un aquarium communautaire en compagnie de petits *Barbus*. Il nage généralement vers le haut et le milieu de l'aquarium. Il est très tolérant et apprécie la présence de cinq à six congénères.

∎ Exigences
Aquarium bien végétalisé sur son pourtour. Un lit de plantes flottantes tamisera la lumière. Des changements d'eau sont toujours bénéfiques. Il adore les petites proies vivantes. Il marque une nette préférence pour les petits insectes de surface comme les mouches des fruits, les larves de moustiques, mais il accepte aussi les flocons et les aliments lyophilisés.

∎ Reproduction
Le *Rasbora borapetensis* préfère frayer le soir sous une lumière tamisée. Des changements d'eau stimulent les reproducteurs. Elle est possible sous une hauteur d'eau de 15 cm environ. La parade amoureuse est tumultueuse. Peu prolifique, 30 à 40 œufs sont émis au cours de la ponte et il faut attendre 36 heures à 25 °C pour observer l'éclosion. Le mâle mange les œufs mais dès que ceux-ci atteignent le fond, ils ne sont plus dévorés. Le substrat du bac doit être densément recouvert d'une courte et abondante végétation.

∎ Particularités
Ce poisson ne fut introduit dans les aquariums qu'en 1954. Cet excellent sauteur implique des couvercles bien ajustés. Les caractères sexuels externes sont inconnus.

RASBORA CAUDIMACULATA
Rasbora à tache caudale

ORIGINE : Asie du Sud-Est, Thaïlande, Malaisie
Syn. lat. : Rasbora dorsimaculata

• T. : 12 cm   • Poisson grégaire   • Aquarium : 150 litres   • pH : 6,5 à 7 • T° : 20 à 26 °C   • Nage près de la surface et en pleine eau

∎ Comportement
C'est un nageur actif, vigoureux et très robuste. Peut facilement cohabiter dans un aquarium communautaire en compagnie de petits *Barbus*.

∎ Exigences
Aquarium bien végétalisé sur son pourtour.

Un lit de plantes flottantes tamise la lumière. Cette espèce est peu sensible aux qualités de l'eau. Elle adore les petites proies vivantes, les paillettes et les nourritures végétales.

∎ Reproduction
Elle est inconnue en aquarium.

RASBORA DORCIOCELLATA
Rasbora à ocelle

ORIGINE : Asie du Sud-Est, Malaisie, Sumatra

• T. : 6,5 cm   • Poisson grégaire et calme   • Aquarium : 100 litres   • pH : 6,5 à 7   • T° : 20 à 26 °C
• Nage en pleine eau

Comportement
C'est un nageur actif, vigoureux et robuste.

Exigences
Aquarium bien végétalisé sur son pourtour. Grand espace libre pour les évolutions en pleine eau. Il est omnivore.

Reproduction
Elle est possible sous une faible hauteur d'eau. La parade amoureuse est tumultueuse. Les éclosions débutent au bout de 24 heures. Les parents, qui dévorent leurs œufs, seront retirés après la ponte.

Particularités
La caudale est rougeâtre chez le mâle.

RASBORA ELEGANS
Rasbora élégant

ORIGINE : Asie du Sud-Est, Malaisie, Sumatra, Bornéo, Singapour
Syn. lat. : Rasbora lateristriga var. elegans

• T. : 20 cm   • Poisson pacifique, grégaire   • Aquarium : 120 litres   • pH : 6 à 6,5   • T° : 22 à 25 °C
• Nage en pleine eau

▌Comportement

C'est un nageur actif, grégaire et paisible. Il supporte très bien la cohabitation avec d'autres espèces de *Rasbora*.

▌Exigences

L'aquarium collectif devra offrir de nombreuses retraites parmi les plantes installées en périphérie et une large zone dégagée à l'avant, où le banc de rasboras élégants pourra évoluer à l'aise. Le sol de couleur sombre se retrouvera recouvert d'un enchevêtrement de racines de tourbières. L'eau légèrement acide est remplacée régulièrement. Omnivore, il n'est pas difficile à nourrir. Il consomme des proies vivantes, des paillettes, des nourritures lyophilisées et des algues. C'est un mangeur vorace.

▌Reproduction

Cette espèce très prolifique pond sous une faible hauteur d'eau à une température de 22 à 24 °C. Ne pas employer de couples trop jeunes pour la reproduction. Placez l'aquarium en situation ensoleillée. Créez des buissons denses de plantes fines. Introduisez la femelle un jour avant la ponte prévue et le mâle le lendemain soir. La ponte se déroule généralement le matin, dès que les premiers rayons du soleil arrosent l'aquarium. La parade nuptiale est très agitée. La ponte a lieu parmi les plantes. Les géniteurs qui dévorent leurs œufs devront être retirés dès la fin de la ponte. L'incubation des œufs dure 24 heures. Les alevins s'alimentent directement avec des infusoires, des rotifères puis des nauplies d'*Artemia*.

▌Particularités

Ce poisson se rencontre parfois dans les ruisseaux de montagnes et supporte donc des températures relativement basses, 22 à 25 °C en été, 18 à 20 °C en hiver. Les femelles sont légèrement plus grandes et leur patron de coloration est plus terne que celui des mâles.

RASBORA HETEROMORPHA
Arlequin

ORIGINE : Asie du Sud-Est, Malaisie, Singapour, Thaïlande

• T. : 4,5 cm   • Poisson grégaire, très pacifique   • Aquarium : 80 litres   • pH : 6   • T° : 22 à 25 °C
• Nage près de la surface et en pleine eau

Comportement

C'est un poisson grégaire, populaire, particulièrement paisible. Il apprécie la présence d'autres espèces de *Rasbora* de petites tailles.

Exigences

Il préfère une végétation dense offrant un maximum de retraites. Un sol sombre contribue au bien-être de cette petite espèce. Un bac communautaire lui convient parfaitement. Pendant de longues années, les aquariophiles ont eu de grandes difficultés à élever cette espèce. Il est très vulnérable à de nombreuses maladies parasitaires. Omnivore, le poisson-arlequin accepte volontiers toutes sortes de fines proies vivantes.

Reproduction

Elle reste difficile. Les parades amoureuses peuvent durer jusqu'à trois heures pendant lesquelles une centaine d'œufs sont émis par lot de deux ou trois. Espèce peu prolifique, 30 à 80 œufs par ponte. L'incubation dure de 20 à 30 heures selon la température et la nage libre intervient au bout de trois à cinq jours.

Particularités

Sa longévité atteint cinq à six ans dans un aquarium bien entretenu. Une espèce apparentée, le *Rasbora espei*, originaire d'Indonésie, est parfois commercialisée. Son élevage est identique à celui du *Rasbora heteromorpha*.

RASBORA PAUCIPERFORATA
Rasbora à raie rouge

ORIGINE : Indonésie, est de Sumatra
Syn. lat. : Rasbora leptosoma

- T. : 7 cm • Poisson grégaire, vif mais craintif • Aquarium : 100 litres • pH : 6 à 6,5 • T° : 23 à 25 °C • Nage sous la surface et en pleine eau

❚ Comportement
Cette espèce plutôt timide préfère les zones ombragées de l'aquarium. Elle aime la compagnie de ses semblables et ne redoute pas la concurrence alimentaire.

❚ Exigences
En hiver, la température idéale est de 19 à 21 °C. Lorsqu'elle augmente, au printemps, les poissons ont tendance à frayer. Ils consomment toutes sortes de nourritures vivantes, enchytrées, tubifex, *Artemia*, larves de chironomes, mais ils acceptent aussi les flocons et les proies lyophilisées. Un complément végétal est distribué sous la forme de feuilles de salade ébouillantée et d'algues.

❚ Reproduction
Elle est difficile en raison du choix délicat des partenaires. Élevez un groupe important au sein duquel les couples se formeront naturellement.

RASBORA TRILINEATA
Rasbora-ciseau

ORIGINE : Asie du Sud-Est, Malaisie, Sumatra, Bornéo
Syn. lat. : Rasbora calliura

- T. : 15 cm • Poisson pacifique, paisible • Aquarium : 150 litres • pH : 6 à 6,5 • T° : 23 à 25 °C • Nage sous la surface et en pleine eau

❚ Comportement
Ce *Rasbora* populaire est un bon nageur, au comportement grégaire et paisible. Il convient aux aquariums communautaires.

❚ Exigences
Il aime un bac à longue façade, composé d'un substrat sombre et de larges espaces libres pour nager prestement. Il préfère les endroits ombragés du bac. La filtration sur tourbe est indispensable surtout en période de reproduction. Le rasbora-ciseau consomme de fines proies vivantes.

❚ Reproduction
Sa reproduction est très difficile et nécessite l'installation d'un bac à fond tourbeux garni de plantes à racines épaisses et à feuilles larges. La ponte se déroule parmi la végétation et les géniteurs sont gourmands de leurs œufs. Les alevins croissent rapidement. Ils passent sans difficulté du stade infusoires à celui des *Artemia*.

❚ Particularités
L'hiver, cette espèce supporte sans dommage des températures allant de 19 à 21 °C. L'augmentation de la température au printemps incite les poissons à frayer.

RASBOROIDES VATERIFLORIS
Rasbora perlé

ORIGINE : Asie du Sud-Est, Inde, Sri Lanka
Syn. lat. : Rasbora vaterifloris

- T. : 4 cm • Poisson grégaire, vif • Aquarium : 70 litres • pH : 6 à 6,5 • T° : 25 à 29 °C
- Nage en pleine eau

Comportement
Ce poisson grégaire et paisible aime vivre en petits bancs. Le bac collectif lui convient bien.

Exigences
Plantation en périphérie, sol sombre, eau douce légèrement acide. Plantes à feuillage très divisé. Apprécie des températures élevées. Les proies vivantes et les aliments artificiels font son régal.

Reproduction
Elle reste assez difficile même dans un bac de ponte bien planté. Au cours d'une parade nuptiale tumultueuse, les œufs sont éparpillés parmi les plantes et leur incubation dure 36 heures.

Particularités
Le *Rasboroides vaterifloris* possède la ligne latérale la plus courte de tous les *Rasbora*.

TANICHTHYS ALBONUBES
Tanichthys

ORIGINE : province de Canton en Chine

- T. : 4 cm • Poisson grégaire, paisible • Aquarium : 60 litres • pH neutre • T° : 18 à 22 °C
- Nage près de la surface et en pleine eau

Comportement
C'est un nageur actif, vigoureux, paisible et robuste. À élever en groupe sinon il est peureux. Il peut être acclimaté l'été en bassin de plein air. Sa longévité est de deux à trois ans. En vieillissant ces poissons perdent de leur éclat.

Exigences
Bac courant pour Cyprinidés. Réclame des températures relativement fraîches. Omnivore, il ne refuse pas les flocons.

Reproduction
Facile dans une eau à 20 °C. Introduisez un seul couple à la fois. L'acte reproducteur se produit parmi les plantes aquatiques. Le mâle enlace la dorsale de la femelle et féconde les œufs qui éclosent en 36 heures. Avec des distributions d'infusoires, leur croissance est rapide.

Particularités
Il résiste à des températures basses jusqu'à 5 °C. Il existe une variété voile aux nageoires beaucoup plus développées.

GYRINOCHEILUS AYMONIERI
Gyrino

ORIGINE : Asie du Sud-Est, au centre de la Thaïlande
Syn. lat. : Psilorhynchus aymonieri

- T. : 25 cm en aquarium, 48 cm dans la nature • Poisson territorial, parfois agressif
- Aquarium : 120 litres • pH neutre • T° : 22 à 24 °C • Nage plutôt près du fond et de temps en temps en pleine eau

Comportement

Son corps allongé, presque cylindrique, est caractérisé par une bouche transformée en un organe de succion qui lui permet de racler les algues constituant l'essentiel de sa nourriture et de résister aux forts courants des ruisseaux aux eaux vives de la Thaïlande en se collant aux rochers. En aquarium, le gyrino est un nageur très gai et rusé, difficile à saisir dans une épuisette.

Exigences

Il préfère une eau bien oxygénée, dont les qualités physico-chimiques n'ont pas d'importance. Cette espèce adore les proies vermiformes.

Reproduction

On ne connaît pas de cas de reproduction en aquarium.

Particularités

Les jeunes gyrinos sont paisibles, tandis que les sujets âgés, devenant agressifs, perturbent parfois les autres poissons de petite taille. Certains gyrinos adultes prennent la mauvaise habitude de coller leur bouche sur les flancs d'autres pensionnaires, en les blessant parfois profondément. Si vous possédez un gyrino qui a pris cette habitude, il est préférable de le sacrifier, car il ne changera jamais son comportement.

BOTIA MACRACANTHUS
Loche-clown

ORIGINE : Asie du Sud-Est, Inde
Syn. lat. : Hymenophysa macracantha

• T. : 16 cm en aquarium, 30 cm dans la nature • Poisson grégaire, calme • Aquarium : 150 litres
• pH : 6 à 6,5 • T° : 25 à 30 °C • Nage vers le fond et en pleine eau

---

Comportement

D'un caractère sociable, paisible, cette loche peut être élevée dans un vaste aquarium collectif bien planté. Ce poisson, nettement moins effrayé par la lumière que les espèces apparentées, a quand même besoin de nombreuses retraites où il se dissimule volontiers. Il ne devient vraiment actif que la nuit.

Exigences

La composition de l'eau n'est pas essentielle. Le sol, fréquemment remué, sera de type tendre. Des abris comme des noix de coco seront bien appréciés et souvent visités. La loche-clown aime fouiller le

substrat à la recherche de petits vers dont elle raffole.

Reproduction

Elle est inconnue en aquarium.

Particularités

Les *Botia* portent quatre paires de barbillons. Ils peuvent émettre des sons claquants.

BOTIA MODESTA
Loche verte

ORIGINE : Asie du Sud-Est, Thaïlande, Viêt Nam
Syn. lat. : Botia rubripinnis

• T. : 24 cm • Poisson crépusculaire, timide • Aquarium : 150 litres • pH : 6 à 6,5 • T° : 26 à 30 °C
• Nage vers le fond et en pleine eau

Comportement

C'est un poisson aux mœurs nocturnes, très craintif.

Exigences

La composition de l'eau n'est pas essentielle. Le sol, fréquemment remué, est composé de sable fin. Des abris comme des noix de coco seront bien appréciés et souvent visités. La loche verte aime fouiller le substrat à la recherche de petits vers et de comprimés.

Reproduction

Encore inconnue en aquarium.

Particularités

Ce poisson peut émettre des sons claquants.

BOTIA MORLETI
Loche d'Horas

ORIGINE : Asie du Sud-Est, Inde, Sri Lanka
Syn. lat. : Botia horae

• T. : 10 cm • Poisson pacifique, crépusculaire • Aquarium : 120 litres • pH : 6 à 6,5 • T° : 26 à 30 °C • Nage vers le fond et en pleine eau

Comportement
Cette espèce vive, mais pacifique, ne sort que la nuit. Elle aime fouiller le sable.

Exigences
Ce *Botia*, comme les espèces apparentées, apprécie des changements d'eau hebdomadaires. Il convient parfaitement à l'aquarium collectif.

Reproduction
Elle est inconnue en aquarium.

Particularités
Mieux connue sous le synonyme latin de *Botia horae*, cette espèce est proche du *Botia lecontei* ou loche à nageoires rouges.

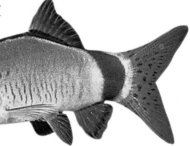

BOTIA STRIATA
Loche zébrée

ORIGINE : Asie du Sud-Est, sud de l'Inde
Syn. lat. : Botia weinbergi

• T. : 6,5 cm en aquarium, 10 cm dans la nature • Poisson pacifique, crépusculaire et grégaire
• Aquarium : 120 litres • pH : 6 à 6,5 • T° : 26 à 30 °C • Nage vers le fond et en pleine eau

Comportement
Cette espèce très vive, mais pacifique, vit en petits groupes. Elle aime fouiller et s'enfouir dans le sable.

Exigences
Ce *Botia* apprécie les aquariums densément plantés, au substrat meuble. Pratiquement omnivore, son alimentation est sans problème.

Particularités
Cette espèce cohabite bien avec *Botia morleti* ou les poissons du genre *Pangio* anciennement classés sous le nom d'*Acanthophthalmus*.

Reproduction
Elle est inconnue en aquarium.

PANGIO KUHLII
Kuhli

ORIGINE : *Asie du Sud-Est, Thaïlande,
Malaisie, Singapour, Sumatra, Java, Bornéo*
Syn. lat. : *Acanthophthalmus kuhlii*

• T. : 12 cm   • Poisson pacifique, crépusculaire   • Aquarium : 100 litres   • pH : 6   • T° : 24 à 30 °C
• Nage vers le fond

Comportement
Le *kuhlii* devient actif seulement la nuit.
C'est une espèce inféodée au substrat, qui se
faufile très habilement entre les plantes,
capable de se dissimuler dans l'épaisseur de
la couche de sable au cours de la journée. À
cet effet, ses yeux sont recouverts d'une
membrane protectrice résistante.

Exigences
La composition de l'eau est peu importante
pourvu qu'elle soit fréquemment renouvelée. Ce poisson fouilleur de substrat se nourrit des restes délaissés par les autres poissons
mais il apprécie beaucoup toutes les proies
vermiformes.

Reproduction
Parfois signalée en aquarium, les œufs adhèrent aux racines des plantes de surface.

Particularités
Cette espèce est proche du *Pangio semicinc-
tus* ou loche à demi-bandes.

ABRAMITES HYPSELONOTUS
Characin brème

ORIGINE : *Amérique du Sud, Amazone*
Syn. lat. : *Leporinus hypselonotus*

• T. : 13 cm   • Les juvéniles sont plus paisibles que les adultes   • Aquarium : 120 litres   • pH : 6 à 7,5
• T° : 23 à 27 °C   • Nage vers le fond et en pleine eau

Comportement
Les adultes présentent des relations intraspécifiques agressives.

Exigences
Grands consommateurs de végétaux, ces
poissons ne peuvent être acclimatés que dans
un aquarium dépourvu de plantes. Eau
moyennement dure et fortement filtrée. Il dévore
de grandes quantités de
salade, petits pois et tendres
pousses des végétaux. Les proies
vivantes sont bien acceptées. Aquarium
sans plante mais décoré avec de nombreuses racines et des amas rocheux.

Reproduction
Elle n'est pas encore réussie en aquarium.

Particularités
Cette espèce se tient fréquemment la tête
dirigée vers le bas.

ANOSTOMUS ANOSTOMUS
Anostome rayé

ORIGINE : *Amérique du Sud, Amazone, Venezuela, Colombie*
Syn. lat. : Leporinus anostomus

• T. : 18 cm • Poisson grégaire • Aquarium : 150 litres • pH : 5,8 à 7,5 • T° : 22 à 28 °C • Nage vers le fond et en pleine eau

Comportement

Ce poisson fréquente les eaux stagnantes, très fournies en végétation, des petits ruisseaux forestiers. Bien qu'il soit de nature grégaire, il peut cohabiter seul dans un aquarium communautaire. Pacifique avec des espèces de sa taille, il dévore les petites espèces.

Exigences

L'anostome rayé ne convient qu'à un aquarium spacieux densément planté, contenant une eau neutre à légèrement acide, maintenue autour de 25 °C. Il accepte les nourritures préparées mais a impérativement besoin de recevoir des distributions d'aliments végétaux à base de salade ou d'épinards bouillis.

Reproduction

Elle serait réussie en aquarium, mais peu d'informations circulent à ce sujet.

Particularités

Ce poisson partiellement herbivore apprécie un éclairage puissant qui favorise la croissance des algues.

ANOSTOMUS TERNETZI
Anostome doré

ORIGINE : Amérique du Sud, Brésil

• T. : 16 cm   • Poisson très paisible   • Aquarium : 150 litres   • pH : 6 à 7,5   • T° : 24 à 28 °C
• Nage vers le fond et en pleine eau

Comportement
Cette espèce résistante offre d'excellentes relations intra et interspécifiques.

Exigences
Aquarium bien planté. Eau douce fortement filtrée. L'anostome doré consomme des salades, des petits pois et les proies vivantes sont bien acceptées.

Reproduction
Elle est inconnue en aquarium.

Particularités
Proche morphologiquement de l'*Anostomus anostomus*, cette espèce est beaucoup plus paisible.

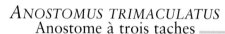

ANOSTOMUS TRIMACULATUS
Anostome à trois taches

ORIGINE : Amérique du Sud, Brésil, Guyanes
Syn. lat. : Pseudanos trimaculatus

• T. : 12 cm en aquarium, 20 cm dans la nature   • Poisson pacifique, très sociable et grégaire
• Aquarium : 120 litres   • pH : 6 à 7,5   • T° : 23 à 28 °C   • Nage vers la surface et en pleine eau

Comportement
Cette espèce grégaire, donc très sociable, vit en groupes importants.

Exigences
L'anostome à trois taches aime une eau bien aérée. Il ne convient qu'à de grands aquariums et doit être élevé en compagnie de plusieurs membres de son espèce. La composition de l'eau est peu importante. Il apprécie la présence d'une végétation abondante, mais il doit disposer d'assez de place pour évoluer au-dessus du fond. C'est une espèce sans problème, qui adore les algues et mange parfois les plantes aquatiques.

Reproduction
Elle est inconnue en aquarium.

Particularités
Cette espèce ressemble énormément à *Anostomus plicatus*. Lorsqu'il saisit des vers sur le fond, il se retourne sur le dos afin que sa bouche puisse atteindre la proie convoitée.

LEPORINUS FASCIATUS
Léporinus à bandes noires

ORIGINE : Amérique du Sud, Venezuela
Syn. lat. : Salmo fasciatus

• T. : 7 à 9 cm   • Poisson paisible, grégaire   • Aquarium : 150 litres   • pH : 6 à 7   • T° : 24 à 28 °C
• Nage vers la surface et en pleine eau

Comportement
Ce poisson grégaire et paisible est un habile nageur qui saute aussi très facilement.

Exigences
Bac sans plantes, mais muni d'une puissante filtration. Le décor est simplement composé de racines de tourbières et de roches. Eau douce légèrement acide. Il consomme beaucoup de nourriture végétale, salades, cressons ou fruits.

Reproduction
Sa reproduction en aquarium est inconnue.

COPELLA ARNOLDI
Characin arroseur

ORIGINE : Amérique du Sud, Guyanes
Syn. lat. : Copeina arnoldi

• T. : 6 à 8 cm   • Poisson pacifique, paisible et grégaire   • Aquarium : 100 litres   • pH : 6,5 à 7,5
• T° : 25 à 29 °C   • Nage vers la surface et en pleine eau

Comportement
Ce poisson calme se rencontre par petits bancs dans son biotope naturel.

Exigences
Il apprécie un aquarium assez volumineux, recevant, dans la mesure du possible, quelques rayons directs de soleil. Il aime une eau légèrement acide, filtrée sur une couche de tourbe. Il est omnivore.

Reproduction
Deux conditions sont exigées pour obtenir la ponte : l'utilisation de petits aquariums d'une cinquantaine de litres et une alimentation riche et copieuse. Pendant le frai, le couple saute simultanément contre le couvercle de l'aquarium et colle ses œufs contre la vitre. La moyenne d'un frai est d'environ une centaine d'œufs. Le mâle prend ensuite position sous le frai et asperge les œufs avec sa longue caudale pour éviter leur déshydratation.

Particularités
C'est un excellent sauteur, l'aquarium doit donc être parfaitement couvert.

NANNOBRYCON EQUES
Éques

ORIGINE : Amérique du Sud, Brésil, Guyanes, Colombie
Syn. lat. : Nannostomus eques

- T. : 5 cm • Poisson pacifique et grégaire • Aquarium : 80 litres • pH : 5,5 à 7 • T° : 22 à 28 °C
- Nage vers la surface

▌Comportement
Poisson paisible, farouche et grégaire. Se dissimule beaucoup pendant la journée.

▌Particularités
Nage en oblique et parfois même verticalement. La nuit il devient beaucoup plus pâle.

▌Exigences
Les qualités physico-chimiques de l'eau sont importantes pour élever correctement cette espèce délicate. La filtration sur un lit de tourbe doit maintenir l'eau douce et acide. La présence de nitrates nuit énormément au bien-être de ce poisson. Il accepte de petites proies vivantes mais aussi des aliments lyophilisés.

▌Reproduction
Elle est possible mais difficile. L'eau doit être extrêmement douce et légèrement acide. Les parents seront retirés juste après le frai.

NANNOBRYCON UNIFASCIATUS
Poisson-crayon à une bande

ORIGINE : Amérique du Sud, Colombie, río Madeira
Syn. lat. : Nannostomus unifasciatus

- T. : 6 cm • Poisson très craintif, pacifique et grégaire • Aquarium : 100 litres • pH : 5,5 à 7
- T° : 25 à 28 °C • Nage vers la surface

▌Comportement
Cette espèce particulièrement calme et délicate peut cohabiter avec d'autres espèces très paisibles.

▌Particularités
Chez toutes les espèces, la coloration corporelle se modifie profondément en passant des périodes diurnes à nocturnes.

▌Exigences
Ses exigences sont identiques à celles de *Nannobrycon eques.*

▌Reproduction
Pour le frai, voir les indications concernant *Nannobrycon eques.*

NANNOSTOMUS BECKFORDI
Poisson-crayon

ORIGINE : Amérique du Sud, Surinam, Guyanes
Syn. lat. : Nannostomus anomalus

• T. : 6,5 cm   • Poisson paisible et grégaire   • Aquarium : 100 litres   • pH : 6 à 7,5   • T° : 24 à 26 °C
• Nage vers la surface et en pleine eau

▌ Comportement
Cette espèce grégaire et calme peut être élevée en bac communautaire. Son acclimatation en aquarium est facile.

▌ Exigences
Cette espèce, qui vit en bancs, réclame une eau bien filtrée, régulièrement renouvelée. Ce poisson craintif recherche des refuges parmi les plantes. La fine nourriture vivante est happée à la surface de l'eau. Aliments variés, flocons et proies vivantes.

▌ Reproduction
Elle se déroule parmi les touffes de mousse de Java, dans une eau extrêmement douce maintenue autour de 30 °C.

▌ Particularités
La nuit, la coloration corporelle perd son éclat, et deux bandes transversales gris foncé apparaissent.

NANNOSTOMUS HARRISONI
Poisson-crayon à bandes dorées

ORIGINE : Amérique du Sud, Guyanes
Syn. lat. : Nannostomus cumuni

• T. : 6 cm   • Poisson paisible et grégaire   • Aquarium : 100 litres   • pH : 6 à 7,5   • T° : 24 à 28 °C
• Nage vers la surface et en pleine eau

▌ Comportement
Cette espèce paisible et farouche convient bien à l'aquarium communautaire.

▌ Exigences
Le poisson-crayon à bandes dorées apprécie une eau douce, légèrement acide, sans présence de nitrates. La filtration sur de la tourbe est conseillée. Un sol sombre et des plantes flottantes complètent l'aménagement de l'aquarium. Cette espèce carnivore et limivore aime les larves de chironomes, les *Artemia* et du foie râpé.

▌ Reproduction
Bien que possible, elle reste difficile pour un amateur débutant. Les parents dévorent leur œufs qui devront être protégés par un fin grillage. Les alevins consomment des infusoires.

NANNOSTOMUS TRIFASCIATUS
Poisson-crayon à trois bandes

LÉBIASINIDÉS

ORIGINE : Amérique du Sud, Brésil, río Negro

• T. : 5,5 cm • Poisson pacifique, grégaire • Aquarium : 80 litres • pH : 6 à 6,5 • T° : 24 à 28 °C
• Nage vers la surface et en pleine eau

▮ Comportement

Ce poisson-crayon, comme l'ensemble de ses congénères, est paisible et craintif. Il aime se dissimuler parmi les plantes à la moindre alerte. S'il est effrayé, il ne s'alimente plus.

▮ Exigences

Son habitat naturel est composé de ruisseaux à cours lent recouverts par une végétation aérienne très dense. Une épaisse couche de matières organiques jonche le sol. L'eau, acide et très douce, doit contenir un minimum de nitrates. La filtration sur tourbe apporte beaucoup de bien-être à cette espèce sensible aux qualités physico-chimiques du milieu. Un lit de plantes flottantes atténue la lumière et apaise ce poisson. Les fines larves de moustiques rouges, les *Artemia* et les petites paillettes sont vivement acceptées surtout au crépuscule.

▮ Reproduction

Elle est délicate en aquarium. Cette espèce a besoin d'un grand bac de ponte avec une hauteur d'eau d'environ 20 cm. Des plantes flottantes sont indispensables. L'eau doit être faiblement acide. Le substrat est composé de nombreuses fibres lâches. Les futurs géniteurs issus d'un grand groupe de poissons sont nourris avec des mouches de fruits. Plusieurs semaines peuvent s'écouler avant que les poissons veuillent pondre.

▮ Particularités

Ses teintes ressemblent à celles du *Nannostomus marginatus* avec une caudale plus rouge. C'est le plus brillamment coloré des poissons-crayons. Son corps svelte et fuselé se termine par une petite bouche. Sa couleur fondamentale est argentée à brun-pourpre. Une raie longitudinale noire démarre du museau jusqu'à la partie inférieure du pédoncule caudal. Une autre ligne parallèle va de la partie centrale de l'œil jusqu'au pédoncule caudal. Enfin, une troisième ligne un peu moins visible souligne le ventre du poisson. La coloration de la femelle est plus terne.

CARNEGIELLA STRIGATA
Poisson-hachette

ORIGINE : Amérique du Sud, Pérou
Syn. lat. : Gasteropelecus strigatus – Gasteropelecus vesca

• T. : 4 cm • Poisson pacifique, grégaire, très paisible • Aquarium : 100 litres • pH : 5,5 à 6
• T° : 24 à 28 °C • Nage vers la surface et en pleine eau

Comportement

Ce poisson, dépourvu de nageoire adipeuse, est tout à fait sociable. Son dos est presque droit, mais son ventre est distendu en forme de hache par l'énorme développement des muscles pectoraux. Par le battement rapide de ses pectorales, il est capable de survoler l'eau à des hauteurs comprises entre 3 et 5 cm. Cette particularité morphologique oblige à maintenir l'aquarium parfaitement couvert.

Exigences

Le poisson-hachette est un nageur très habile qui aime les légers courants d'eau. Il convient à de grands ou petits aquariums, l'important est qu'il soit élevé au sein d'un groupe d'au moins dix membres de son espèce. Cette espèce apprécie un substrat de couleur sombre, beaucoup d'espace pour nager et un épais tapis

de plantes flottantes pour lui procurer des abris. Les larves de moustiques et toutes les petites proies vivantes qui s'échouent sur la surface de l'eau sont vite dévorées par ce poisson délicat. Les fourmis, les œufs de fourmis, les mouches des fruits ou les pucerons sont des friandises très appréciées.

Reproduction

Elle semble possible mais reste difficile en aquarium. La réussite de ce frai est intimement liée aux distributions régulières de fines nourritures vivantes ailées (drosophiles).

Particularités

Les poissons appartenant à ce genre sont tous très sensibles à l'*Ichthyophthirius*. Seul l'embonpoint des femelles gravides permet de distinguer les sexes. Cette très belle espèce est l'une des plus populaires auprès des aquariophiles. L'éclat de ses couleurs ressort mieux sous une lumière tamisée. Une autre espèce magnifique intéresse les aquariophiles, il s'agit de *Carnegiella marthae*, originaire du bassin amazonien, de l'Orénoque, du Pérou et du Venezuela. Une troisième espèce est parfois commercialisée : *Carnegiella myersi* : elle est plus petite que le *C. marthae*, et provient du Pérou.

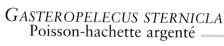

GASTEROPELECUS STERNICLA
Poisson-hachette argenté

ORIGINE : Amérique du Sud, Brésil, Guyanes
Syn. lat. : Gasteropelecus coronatus

• T. : 6,5 cm • Poisson paisible, craintif et grégaire • Aquarium : 120 litres • pH : 6,5 à 7 • T° : 23 à 27 °C • Nage sous la surface

Comportement

Cette espèce paisible et farouche vit en petits groupes au sein d'un aquarium communautaire.

Exigences

Un bac spécifique ou collectif conviennent bien à condition que la surface de l'eau soit recouverte par un lit de plantes ou par de larges feuilles flottantes. Il s'alimente essentiellement avec de petits insectes volants.

▌ Reproduction
Elle est inconnue en aquarium.

▌ Particularités
Ce poisson est très proche du *Thoracocharax securis*.

APHYOCHARAX ANISITSI
Nageoire rouge

ORIGINE : Amérique du Sud, Argentine
Syn. lat. : Aphyocharax rubripinnis

• **T. : 5 cm** • **Poisson grégaire et calme** • **Aquarium : 80 à 100 litres** • **pH : 6 à 8** • **T° : 18 à 28 °C**
• **Nage vers la surface et en pleine eau**

▌ Comportement
Le nageoire rouge aime la compagnie de ses semblables. Il convient à l'aquarium collectif amazonien.

▌ Exigences
Cette petite espèce n'a pas d'exigence particulière. Elle préfère les bacs faiblement éclairés et un sol sombre. La température de la pièce lui suffit. Omnivore, ce poisson apprécie les fines proies vivantes ainsi que les aliments artificiels.

▌ Reproduction
C'est un reproducteur prolifique, de 300 à 500 œufs, dont la ponte se déroule en pleine eau parmi les plantes. Les parents dévorent leurs œufs.

▌ Particularités
Le nageoire rouge est très robuste et sa longévité en aquarium est très satisfaisante.

APHYOCHARAX PARAGUAYENSIS
Tétra soleil

CHARACIDÉS

ORIGINE : Amérique du Sud, Guyanes

• T. : 4,5 cm • Poisson grégaire et calme • Aquarium : 100 litres • pH : 5,5 à 7,5 • T° : 24 à 28 °C
• Nage vers la surface

▌ Comportement
Poisson grégaire, calme. Il convient à l'aquarium communautaire de type amazonien.

▌ Exigences
Cette petite espèce assez délicate à acclimater réclame un pH légèrement acide, une faible hauteur d'eau, une dense végétation périphérique, une forte luminosité et de bons courants d'eau.
La filtration sur tourbe fait mieux ressortir ses couleurs.

▌ Reproduction
Le frai nécessite l'obscurcissement de l'aquarium de ponte et une eau douce légèrement acide. L'élevage des minuscules alevins n'est pas très facile.

▌ Particularités
Le dimorphisme sexuel se remarque par le ventre plus lourd de la femelle.

ARNOLDICHTHYS SPILOPTERUS
Characin africain aux yeux rouges

CHARACIDÉS

ORIGINE : Afrique tropicale, delta du Niger
Syn. lat. : Petersius spilopterus

• T. : 4,5 cm • Poisson grégaire et paisible • Aquarium : 150 litres • pH : 6 à 7,5 • T° : 24 à 28 °C
• Nage en pleine eau

▌ Comportement
Ce poisson grégaire et paisible convient bien aux aquariums communautaires suffisamment spacieux.

▌ Exigences
Élevé sur un sol sombre, et dans une eau filtrée sur tourbe, les brillantes couleurs de ce poisson s'intensifient. Il s'alimente avec de copieuses distributions de proies vivantes.

▌ Reproduction
Le frai nécessite une eau légèrement acide et très douce. L'incubation des œufs dure 30 à 35 heures. La croissance des alevins est rapide.

▌ Particularités
Cette espèce aime beaucoup nager en eau libre.

ASTYANAX FASCIATUS MEXICANUS
Poisson aveugle

ORIGINE : *Amérique centrale, Mexique, Texas*
Syn. lat. : *Anoptichthys jordani*

• T. : 9 cm   • Poisson paisible, grégaire   • Aquarium : 120 litres   • pH : 6 à 7,5   • T° : 20 à 25 °C
• Nage en pleine eau

▌Comportement

Le poisson aveugle vit dans les eaux souterraines près de San Luis Potosí au Mexique. Son absence d'yeux lui confère un aspect surprenant. C'est un poisson paisible convenant à l'aquarium communautaire.

▌Exigences

Cette espèce a besoin d'espace et doit être élevée au sein de grands bancs spécifiques. Elle préfère un sol de couleur sombre et une lumière tamisée qui font nettement mieux ressortir ses couleurs.

D'épaisses touffes de plantes sont disposées sur tout le pourtour de l'aquarium et procurent des retraites bien appréciées. La composition de l'eau n'est pas très importante et la température peut descendre jusqu'à 16 °C. Son régime alimentaire est composé de proies vivantes, tubifex, *Artemia*, larves de chironomes, enchytrées. Les aliments artificiels et lyophilisés sont bien acceptés.

▌Reproduction

Elle est assez facile en aquarium à une température comprise entre 18 et 20 °C. L'accouplement est rapide. Les œufs peu adhésifs sont pondus parmi les touffes de plantes ou au hasard dans l'aquarium. Ces poissons très prolifiques perdent leur coloration argentée dès la première génération élevée en aquarium. Les spécimens sauvages sont extrêmement nacrés. L'incubation dure deux à trois jours et la nage libre est atteinte au bout de six jours. Dès la fin de la ponte, si les reproducteurs ne s'intéressent plus l'un à l'autre, il est préférable de les retirer rapidement. Les alevins consomment des nauplies d'*Artemia*.

▌Particularités

À la naissance, les jeunes possèdent des yeux noirs, mais après dix-huit jours de vie, l'œil s'atrophie progressivement sous la peau.

BRYCINUS LONGIPINNIS
Characin à longues nageoires

ORIGINE : Afrique tropicale, delta du Niger, Ghana, Togo
Syn. lat. : Alestes longipinnis

• T. : 13 cm • Poisson grégaire • Aquarium : 150 litres • pH : 6,5 à 7,8 • T° : 22 à 26 °C
• Nage en pleine eau

Comportement
Espèce calme, paisible et grégaire convenant parfaitement à l'aquarium collectif.

Exigences
Ce nageur actif réclame beaucoup d'espace libre, un sol sombre et un puissant éclairage. De fréquents renouvellements d'eau stimulent sa croissance. Il aime les proies vivantes et autres aliments.

Reproduction
Sa reproduction est inconnue en aquarium.

Particularités
Le mâle présente une dorsale aux rayons bien développés.

EXODON PARADOXUS
Exodon à deux taches

ORIGINE : Amérique du Sud, Brésil, Guyanes
Syn. lat. : Hystricodon paradoxus

• T. : 15 cm • Poisson prédateur, bac spécifique • Aquarium : 150 litres • pH : 6 • T° : 23 à 28 °C
• Nage en pleine eau

Comportement
Ces poissons sont à élever en bac spécifique par petits groupes. Fréquemment, les jeunes se dévorent mutuellement les yeux.

Exigences
Ce sont d'excellents sauteurs qui exigent des couvercles bien ajustés. Filtration sur tourbe pour obtenir un pH de 5,5 à 6. Ce genre regroupe des poissons particulièrement voraces qui respectent les plantes.

Reproduction
La reproduction parmi les plantes est possible avec une filtration sur tourbe.

Particularités
Espèce très querelleuse. Bien colorée pendant sa jeunesse, elle devient terne à maturité.

GYMNOCORYMBUS TERNETZI
Veuve noire

ORIGINE : *Amérique du Sud, Bolivie, Mato Grosso*
Syn. lat. : *Tetragonopterus ternetzi*

• T. : 5,5 cm • Poisson grégaire, paisible • Aquarium : 80 à 100 litres • pH : 6 à 8,5 • T° : 20 à 26 °C
• Nage en pleine eau

Comportement
Espèce au corps étroit, aplati latéralement. Les jeunes nagent en bancs très homogènes. Ces poissons conviennent bien au bac collectif.

Exigences
La veuve noire préfère un aquarium spacieux, plus large que haut, garni de plantes fines. Omnivore, ce poisson respecte les végétaux.

Reproduction
Cette espèce très prolifique pond parmi les plantes. Les géniteurs dévorent leurs œufs. L'incubation dure une journée et l'élevage des alevins est facile.

Particularités
Les producteurs asiatiques ont isolé une superbe forme voile de cette espèce. Les jeunes tétras noirs sont très attrayants mais, en vieillissant, cette teinte devient beaucoup plus fade.

HASEMANIA NANA
Tétra cuivre

ORIGINE : *Amérique du Sud, Brésil*
Syn. lat. : *Hemigrammus nanus*

• T. : 5 cm • Poisson grégaire, paisible et robuste • Aquarium : 80 litres • pH : 6 à 6,5 • T° : 26 à 30 °C • Nage en pleine eau

Comportement
Cette espèce pacifique vit en petits groupes.

Exigences
Au Brésil, le tétra cuivre est prélevé dans les eaux noires et blanches. Il préfère des eaux vives, bien aérées et une végétation exubérante en périphérie. Filtration sur tourbe pour teinter et acidifier l'eau. En complément des petites proies vivantes, il accepte des aliments lyophilisés.

Reproduction
Des pontes sont parfois obtenues dans une eau douce, acide, où les œufs adhésifs sont déposés parmi les plantes du genre *Myriophyllum*.

Particularités
Les poissons qui appartiennent au genre *Hasemania* sont étroitement apparentés aux genres *Hemigrammus* et *Hyphessobrycon*, mais c'est l'absence de nageoire adipeuse qui distingue le genre *Hasemania* des deux autres.

HEMIGRAMMUS BLEHERI
Tétra à bouche rouge

ORIGINE : Amérique du Sud, Brésil
Syn. lat. : Hemigrammus rhodostomus

• T. : 4,5 cm • Poisson grégaire, paisible • Aquarium : 100 litres • pH : 6 à 6,5 • T° : 23 à 26 °C
• Nage en pleine eau

Comportement
Cette espèce pacifique, assez timide, vit en petits groupes. Elle orne tout aquarium communautaire.

Exigences
Bac densément planté contenant une eau douce et acide. Cette espèce, sensible aux montées de nitrates, apprécie de fréquents changements d'eau.

Reproduction
Des pontes sont parfois obtenues dans une eau douce, acide, filtrée sur tourbe, où les œufs adhésifs sont déposés parmi les plantes du genre *Myriophyllum*. L'incubation dure 30 à 36 heures. Les alevins sont minuscules.

Particularités
Ce poisson a très longtemps été confondu avec *Petitella georgiae* qui possède lui aussi une tête colorée de rouge. D'ailleurs ces deux espèces sont fréquemment commercialisées sous le nom erroné d'*Hemigrammus rhodostomus*.

HEMIGRAMMUS CAUDOVITTATUS
Tétra à losange

ORIGINE : Amérique du Sud, Argentine, Paraguay
Syn. lat. : Hyphessobrycon anisitsi

• T. : 10 cm • Poisson grégaire, paisible • Aquarium : 150 litres • pH : 6 à 8,5 • T° : 18 à 28 °C
• Nage en pleine eau

Comportement
Cette espèce native du Rio de la Plata mange tout, surtout les plantes. Un banc de ces petits poissons est capable d'arracher toutes les plantes de l'aquarium.

Reproduction
À une température de 24 °C, il pond parmi les plantes ou dans une pelote de fil de Nylon. Il est très prolifique.

Exigences
Très robuste, le tétra à losange s'acclimate dans n'importe quel type d'eau. La filtration puissante doit créer un fort courant d'eau. Décor composé de roches et d'enchevêtrements de racines. Pas de végétaux. Omnivore, il n'est pas difficile à alimenter.

HEMIGRAMMUS ERYTHROZONUS
Tétra lumineux

ORIGINE : Amérique du Sud, Guyanes
Syn. lat. : Hemigrammus gracilis

- T. : 8 cm • Poisson grégaire, paisible • Aquarium : 120 litres • pH : 6 à 6,5 • T° : 26 à 30 °C
- Nage vers la surface et en pleine eau

Comportement
Ce très beau Characidé nain est endémique du fleuve Essequibo en Guyanes. Il est très populaire en raison de ses teintes chatoyantes.

Exigences
Un bac communautaire permet d'élever un petit banc de tétras. La filtration sur tourbe et complétée par un lit de plantes flottantes. Il est omnivore.

Reproduction
La ponte se déroule au sein des plantes, dans une eau très douce, maintenue à une température de 28 °C.

Particularités
Cette très belle espèce n'est pas difficile à alimenter.

HEMIGRAMMUS HYANUARY
Néon vert

ORIGINE : Amérique du Sud, lac Hyanuary

- T. : 4 cm • Poisson grégaire, paisible • Aquarium : 70 litres • pH : 6 à 7,5 • T° : 23 à 27 °C
- Nage en pleine eau

Comportement
Poisson grégaire, pacifique, convenant bien à l'aquarium communautaire de type amazonien.

Exigences
Un bac communautaire permet d'élever un petit banc de néons verts. La filtration sur tourbe est complétée par un lit de plantes flottantes. L'éclairage doit être puissant. Il est omnivore.

Reproduction
La ponte se déroule parmi les plantes, dans une eau très douce, maintenue à une température de 25 °C. L'incubation dure 24 heures.

HEMIGRAMMUS OCELLIFER
Feux-de-position

ORIGINE : Amérique du Sud, Bolivie, Guyanes
Syn. lat. : Tetragonopterus ocellifer

• T. : 4,5 cm • Poisson grégaire, paisible • Aquarium : 100 litres • pH : 6,5 à 7,5 • T° : 22 à 26 °C
• Nage en pleine eau

▌ Comportement

Ce poisson populaire, découvert en 1883, n'est apparu dans les aquariums qu'en 1958. Paisible, il convient bien aux aquariums communautaires.

▌ Exigences

L'aménagement de l'aquarium ne soulève aucun problème particulier. La composition de l'eau est peu importante. La vivacité naturelle et les superbes teintes de ce poisson seront mises en valeur dans un aquarium à fond sombre. L'eau est de préférence filtrée sur tourbe. La température nocturne peut descendre jusqu'à 22 °C. Ces poissons peu exigeants ont la réputation de convenir aux débutants. La nourriture sera composée d'insectes ailés et d'autres aliments préparés. Des apports de matières végétales sous forme d'algues ou de feuilles de laitue ébouillantée sont très appréciés.

▌ Reproduction

Cette espèce très prolifique pond relativement facilement dans une eau filtrée sur tourbe, légèrement acide. Le frai se déroule parmi la végétation. Au cours de la ponte, la femelle se tient généralement le ventre en l'air. La parade nuptiale est énergique, mâle et femelle prennent alternativement l'initiative. Le bac sera presque totalement protégé de la lumière par du papier journal. L'incubation des œufs dure de 24 à 36 heures à une température de 24 °C. Le papier journal est retiré progressivement en l'espace d'une semaine.

▌ Particularités

Le nom vernaculaire de cette espèce vient des taches dorées qu'il exhibe au-dessus de l'œil et sur son pédoncule caudal. Ce tétra, comme d'autres espèces, a une caractéristique morphologique inhabituelle. Les rayons antérieurs de l'anale forment un crochet qui se prend dans les mailles de l'épuisette. Il faut donc faire attention en le détachant car la nageoire peut être déchirée.

HEMIGRAMMUS PULCHER
Pulcher

ORIGINE : Amérique du Sud, Bolivie

• T. : 4,5 cm   • Poisson grégaire, paisible   • Aquarium : 100 litres   • pH : 6,5 à 7,5   • T° : 23 à 27 °C
• Nage en pleine eau

Comportement
Paisible et grégaire, il convient bien aux aquariums communautaires.

Exigences
L'aménagement de l'aquarium ne soulève aucun problème particulier. La nourriture sera composée d'insectes ailés et d'autres aliments préparés.

Reproduction
Cette espèce très prolifique pond relativement facilement dans une eau filtrée sur tourbe, légèrement acide. Le frai se déroule parmi la végétation.

Particularités
Le *pulcher* ressemble beaucoup à *l'ocellifer*, mais son corps est nettement plus élevé et porte une tache noire sur le pédoncule caudal.

HEMIGRAMMUS STICTUS
Tétra-cerise

ORIGINE : Amérique du Sud, Guyanes

• T. : 5,5 cm   • Poisson grégaire, paisible   • Aquarium : 100 litres   • pH : 6,3 à 7   • T° : 24 à 28 °C
• Nage en pleine eau

Comportement
Paisible et grégaire, cette espèce convient bien aux aquariums collectifs.

Exigences
L'aménagement de l'aquarium entraîne une forte luminosité et une végétation éparse. La nourriture sera composée d'insectes ailés et d'aliments lyophilisés.

Reproduction
Cette espèce pond assez facilement dans une eau filtrée sur tourbe, légèrement acide. La température idéale est de 26 °C.

Particularités
Cette espèce est rarement commercialisée.

HYPHESSOBRYCON BENTOSI
Bentosi

ORIGINE : Amérique du Sud, Guyanes
Syn. lat. : Hyphessobrycon ornatus – Hyphessobrycon callistus bentosi

• T. : 4 cm • Poisson grégaire, paisible • Aquarium : 80 litres • pH : 5,8 à 7,5 • T° : 24 à 28 °C
• Nage en pleine eau

▌Comportement
Hyphessobrycon bentosi a besoin de vivre en compagnie de ses semblables ; c'est une espèce paisible, facile à élever dans un vaste bassin collectif amazonien.

▌Exigences
Un sol sombre, des plantes sur le fond et les bords latéraux ainsi qu'un léger courant d'eau résument les exigences de cette espèce facile à acclimater. Les aliments lyophilisés et les proies vivantes font son régal.

▌Reproduction
Sa ponte se déroule facilement parmi les plantes au feuillage finement découpé. L'incubation dure environ 20 heures et les jeunes s'élèvent aisément.

▌Particularités
Le mâle est doté d'une dorsale pointue.

HYPHESSOBRYCON CALLISTUS
Tétra joyau

ORIGINE : Amérique du Sud, nord du Paraguay
Syn. lat. : Tetragonopterus callistus – Hemigrammus melanopterus

• T. : 4 cm • Poisson grégaire, relativement paisible • Aquarium : 100 litres • pH : 6 à 6,8 • T° : 22 à 28 °C • Nage en pleine eau

▌Comportement
En vieillissant, le tétra joyau devient asocial et mordille les nageoires des autres tétras.

▌Exigences
En principe, cette espèce convient à l'aquarium communautaire. L'agressivité diminue s'il est correctement alimenté avec de généreuses distributions de proies vivantes, larves de moustiques et *Artemia*.

▌Reproduction
Il pond dans une eau filtrée sur tourbe, la difficulté étant de réunir un couple qui s'accorde.

▌Particularités
Au sein du banc, les plus faibles sont harcelés.

HYPHESSOBRYCON ERYTHROSTIGMA
Cœur-saignant

ORIGINE : Amérique du Sud, Amazone
Syn. lat. : Hyphessobrycon rubrostigma

• T. : 6 cm • Poisson grégaire, paisible • Aquarium : 100 litres • pH : 5,6 à 7,2 • T° : 23 à 28 °C
• Nage en pleine eau

▌ Comportement
D'un comportement intraspécifique excellent, il présente des relations interspécifiques paisibles, à condition d'être élevé avec des poissons aussi grands que lui.

▌ Exigences
C'est un nageur actif réclamant la mise en route d'un aquarium de grand volume où la végétation abondante offre de nombreuses retraites. Le cœur-saignant accepte les aliments préparés mais il préfère nettement les petites proies vivantes comme les insectes ou les tubifex.

▌ Reproduction
S'il est convenablement nourri, le couple fraiera assez facilement, de la même façon que les autres tétras.

▌ Particularités
Le mâle se distingue nettement avec sa dorsale bien développée.

HYPHESSOBRYCON HERBERTAXELRODI
Néon noir

ORIGINE : Amérique du Sud, Brésil

• T. : 4 cm • Poisson grégaire, très paisible • Aquarium : 100 litres • pH : 6 • T° : 23 à 27 °C
• Nage vers la surface et en pleine eau

▌ Comportement
Cette espèce, naturellement grégaire et très pacifique, convient bien à l'aquarium communautaire peuplé avec d'autres espèces calmes.

▌ Exigences
Une eau filtrée sur tourbe est suffisante, le néon noir étant très tolérant.
Un léger courant d'eau, un sol assombri et une lumière tamisée par des plantes flottantes terminent l'installation de l'aquarium d'élevage. Il apprécie des distributions de fines proies vivantes en alternance avec des aliments artificiels.

▌ Reproduction
Bien nourri, sa reproduction est assez facile à obtenir. Filtration sur tourbe indispensable.

▌ Particularités
Sur le plan systématique, il diffère nettement des néons.

HYPHESSOBRYCON PULCHRIPINNIS
Tétra citron

ORIGINE : Amérique du Sud, Brésil

• T. : 4,5 cm • Poisson grégaire, paisible • Aquarium : 100 litres • pH : 5,5 à 7,5 • T° : 23 à 28 °C
• Nage vers la surface et en pleine eau

Comportement
Le tétra citron est un poisson grégaire, pacifique, qui évolue aisément en pleine eau.

Exigences
Bon nageur, il réclame un grand espace libre parmi les plantes. Les autres exigences sont classiques : sol sombre, filtration sur tourbe, faible lumière. Il est omnivore.

Reproduction
Bien qu'il soit peu reproduit, sa parade amoureuse est originale. Le mâle enlace sa compagne au-dessus des touffes de fines plantes aquatiques et incline son corps en tremblant. Après l'émission des œufs, les parents s'en désintéressent.

Particularités
La teinte jaune et noir ne devient vraiment contrastée que si les poissons reçoivent une nourriture variée.

HYPHESSOBRYCON SOCOLOFI
Hyphessobrycon de Socolof

ORIGINE : Amérique du Sud, Brésil

• T. : 4,5 cm • Poisson grégaire, paisible • Aquarium : 100 litres • pH : 6 à 7 • T° : 23 à 27 °C
• Nage en pleine eau

Comportement
Ce poisson grégaire et pacifique est à élever en banc d'une dizaine d'exemplaires.

Exigences
Il apprécie une eau acidifiée par des passages répétés sur de la tourbe, une lumière diffuse et un sol sombre. Il est omnivore.

Reproduction
En eau très douce, la ponte a lieu en pleine eau, au milieu des plantes. Les géniteurs dévorent leurs œufs qui devront être protégés.

Particularités
Cette espèce, très courante dans le commerce aquariophile, est souvent confondue avec *Hyphessobrycon erythrostigma*.

MEGALAMPHODUS MEGALOPTERUS
Tétra fantôme noir

ORIGINE : Amérique du Sud, Brésil

• T. : 4,5 cm • Poisson grégaire, paisible, résistant • Aquarium : 80 litres • pH : 6 à 7,5 • T° : 22 à 28 °C • Nage en pleine eau

Comportement
Ce poisson grégaire peut être élevé en couple. Acclimatés en bancs, certains mâles deviennent légèrement agressifs entre eux.

Exigences
Le tétra fantôme noir est moins exigeant envers les qualités de l'eau que les autres tétras. Il apprécie une épaisse couche de plantes de surface qui filtrent la lumière. Il est omnivore avec une prédilection marquée pour les petites proies vivantes.

Reproduction
Le déroulement de la ponte est tumultueux. Pour obtenir le frai, une filtration sur tourbe paraît indispensable,

le pH idéal étant de 5,5 à 6. Il est nécessaire d'obscurcir le bac de ponte.

Particularités
Il ressemble beaucoup à *Gymnocorymbus ternetzi*. Chez *Megalamphodus megalopterus* la femelle, qui est plus rouge que le mâle, représente une exception chez les tétras et chez tous les poissons en général.

MEGALAMPHODUS SWEGLESI
Tétra fantôme rouge

ORIGINE : Amérique du Sud, Colombie

• T. : 4 cm • Poisson grégaire, paisible • Aquarium : 80 litres • pH : 5,5 à 7,5 • T° : 20 à 23 °C • Nage en pleine eau

Comportement
Ce poisson grégaire peut être élevé dans un aquarium communautaire.

Exigences
Eau douce légèrement acide. Lumière atténuée par un lit de plantes flottantes. Cette espèce est sensible à toute élévation de la température. Toutes les fines proies vivantes sont bien acceptées.

Reproduction
Dans un bac de ponte aux parois obscurcies, les géniteurs déposent leurs œufs dans une boulette de laine de Perlon.

La nage libre est atteinte en cinq jours. Les alevins consomment directement des nauplies d'*Artemia*.

Particularités
Les jeunes de cette espèce sont semblables à ceux de *Pristella maxillaris*.

METYNNIS ARGENTEUS
Dollar d'argent

CHARACIDÉS

ORIGINE : Amérique du Sud, Guyanes
Syn. lat. : Metynnis anisurus – Metynnis eigenmanni

• T. : 14 cm • Poisson grégaire, paisible et alerte • Aquarium : 150 litres • pH : 5 à 7
• T° : 24 à 28 °C • Nage en pleine eau

Comportement
Ce poisson, qui apprécie la présence de ses semblables, adore les plantes.

Exigences
Il est à l'aise dans un bac assez spacieux à lumière tamisée, bien aéré, filtré sur de la tourbe. Des racines de tourbières et des plantes artificielles constituent les éléments du décor. Végétarien, il consomme avidement de la salade, du cresson et des paillettes à base végétale.

Reproduction
Elle est possible sous réserve d'associer des couples qui se plaisent. Le frai s'effectue au sein d'un banc. Les 2 000 œufs pondus par la femelle sont respectés par les géniteurs. L'incubation dure trois jours et la nage libre intervient après six jours.

Particularités
Certains individus présentent des flancs ponctués de taches noires peu visibles.

METYNNIS LIPPINCOTTIANUS
Metynnis tacheté

CHARACIDÉS

ORIGINE : Amérique du Sud, bassin de l'Amazone
Syn. lat. : Myletes lippincottianus – Metynnis roosevelti

• T. : 13 cm • Poisson grégaire, paisible • Aquarium : 150 litres • pH : 5,5 à 7,5 • T° : 23 à 27 °C
• Nage en pleine eau

Comportement
Cette espèce grégaire s'acclimate facilement dans un bac collectif dépourvu de plantes.

Exigences
L'éclairage du bac est faible. De nombreux enchevêtrements de racines forment des abris recherchés. Seule la mousse de Java est respectée par cette espèce strictement herbivore. En plus des végétaux, elle apprécie les daphnies.

Particularités
Dans leur biotope naturel, ces poissons jouent un rôle important ; ils régulent l'écosystème en consommant de grandes quantités de végétaux.

Reproduction
Elle est possible, mais rarement signalée en aquarium.

68

MOENKHAUSIA SANCTAEFILOMENAE
Moenkhausia aux yeux rouges

ORIGINE : Amérique du Sud, Brésil, Paraguay, Bolivie
Syn. lat. : Tetragonopterus sanctaefilomenae – Moenkhausia agassizi

• T. : 6 cm • Poisson grégaire, paisible • Aquarium : 100 litres • pH : 5,5 à 8,5 • T° : 22 à 26 °C
• Nage en pleine eau

Comportement
Cette espèce grégaire et pacifique vit en petits groupes dans un bac d'ensemble spacieux.

Exigences
Aucune exigence particulière hormis peut-être un sol sombre. Omnivore, il mange de tout à l'exception des végétaux.

Reproduction
Cette espèce fraie par couples ou en bancs dans un aquarium filtré sur de la tourbe. Grands consommateurs d'œufs, les géniteurs seront prestement retirés après la ponte.

Particularités
Espèce très populaire.

NEMATOBRYCON LACORTEI
Tétra arc-en-ciel

ORIGINE : Amérique du Sud, Colombie
Syn. lat. : Nematobrycon amphiloxus

• T. : 5 cm • Poisson grégaire, paisible • Aquarium : 100 litres • pH : 5,6 à 7,2 • T° : 23 à 27 °C
• Nage en pleine eau

Comportement
Ce poisson calme et pacifique peut vivre indifféremment soit en groupes soit isolément.

Exigences
L'aquarium est équipé de la manière suivante : sol sombre, filtration sur tourbe, végétation dense avec des feuilles qui remontent et se couchent à la surface, tamisant ainsi la lumière.
Les petites proies vivantes font le régal de cette espèce qui accepte aussi des aliments lyophilisés.

Reproduction
Elle n'est pas encore signalée en aquarium.

Particularités
Belle espèce très calme mais assez fragile.

NEMATOBRYCON PALMERI
Tétra empereur

ORIGINE : Amérique du Sud, Colombie
Syn. lat. : Nematobrycon amphiloxus

• T. : 5 cm   • Poisson grégaire, paisible   • Aquarium : 100 litres   • pH : 5 à 7,5   • T° : 23 à 27 °C
• Nage en pleine eau

Comportement
Le tétra empereur est très paisible et pacifique. Il convient bien à l'aquarium communautaire.

Exigences
Il apprécie un aquarium fortement végétalisé jusque sous la surface de l'eau. Un pH de 6,5 lui convient bien.

Reproduction
Facile mais peu prolifique. Un lit de billes répandues sur le sol empêche la prédation des œufs par les parents. Ces derniers sont pondus à l'unité. Ils éclosent en 24 à 36 heures. Leur élevage est assez facile mais leur croissance est lente.

Particularités
Le tétra empereur a de surprenants et superbes yeux vert émeraude.

PARACHEIRODON AXELRODI
Néon rouge

ORIGINE : Amérique du Sud, Venezuela, Brésil, Colombie
Syn. lat. : Cheirodon axelrodi – Hyphessobrycon cardinalis

• T. : 5 cm   • Poisson grégaire, paisible et alerte   • Aquarium : 100 litres   • pH : 7   • T° : 23 à 27 °C
• Nage en pleine eau

Comportement
Le néon rouge, très populaire auprès des aquariophiles débutants et expérimentés, est un poisson grégaire au comportement vif mais très pacifique. Il s'élève facilement dans tout aquarium communautaire.

Exigences
La composition de l'eau est importante. pH proche de la neutralité, et eau adoucie par une filtration sur un lit de tourbe. Une lumière tamisée fait encore mieux ressortir les teintes magnifiques de cette espèce. De fines proies vivantes sont toujours appréciées.

Reproduction
C'est une espèce relativement prolifique qui pond environ 200 œufs.

Espèce proche
Le *Paracheirodon innesi* nommé néon est originaire du Pérou. Il mesure 4 cm. Découvert en 1936, cette espèce habite les ruisseaux d'eau brune de la haute Amazonie au Pérou. Il est grégaire et totalement pacifique. Ce poisson est le plus connu de tous les aquariophiles de la planète.

La photo de gauche représente des Paracheirodon axelrodi *; celle de droite illustre un petit banc de* Paracheirodon innesi. *Ce poisson de 4 cm de long présente un trait bleu électrique qui s'étend au-dessus de la ligne latérale, de la tête à la queue. Une tache rouge vif souligne le bleu, du milieu du corps jusqu'au pédoncule caudal. Le ventre est blanc.*

PHENACOGRAMMUS INTERRUPTUS
Tétra bleu du Congo

ORIGINE : *Afrique, Zaïre*
Syn. lat. : Micralestes interruptus

- T. : 8,5 pour le mâle, 6 cm pour la femelle • Poisson grégaire, paisible • Aquarium : 150 litres
- pH : 6,5 • T° : 24 à 27 °C • Nage vers la surface et en pleine eau

▌ Comportement
Cette espèce populaire, très gracieuse, est un peu fragile et farouche.

▌ Exigences
Elle exige la mise en eau d'un grand aquarium avec un substrat sombre et de nombreuses plantes de surface. L'eau filtrée sur de la tourbe sera légèrement ambrée. Ce poisson mange parfois les tendres pousses des plantes aquatiques. Il est omnivore.

▌ Reproduction
Ces poissons fraient par couples ou collectivement au sein d'un banc. Les 300 œufs non adhésifs tombent sur le fond. Ils éclosent en six jours. Pendant les quinze premiers jours, les alevins ne consomment que des infusoires puis arrive le temps des nauplies d'*Artemia*.

▌ Particularités
Dans une eau trop dure ou trop riche en nitrates, cette espèce perd sa superbe coloration et dépérit.

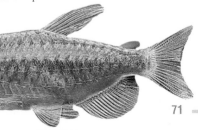

PRIONOBRAMA FILIGERA
Characin verre à queue rouge

ORIGINE : *Amérique du Sud, Brésil, Argentine*
Syn. lat. : *Aphyocharax filigerus – Prionobrama madeirae*

• T. : 6 cm • Poisson grégaire, très paisible • Aquarium : 120 litres • pH : 6 à 7,5 • T° : 22 à 30 °C
• Nage vers la surface et en pleine eau

▍Comportement
Cette espèce très calme convient bien à l'aquarium d'ensemble. Le dimorphisme sexuel se remarque par l'anale plus allongée du mâle, cette nageoire portant un liseré noir derrière un bord blanc.

▍Exigences
Il a impérativement besoin de la compagnie de ses semblables sinon il devient très farouche. Cette espèce apprécie le léger courant créé par le rejet du filtre. Elle est omnivore.

▍Reproduction
Son frai s'obtient rela-tivement facilement dans une eau filtrée sur de la tourbe. La ponte se déroule sous la surface de l'eau parmi les racines des plantes flottantes.

▍Particularités
C'est une espèce résistante mais peu populaire en raison de ses couleurs fades. Elle vit longtemps en aquarium.

PRISTELLA MAXILLARIS
Chardonneret d'eau

ORIGINE : *Amérique du Sud, Colombie, Brésil*
Syn. lat. : *Pristella riddlei*

• T. : 4,5 cm • Poisson grégaire, très paisible • Aquarium : 80 litres • pH neutre • T° : 24 à 28 °C
• Nage en pleine eau

▍Comportement
Poisson idéalement sociable et très robuste. Peu timide, toujours en mouvement, il se reproduit facilement.

▍Exigences
Bien que les qualités physico-chimiques du milieu n'aient guère d'im-portance, une eau légèrement acide fait ressortir tout l'éclat de la robe de cette espèce. Un sol sombre et une lumière atténuée par des plantes flottantes contribuent aussi au mieux-être de ce poisson robuste. Il est omnivore.

▍Reproduction
Une filtration sur un lit de tourbe blonde teinte légèrement l'eau et l'acidifie suffisamment pour que le chardonneret d'eau se reproduise. Espèce très prolifique qui éparpille 300 à 400 œufs parmi la végétation.

▍Particularités
Le *Pristella* habite par-fois les eaux saumâtres.

SERRASALMUS NATTERERI
Piranha rouge

ORIGINE : Amérique du Sud, Guyanes
Syn. lat. : Pygocentrus nattereri – Serrasalmo piranha

• T. : 28 cm • Poisson grégaire mais redoutable • Aquarium : 250 litres • pH : 5,5 à 7,5 • T° : 23 à 27 °C • Nage en pleine eau

▌Comportement

Le piranha n'est pas aussi dangereux que la rumeur le prétend, et ses attaques sont le plus souvent dirigées contre un animal blessé, ensanglanté, même s'il s'agit de l'un de ses semblables. Il est grégaire et même craintif, redoutant les mouvements brusques devant son aquarium. Par précaution élémentaire, il est déconseillé d'introduire la main dans le bac, vos doigts pourraient être interprétés comme une gâterie supplémentaire. Dans la nature, ces poissons vivent en grands groupes. En aquarium, ils ont absolument besoin de retrouver cette condition de vie naturelle.

▌Exigences

Son acclimatation dans un bac spacieux, offrant de nombreuses cachettes sous la forme d'enchevêtrements de racines de tourbières, est assez facile. Ses couleurs argentées brillantes ressortent mieux sur un substrat de teinte sombre. La composition de l'eau et la température n'ont pas vraiment d'importance. Pour créer un banc, il est indispensable d'acquérir un grand nombre de très jeunes sujets. Ainsi, ils apprendront à vivre en communauté, mangeant les plus faibles, recréant ainsi un banc naturel par sélection. Gros mangeur de proies inertes ou vivantes, il impose une filtration puissante. Les juvéniles se régalent aussi avec des distributions d'insectes et de leurs larves, ainsi que de petits poissons morts ou vifs.

▌Reproduction

Elle est rarement signalée, mais possible en aquarium. Les 500 à 1 000 œufs sont déposés dans des cuvettes creusées dans le sable à la manière de certains Cichlidés. Les alevins consomment directement des nauplies d'*Artemia*.

▌Particularités

Cette espèce, la plus dangereuse, est aussi la plus belle. Elle joue un rôle écologiquement important dans les eaux amazoniennes, s'attaquant aux animaux blessés ou malades, elle contribue ainsi à maintenir l'équilibre biologique et évite la propagation des épidémies.

SERRASALMUS SPILOPLEURA
Piranha à bande noire

ORIGINE : *Amérique du Sud, Amazone*
Syn. lat. : *Pygocentrus dulcis – Serrasalmus maculatus*

• T. : 25 cm   • Poisson grégaire, prédateur   • Aquarium : 300 litres   • pH : 5 à 7   • T° : 23 à 28 °C
• Nage en pleine eau

Comportement

Cette espèce prédatrice est à écarter de tout aquarium collectif.

Exigences

Bac spécifique spacieux. Ce gros mangeur, qui produit beaucoup d'excréments, nécessite la mise en place d'une puissante filtration. Il consomme de grosses proies vivantes, poissons, vers de terre, viande de bœuf, cœur, moules et beaucoup d'autres.

Reproduction

Son frai s'obtient relativement facilement. Les œufs sont déposés parmi les racines des plantes de surface. L'incubation dure deux jours et, huit à neuf jours plus tard, les alevins consomment directement des *Artemia*.

Particularités

Plusieurs espèces sont de véritables prédateurs de petits mammifères :

Serrasalmus nattereri d'Amazonie, *Serrasalmus calmoni* des Guyanes et du Venezuela, *Serrasalmus rhombeus* issu des Guyanes. Le *Serrasalmus ternetzi*, originaire du Paraguay, préfère les fruits et les matières végétales. Le *Serrasalmus spilopleura* présente un corps trapu, très haut, et comprimé latéralement. La ligne médiane du ventre est dentée à partir des nageoires pectorales. Les spécimens adultes ressemblent fort au *Serrasalmus nattereri*. La couleur de base des juvéniles est vert-gris avec des reflets argentés et de nombreuses taches arrondies, claires ou foncées, sur les flancs. Certains spécimens portent une marque bien distincte sur l'épaule. Cette dernière disparaît avec l'âge. Cette espèce, peu commercialisée, est donc peu répandue chez les aquariophiles amateurs de piranhas.

THAYERIA BOEHLKEI
Tétra pingouin

CHARACIDÉS

ORIGINE : Amérique du Sud, Brésil, Pérou

• T. : 6 cm • Poisson grégaire, très paisible • Aquarium : 100 litres • pH : 5,8 à 7,5 • T° : 22 à 28 °C
• Nage vers la surface et en pleine eau

Comportement
Cette espèce très calme convient bien à l'aquarium d'ensemble. Le dimorphisme sexuel est peu marqué.

Exigences
Cette espèce robuste reste sensible aux montées de nitrates et nitrites. Des renouvellements fréquents de l'eau sont indispensables. Ce poisson accepte sans réticence des aliments lyophilisés en alternance avec des proies vivantes.

Reproduction
Les pontes peuvent compter jusqu'à 1 000 œufs, qui, déposés parmi le feuillage des plantes, éclosent en 12 heures.

Particularités
Le tétra pingouin supporte sans dommage une faible salinité. Le nom de *Thayeria obliqua* est souvent donné à tort à cette espèce.

KRYPTOPTERUS BICIRRHIS
Poisson de verre

SILURIDÉS

ORIGINE : Asie du Sud-Est, Thaïlande, Indonésie
Syn. lat. : Silurus bicirrhis

• T. : 15 cm • Poisson grégaire, très paisible • Aquarium : 120 litres • pH : 6 à 7,5 • T° : 22 à 28 °C
• Nage vers la surface et en pleine eau

Exigences
Bac densément planté et bien aéré. La composition de l'eau est sans importance. Un sol sombre et un épais tapis de plantes flottantes réconfortent ces poissons assez craintifs. Ils s'alimentent avec de petites proies vivantes et des aliments lyophilisés.

Comportement
Ces poissons se plaisent en petits groupes dans un bac assez spacieux. Ils ont des mœurs crépusculaires et se dissimulent dans un endroit sombre de l'aquarium pendant la journée. Ils séjournent fréquemment à proximité de la sortie de la pompe, là où l'eau est légèrement agitée par le courant.

Reproduction
Elle est très rarement signalée en aquarium.

PANGASSIUS SUTCHI
Silure-requin

ORIGINE : Asie du Sud-Est, Thaïlande

• T. : 30 cm • Les juvéniles sont grégaires, les adultes deviennent solitaires • Aquarium : supérieur à 300 litres • pH : 7 • T° : 22 à 26 °C • Nage vers le fond

Comportement
Commercialisés à un stade juvénile, ils sont grégaires, robustes et faciles à acclimater. Mais en prenant de l'âge, ils deviennent indépendants. Ce sont des poissons craintifs.

Exigences
Peu sensible aux qualités de l'eau, ce poisson préfère un aquarium faiblement éclairé et dont la surface de l'eau est envahie par des plantes flottantes.
Les jeunes consomment essentiellement des proies vivantes tandis que les adultes, édentés, préfèrent des matières végétales.

Reproduction
Elle est impossible en aquarium. En Thaïlande, il est reproduit dans de grandes pièces d'eau.

Particularités
Dans son pays d'origine, cette espèce, qui atteint 100 cm, est élevée pour la consommation locale.

SYNODONTIS MULTIPUNCTATUS
Synodonte ponctué

ORIGINE : Afrique, lac Tanganyika

• T. : 12 cm • Les juvéniles sont paisibles, les adultes deviennent solitaires • Aquarium : 200 litres
• pH : 7,5 à 8,5 • T° : 21 à 25 °C • Nage vers le fond et en pleine eau

Comportement
Les juvéniles, magnifiquement colorés, sont relativement grégaires. Les adultes, plus solitaires, présentent des mœurs nocturnes. Les petites espèces sont parfois dévorées.

Exigences
Ce poisson préfère nettement les eaux dures. Vous pouvez dissoudre une cuillerée à café de sel marin pour 10 litres d'eau de l'aquarium. Il aime se dissimuler, dans la journée, parmi des empilements rocheux. Insectivore dans son biotope naturel, en aquarium il accepte des pastilles et autres aliments préparés.

Reproduction
Peu d'informations circulent sur son mode de reproduction en aquarium.

Particularités
Les relations intra et interspécifiques sont excellentes avec d'autres espèces d'une taille pratiquement égale à la sienne.

SYNODONTIS NIGRIVENTRIS
Silure du Congo

ORIGINE : Afrique, bassin du Zaïre
Syn. lat. : Synodontis ornatipinnis

• T. : 8 cm pour le mâle, 10 cm pour la femelle • Espèce pacifique • Aquarium : 120 litres
• pH neutre • T° : 22 à 26 °C • Nage partout

Comportement
Excellentes relations intra et interspécifiques. Nage très souvent le ventre tourné vers la surface.

Exigences
Un sol sablonneux et quelques grandes racines suffisent pour le décor inerte. Des plantes à larges feuilles, genre *Echinodorus,* pour créer des abris. La filtration doit être puissante. Les larves d'insectes font partie de ses repas.

Reproduction
C'est l'unique *Synodontis* qui ponde en aquarium. Les larves de moustiques, happées sous la surface, déclenche le frai. Les œufs sont déposés à l'intérieur d'une grotte.

Particularités
La femelle s'identifie à son corps très en hauteur.

PLATYDORAS COSTATUS
Silure rayé

ORIGINE : Amérique du Sud, Pérou
Syn lat. : Doras costatus – Silurus costatus

• T. : 22 cm • Poisson grégaire, paisible • Aquarium : 150 litres • pH : 5,8 à 7,5 • T° : 24 à 30 °C
• Nage vers le fond

Comportement
Cette espèce pacifique convient bien à l'aquarium d'ensemble.

Exigences
Sol sablonneux car il aime parfois s'enterrer dans le substrat. Enchevêtrements de racines. Les plantes sont respectées. Grande activité nocturne. Après acclimatation, il sort aussi dans la journée. Filtration sur tourbe souhaitable. Omnivore, il apprécie les algues et les pastilles de fond.

Reproduction
Il ne s'est pas encore reproduit en aquarium.

Particularités
Probablement le plus surprenant des silures.

SORUBIM LIMA
Silure-spatule

ORIGINE : Amérique du Sud, Venezuela, Paraguay
Syn. lat. : Platystoma lima – Silurus lima

- T. : 20 cm • Poisson prédateur • Aquarium : 200 litres • pH : 6,5 à 7,5 • T° : 24 à 30 °C
- Nage vers le fond

▌ Comportement
Ce prédateur peut être acclimaté sans risque dans un aquarium collectif en compagnie d'autres espèces de grandes tailles.
Les petites espèces sont dévorées.
Grande activité nocturne.

▌ Exigences
Il a impérativement besoin de vastes espaces libres. Les plantes sont respectées.
La nuit il chasse de petits poissons vivants mais il accepte aussi de gros vers de terre.

▌ Reproduction
Inconnue en aquarium car il n'atteint pas sa taille adulte.

BROCHIS SPLENDENS
Poisson-cuirassé vert

ORIGINE : Amérique du Sud, Brésil, río Tocantins
Syn. lat. : Brochis coeruleus – Callichthys splendens

- T. : 7 cm • Poisson grégaire, très paisible et robuste • Aquarium : 100 litres • pH : 5,8 à 8
- T° : 22 à 28 °C • Inféodé au substrat

▌ Comportement
Espèce très pacifique qui nage exclusivement sur le fond. Peut cohabiter avec de nombreuses espèces.

▌ Exigences
Cette espèce se satisfait d'une eau courante, d'un sol sombre à texture grossière, de quelques plages sablonneuses où il ira fouiller, et d'une végétation dense créant des cachettes. Il fouille constamment le sol à la recherche de particules alimentaires variées.

▌ Reproduction
Bien que possible, son frai est rarement signalé.

▌ Particularités
Ce poisson prélève de temps en temps de l'air atmosphérique à la surface. Il diffère morphologiquement des Corydoras par son museau qui est cuirassé comme l'ensemble de son corps.

CALLICHTHYS CALLICHTHYS
Callichthys

ORIGINE : Amérique du Sud, Brésil, Bolivie, Pérou
Syn. lat. : Silurus callichthys – Callichthys asper

• T. : 18 cm • Poisson grégaire, paisible et robuste • Aquarium : 150 litres • pH : 5,8 à 8,3 • T° : 18 à 28 °C • Inféodé au substrat

▌ Comportement
Ce poisson grégaire, robuste, pacifique et nocturne est capable de dévorer de petites espèces.

▌ Exigences
Il apprécie un aquarium densément planté, offrant de nombreux refuges parmi les enchevêtrements de racines de tourbières. Les proies vivantes sont absorbées sur le sol, uniquement la nuit. Distribuez la nourriture après l'extinction de la lumière.

▌ Reproduction
C'est le mâle qui construit un nid composé de bulles, toujours à proximité des plantes flottantes. Le frai compte jusqu'à 120 œufs et les alevins consomment rapidement de fines nauplies d'*Artemia*.

▌ Particularités
Ce genre ne comprend que cette espèce dont la croissance est lente.

CORYDORAS AENEUS
Corydoras métallisé

ORIGINE : Amérique du Sud, Trinidad, Venezuela
Syn. lat. : Hoplosternum aeneum – Callichthys aeneus

• T. : 7 cm • Poisson très paisible • Aquarium : 100 litres • pH : 6 à 8 • T° : 22 à 26 °C • Espèce inféodée au substrat

▌ Comportement
Bien qu'il ne soit pas vraiment grégaire, le *Corydoras aeneus* apprécie la présence de ses semblables. Il est tout à fait sociable avec les autres poissons, passant une partie de son temps à nettoyer le sol de l'aquarium.

▌ Exigences
Le sol de couleur sombre ne doit pas comporter de gravier à arêtes vives qui endommagerait les barbillons. Plantation exubérante offrant de nombreux abris et retraites. Eau douce.
Bien qu'il soit largement omnivore, il marque une prédilection pour les fines proies vermiformes.

▌ Reproduction
Sa reproduction est réputée difficile, mais certains éleveurs expérimentés obtiennent des naissances.

▌ Particularités
C'est une espèce sympathique qui, avec ses yeux très mobiles et son intense activité de nettoyage, est devenue très populaire auprès des aquariophiles.

CORYDORAS ARCUATUS
Corydoras arqué

ORIGINE : Amérique du Sud, Amazone

• T. : 5 cm • Poisson très paisible • Aquarium : 100 litres • pH : 7 à 8 • T° : 22 à 26 °C • Espèce inféodée au substrat

▌ Comportement
Bien qu'il ne soit pas vraiment grégaire, le *Corydoras arcuatus* apprécie la présence de ses semblables. Il est tout à fait sociable avec les autres poissons, passant une partie de son temps à nettoyer le sol de l'aquarium.

▌ Exigences
Le sol de couleur sombre ne doit pas comporter de gravier à arêtes vives qui endommagerait les barbillons. Plantation exubérante offrant de nombreux abris et retraites. Eau douce. Le corydoras arqué a aussi besoin de distributions de petites proies vivantes vermiformes.

▌ Reproduction
Sa reproduction est inconnue en aquarium.

CORYDORAS JULII
Corydoras-léopard

ORIGINE : Amérique du Sud, Brésil

• T. : 5 cm • Poisson très paisible • Aquarium : 80 litres • pH : 6,5 à 7,8 • T° : 23 à 26 °C • Espèce inféodée au substrat

▌ Comportement
Bien qu'il ne soit pas vraiment grégaire, le *Corydoras julii* apprécie la présence de ses semblables.
Il est tout à fait sociable avec les autres poissons, passant une partie de son temps à nettoyer le sol de l'aquarium.

▌ Exigences
Le sol de couleur sombre ne doit pas comporter de gravier à arêtes vives qui endommagerait les barbillons.
Plantation exubérante offrant de nombreux abris et retraites. Eau douce. Bien qu'il soit largement omnivore, il marque une prédilection pour les fines proies vermiformes.

▌ Reproduction
Sa reproduction est inconnue en aquarium.

▌ Particularités
Espèce souvent confondue avec le *Corydoras trilineatus*.

CORYDORAS MELANISTUS
Corydoras tacheté

ORIGINE : Amérique du Sud, Venezuela
Syn. lat. : Corydoras wotroi

- T. : 6 cm • Poisson extrêmement paisible • Aquarium : 80 litres • pH : 6 à 8 • T° : 20 à 24 °C
- Espèce inféodée au substrat

Comportement

Bien qu'il ne soit pas vraiment grégaire, le *Corydoras melanistus* apprécie la présence de ses semblables. Il est tout à fait sociable avec les autres poissons, passant une partie de son temps à nettoyer le sol de l'aquarium.

Exigences

Le sol de couleur sombre ne doit pas comporter de gravier à arêtes vives qui endommagerait les barbillons. Plantation exubérante offrant de nombreux abris et retraites. Eau douce. Bien qu'il soit largement omnivore, il marque une prédilection pour les fines proies vermiformes.

Reproduction

Sa reproduction est possible en aquarium.

CORYDORAS METAE
Corydoras à dos noir

ORIGINE : Amérique du Sud, Colombie

- T. : 5,5 cm • Poisson paisible • Aquarium : 100 litres • pH : 6 à 8 • T° : 22 à 26 °C
- Espèce inféodée au substrat

Comportement

Bien qu'il ne soit pas vraiment grégaire, le *Corydoras metae* apprécie la présence de ses semblables. Il est tout à fait sociable avec les autres poissons, passant une partie de son temps à nettoyer le sol de l'aquarium.

Exigences

Le sol de couleur sombre ne doit pas comporter de gravier à arêtes vives qui endommagerait les barbillons. Plantation exubérante offrant de nombreux abris et retraites. Eau douce. Bien qu'il soit largement omnivore, il marque une prédilection pour les fines proies vermiformes.

Reproduction

Sa reproduction est difficile mais possible en aquarium.

CORYDORAS PALEATUS
Corydoras marbré
CALLICHTHYIDÉS

ORIGINE : Amérique du Sud, Brésil
Syn. lat. : Corydoras marmoratus – Callichthys paleatus

• T. : 7 cm   • Poisson très paisible   • Aquarium : 100 litres   • pH : 6 à 8   • T° : 22 à 26 °C   • Espèce inféodée au substrat

Comportement
Bien qu'il ne soit pas vraiment grégaire, le *Corydoras paleatus* apprécie la présence de ses semblables. Il est tout à fait sociable avec les autres poissons, passant une partie de son temps à nettoyer le sol de l'aquarium.

Exigences
Le sol de couleur sombre ne doit pas comporter de gravier à arêtes vives qui endommagerait les barbillons. Plantation exubérante offrant de nombreux abris et retraites. Eau douce. Bien qu'il soit largement omnivore, il marque une prédilection pour les fines proies vermiformes.

Reproduction
Sa reproduction est difficile mais possible en aquarium.

Particularités
Cette espèce populaire est souvent commercialisée sous sa forme albinos. Elle fait partie des rares espèces qui se reproduisent depuis plus de 100 ans en aquarium.

CORYDORAS PANDA
Silure panda
CALLICHTHYIDÉS

ORIGINE : Amérique du Sud, Brésil
Syn. lat. : Corydoras marmoratus – Callichthys paleatus

• T. : 4,5 cm   • Espèce très paisible   • Aquarium : 80 à 100 litres   • pH : 6 à 8   • T° : 22 à 26 °C
• Espèce inféodée au substrat

Comportement
Le silure panda est extrêmement sociable. Il convient bien aux aquariums communautaires en compagnie de petits Characidés ou des Cichlidés nains. Comme tous les autres membres de cette famille, il fouille le sol à la recherche de particules alimentaires.

Exigences
Un petit aquarium bien filtré et fortement aéré lui convient. La qualité de l'eau est pratiquement sans importance, pourtant il apprécie des renouvellements mensuels. Il aime beaucoup toutes les proies vivantes vermiformes. Les pastilles qui se désagrègent sur le sol sont aussi recherchées.

Reproduction
Le frai se déroule dans un bac de 30 à 40 litres, dépourvu de substrat mais contenant une belle touffe de mousse de Java et plusieurs pots à fleurs renversés qui serviront de retraite. À 25 °C, l'incubation dure quatre à cinq jours. Les alevins, très craintifs, s'alimentent avec des nauplies d'*Artemia*.

CORYDORAS PUNCTATUS
Corydoras

ORIGINE : Amérique du Sud, Surinam
Syn. lat. : Corydoras geoffroy

• T. : 6 cm • Poisson très paisible • Aquarium : 100 litres • pH : 6 à 8 • T° : 22 à 26 °C • Espèce inféodée au substrat

Comportement
Le *Corydoras punctatus* est tout à fait sociable avec les autres poissons, passant une partie de son temps à nettoyer le sol de l'aquarium.

Exigences
Le sol de couleur sombre ne doit pas comporter de gravier à arêtes vives qui endommagerait les barbillons. Plantation exubérante offrant de nombreux abris et retraites. Eau douce. Bien qu'il soit largement omnivore, il marque une prédilection pour les fines proies vermiformes.

Reproduction
Sa reproduction est inconnue en aquarium.

CORYDORAS PYGMAEUS
Corydoras nain

ORIGINE : Amérique du Sud, Brésil, río Madeira

• T. : 2,5 cm • Poisson très paisible • Aquarium : 50 litres • pH : 6 à 8 • T° : 22 à 26 °C • Espèce inféodée au substrat

Comportement
Bien qu'il ne soit pas vraiment grégaire, il apprécie la présence de ses semblables. Tout à fait sociable avec les autres poissons, il passe son temps à nettoyer le sol de l'aquarium.

Exigences
Le sol de couleur sombre ne doit pas comporter de gravier à arêtes vives qui endommagerait les barbillons. Plantation exubérante offrant de nombreux abris et retraites.

Eau douce. Bien qu'il soit largement omnivore, il marque une prédilection pour les fines proies vermiformes.

Reproduction
Sa reproduction est inconnue en aquarium.

Particularités
L'un des plus petits représentants de ce genre. Il présente la particularité de nager en pleine eau.

CORYDORAS TRILINEATUS
Corydoras à trois bandes

CALLICHTHYIDÉS

ORIGINE : *Amérique du Sud, Pérou*
Syn. lat. : Corydoras dubius – Corydoras episcopi

• T. : 5 cm • Poisson très paisible • Aquarium : 80 litres • pH : 5,8 à 7,2 • T° : 22 à 26 °C
• Espèce inféodée au substrat

▌ Comportement

Bien qu'il ne soit pas vraiment grégaire, le *Corydoras trilineatus* a besoin de la présence de ses semblables. Il est tout à fait sociable avec les autres poissons, passant une partie de son temps à nettoyer le sol de l'aquarium.

▌ Exigences

Le sol de couleur sombre ne doit pas comporter de gravier à arêtes vives qui endommagerait les barbillons. Plantation exubérante offrant de nombreux abris et retraites. Eau douce. Bien qu'il soit largement omnivore, il marque une prédilection pour les fines proies vermiformes et les larves de moustiques.

▌ Reproduction

Sa reproduction difficile est possible dans une eau très douce.

▌ Particularités

Cette espèce est souvent commercialisée sous le nom de *Corydoras julii*.

ANCISTRUS DOLICHOPTERUS
Silure bleu

LORICARIIDÉS

ORIGINE : *Amérique du Sud, Amazone*
Syn. lat. : Ancistrus cirrhosus – Ancistrus temminckii

• T. : 13 cm • Poisson paisible, crépusculaire • Aquarium : 120 litres • pH : 5,8 à 7,8 • T° : 23 à 27 °C • Espèce inféodée au substrat

▌ Comportement

Son habitat naturel est constitué de rivières à eau claire et à courants rapides. Ce poisson paisible, inféodé au substrat, convient parfaitement pour l'aquarium communautaire.

Exigences

Il apprécie la présence de racines de tour-bières parmi lesquelles il se dissimule pendant la journée. Il aime aussi une eau bien filtrée, fortement aérée. Il consomme essentiellement des algues et des feuilles de salade.

Reproduction

Tous les couples ne fraient pas avec la même facilité. L'idéal est d'attendre qu'un couple se forme naturellement et de le transférer ensuite dans un bac spécifique de reproduction.

Cette façon d'agir évite aussi les problèmes posés par les comportements territoriaux des mâles à l'époque du frai. Le bac de ponte est dépourvu de substrat et de plantes. Seuls les enchevêtrements de racines de tourbières forment des cavernes et des retraites. Les qualités de l'eau sont les suivantes : dGH de 4 à 10° ; pH légèrement acide, de 6,5 à 7 ; température d'environ 28 °C. Les œufs sont pondus parmi les racines qui forment une grotte. Le mâle devient alors très agressif, chasse les intrus et ventile méticuleusement sa progéniture.

La durée d'incubation est d'environ cinq jours et la nage libre est atteinte trois jours après. Pendant cette période, laissez infuser une feuille de salade dans un récipient fortement éclairé. Les algues et divers animalcules microscopiques vont rapidement se développer.

Ensuite, déposez directement la feuille de salade dans l'aquarium de reproduction. Les parents mangeront les feuilles et les alevins s'alimenteront avec le plancton végétal et animal. Syphonnez très régulièrement les excréments et les feuilles qui pourrissent.

Particularités

Le dimorphisme sexuel se distingue par la présence d'excroissances cutanées sur le front des mâles.

FARLOWELLA ACUS
Silure-anguille ————————————————

ORIGINE : Amérique du Sud, Amazone et ses affluents
Syn. lat. : Acestra acus

• T. : 15 cm   • Poisson très paisible   • Aquarium : 150 litres   • pH : 6 à 7   • T° : 24 à 26 °C   • Nage près du fond et en pleine eau

Comportement

Ce poisson paisible et craintif ne convient pas dans l'aquarium communautaire. Dans son biotope naturel, il fréquente des marécages qui s'assèchent pendant la saison sèche.

Exigences

Ce poisson qui préfère les eaux calmes est difficile à acclimater en raison de la spécificité de son alimentation. Dans la nature il consomme exclusivement les animalcules alguaires. Il est très sensible aux variations physico-chimiques de l'eau.

Reproduction

Sa reproduction, réputée très difficile, reste néanmoins possible en aquarium.

Particularités

Les surfaces ventrales et dorsales sont recouvertes de plaques qui se chevauchent.

HYPANCISTRUS ZEBRA
Pléco zébré

ORIGINE : Amérique du Sud, Amazone et ses affluents

• T. : 10 cm • Poisson très paisible • Aquarium : 150 litres • pH : 6 à 7 • T° : 24 à 28 °C • Nage près du sol

Comportement
Ce poisson paisible convient dans l'aquarium communautaire. Ses relations intra et interspécifiques sont excellentes.

Exigences
Il apprécie la présence de racines de tourbières parmi lesquelles il se dissimule pendant la journée. Il aime aussi une eau bien filtrée, fortement aérée. Il consomme essentiellement des algues et des feuilles de salade, mais apprécie aussi des proies vermiformes qui tombent sur le sol.

Reproduction
Sa reproduction est inconnue en aquarium.

Particularités
Espèce récemment importée.

OTOCINCLUS AFFINIS

ORIGINE : Amérique du Sud, Brésil

• T. : 4 cm • Poisson très paisible • Aquarium : 80 litres • pH : 5 à 7,5 • T° : 20 à 26 °C • Nage près du sol et en pleine eau

Comportement
Ce petit Loricariidé paisible s'élève en compagnie d'autres petites espèces pas trop vives au sein d'un petit aquarium communautaire.

Exigences
Il aime se dissimuler parmi les plantes. Une eau filtrée sur de la tourbe lui convient bien. Il consomme surtout des algues mais ne dédaigne pas les pastilles qui s'échouent sur le fond.

Reproduction
Au cours du frai, la femelle fixe ses œufs sur le feuillage des plantes. C'est une espèce peu prolifique.

HYPOSTOMUS PLECOSTOMUS
Pléco

ORIGINE : *Amérique du Sud*
Syn. lat. : Plecostomus plecostomus – Loricaria plecostomus

• T. : 28 cm   • Les jeunes sont sociables, les adultes deviennent territoriaux   • Aquarium : 250 litres
• pH : 6,2 à 8,2   • T° : 20 à 28 °C   • Espèce inféodée au substrat

Comportement

Dès qu'ils atteignent la moitié de leur taille adulte, les plécos deviennent territoriaux, mais si l'aquarium est suffisamment spacieux, d'un volume supérieur à 250 litres, deux ou trois individus se supportent sans problème.

Exigences

Gros mangeurs d'algues et de matières végétales variées, ce sont d'importants producteurs d'excréments qui nécessitent l'installation d'une puissante filtration. Les cachettes parmi les végétaux et les racines sont vite recherchées. Ils sont omnivores.

Reproduction

Leur reproduction n'est réalisable que dans de vastes bassins extérieurs.

Particularités

Le pléco est extrêmement résistant. Actuellement plus de 100 espèces d'*Hypostomus* sont décrites. Leur classification reste confuse.

PANAQUE SUTTONORUM
Panaque aux yeux bleus

LORICARIIDÉS

ORIGINE : *Amérique du Sud*
Syn. lat. : Panaque suttoni

• T. : 18 cm   • Poisson nonchalant   • Aquarium : 150 litres   • pH : 6,2 à 7,5   • T° : 20 à 24 °C
• Nage près du sol

▮ **Comportement**
Espèce rare et pacifique, inféodée au substrat. Il semble préférable de l'élever dans un
bac spécifique.

▮ **Exigences**
Ce poisson doté d'une
large ventouse buccale
aime les courants d'eau
et des cachettes parmi
les racines de tour-
bières. Il apprécie une
filtration puissante qui
crée de forts mouve-
ments de l'eau. Il adore
les algues mais accepte
volontiers les pastilles
qui se désagrègent sur
le fond.

▮ **Reproduction**
Sa reproduction est inconnue en aquarium.

▮ **Particularités**
Espèce très rarement importée.

PECKOLTIA VITTATA
Silure cuirassé nain rayé

LORICARIIDÉS

ORIGINE : *Amérique du Sud, Brésil*
Syn. lat. : Ancistrus vittatus – Hemiancistrus vittatus

• T. : 10 cm   • Poisson très paisible, robuste   • Aquarium : 100 litres   • pH : 5 à 7,5   • T° : 20 à 26 °C
• Nage près du sol

▮ **Comportement**
Ce poisson crépusculaire attend la nuit pour
s'alimenter. Il ne fouille pas le substrat et
respecte les plantes.

▮ **Exigences**
Peu exigeant, il réclame
simplement   quelques
abris dans une végétation
dense.

▮ **Reproduction**
Sa reproduction n'est pas
encore réalisée en aqua-
rium.

▮ **Particularités**
Cette espèce proche du *Peckoltia pulcher*
présente le même comportement paisible.

Les poissons d'eau douce

PTERYGOPLICHTHYS GIBBICEPS

ORIGINE : *Amérique du Sud, Pérou*
Syn. lat. : Ancistrus gibbiceps

• T. : 60 cm   • Poisson paisible   • Aquarium : 200 litres   • pH : 6,5 à 7,8   • T° : 23 à 27 °C
• Nage près du sol

Comportement
Cette espèce pacifique s'acclimate facilement dans de spacieux aquariums communautaires. Elle est crépusculaire.

Exigences
Aménagez des abris parmi la végétation. Il adore les algues mais respecte les plantes.

Reproduction
Il ne s'est pas encore reproduit avec succès en aquarium.

Particularités
Ce poisson, comme de nombreux végétariens, produit beaucoup d'excréments.

RINELORICARIA SP.

ORIGINE : *Amérique du Sud*
Syn. lat. : Loricaria sp.

• T. : environ 10 cm   • Poisson très paisible   • Aquarium : 120 litres   • pH : 6 à 8   • T° : 22 à 26 °C
• Nage vers le sol

Comportement
Les *Rineloricaria* sont des poissons très pacifiques qui s'adaptent facilement dans un aquarium collectif. C'est un poisson crépusculaire.

Exigences
Bac bien filtré et fortement aéré. Malgré ses habitudes alimentaires végétariennes, il respecte les plantes. C'est un grand consommateur d'algues et d'aliments à base végétale.

Reproduction
Sa reproduction est possible mais difficile.

Particularités
Ce genre a subi des modifications de classement. Les aquariophiles se perdent dans les dénominations encore confuses de ces espèces.

STURISOMA ROSTRATUS

ORIGINE : Amérique du Sud, Colombie

• T. : 24 cm • Poisson très paisible • Aquarium : 200 litres • pH : 6,5 à 7,8 • T° : 22 à 26 °C
• Nage en pleine eau

Comportement
Ce curieux poisson possède un caractère très accommodant avec les autres espèces. Il est nocturne.

Exigences
Il préfère une eau saine, fortement brassée. Un éclairage intense devra favoriser une excellente croissance des algues dont il raf-fole. Il consomme aussi de la salade bien lavée, des petits pois écrasés et éventuellement quelques tubifex.

Reproduction
Sa reproduction en aquarium est possible mais difficile.

GLOSSOLEPIS INCISUS
Arc-en-ciel saumon

ORIGINE : Nouvelle-Guinée

• T. : 15 cm • Poisson très paisible, grégaire • Aquarium : 120 litres • pH : 7 à 7,5 • T° : 22 à 40 °C
• Nage vers la surface et en pleine eau

Comportement
Poisson grégaire, pacifique, plutôt timide. Convient pour l'aquarium d'ensemble, peuplé avec d'autres espèces calmes.

Exigences
Il affectionne une eau dure, légèrement alcaline, limpide et riche en oxygène. La végétation, dense, doit laisser un grand espace libre au centre de l'aquarium. Il accepte toutes sortes de proies vivantes ainsi que des paillettes.

Reproduction
Elle est facile. Les œufs, adhésifs, sont pondus parmi les amas de mousse de Java. La croissance des alevins est extrêmement lente.

Particularités
Les jeunes ont une parure peu éclatante. C'est en vieillissant que le *Glossolepis incisus* mâle devient superbe.

Les poissons d'eau douce

APTERONOTUS ALBIFRONS
Poisson-couteau américain

ORIGINE : Amérique du Sud, Brésil, Venezuela, Pérou, Équateur, Guyanes
Syn. lat. : Sternarchus albifrons – Sternarchus maximiliani

- T. : 50 cm • Relations intraspécifiques agressives • Aquarium : 300 litres • pH neutre
- T° : 23 à 28 °C • Nage partout

Comportement

Les contacts intraspécifiques sont belliqueux. Les autres espèces sont ignorées et ne risquent rien. C'est une espèce très affolée au cours de la période d'acclimatation. Pendant cette phase, elle reste très craintive. Ensuite elle devient familière.

Exigences

Ce poisson particulier apprécie un aquarium obscurci au moins pendant sa période d'acclimatation. Certains aquariophiles suspendent un tube en PVC gris de 5 cm de diamètre au milieu de l'eau. Le poisson apprend très vite à s'y réfugier, ne sortant que pour se nourrir. Un sol à fine granulométrie et beaucoup de plantes facilitent son élevage. Le poisson-couteau recherche sa nourriture sur le substrat. Il aime de nombreuses retraites parmi les végétaux. Il est omnivore et apprécie les proies vivantes qui se déposent sur le sol. De fins morceaux de viande sont parfois acceptés.

Reproduction

Sa reproduction n'est pas réalisée en aquarium.

Particularités

Les Aptéronotidés ont une caractéristique commune : ils possèdent tous un petit émetteur électrique qui leur permet de trouver leur nourriture. Tous les membres de cette singulière famille ont une petite nageoire caudale et une minuscule nageoire dorsale. L'anus se trouve sous la tête. Le corps est très aplati latéralement. Ce poisson est malheureusement trop grand pour un aquarium d'amateur. Il est très sensible aux apports d'eau neuve, le système idéal étant le goutte-à-goutte.

MELANOTAENIA BOESEMANI
Arc-en-ciel de Boeseman

MÉLANOTAÉNIIDÉS

ORIGINE : Nouvelle-Guinée

- T. : 10 cm • Poisson très paisible, grégaire • Aquarium : 150 litres • pH : 7 à 7,5 • T° : 27 à 30 °C
- Nage vers la surface et en pleine eau

Comportement
Poisson grégaire, pacifique, excellent nageur. Convient pour l'aquarium collectif peuplé avec d'autres espèces vives.

Exigences
Il affectionne une eau assez dure, légèrement alcaline. La végétation, dense, doit laisser un grand espace libre au centre de l'aquarium. La nourriture est surtout composée de proies vivantes.

Reproduction
Elle est facile. Les géniteurs fraient en continu. À une température proche de 25 °C, l'incubation dure environ huit jours. Les parents dévorent parfois leurs œufs. Les alevins consomment directement des nauplies d'*Artemia*.

Espèce proche
Melanotaenia splendida atteint 15 cm. Il est originaire d'Australie. C'est une espèce populaire. Les jeunes, aux couleurs ternes, deviennent éblouissants en vieillissant ce qui justifie pleinement leur nom commun de poissons arc-en-ciel.

MELANOTAENIA MACCULLOCHI
Poisson arc-en-ciel nain

MÉLANOTAÉNIIDÉS

ORIGINE : eaux douces d'Australie

- T. : 7 cm • Poisson paisible, grégaire et vif • Aquarium : 150 litres • pH : 7 à 7,5 • T° : 20 à 25 °C
- Nage sous la surface

Comportement
Ce poisson grégaire aime la lumière et le soleil. Son origine marine est dénoncée par sa nageoire dorsale dédoublée.

Exigences
Le poisson arc-en-ciel nain aime beaucoup nager, c'est l'une de ses activités principales. En conséquence, le bac doit être peu planté ni encombré d'un décor trop volumineux. Sa situation doit lui permettre de recevoir les rayons de soleil matinaux. Il accepte sans difficultés toutes proies vivantes ou lyophilisées, ainsi que des flocons.

Reproduction
Le frai se déroule le matin parmi les plantes à feuilles fines. 150 à 200 œufs éclosent en sept jours à une température de 25 °C. Les œufs sont très sensibles à la lumière.

BEDOTIA GEAYI
Bedotia

ORIGINE : Madagascar

• T. : 15 cm • Poisson très paisible, grégaire, fragile • Aquarium : 150 litres • pH : 7 à 7,5 • T° : 20 à 24 °C • Nage près de la surface et en pleine eau

Comportement
Poisson grégaire, actif, excellent nageur. Convient pour l'aquarium collectif peuplé avec d'autres espèces calmes.

Exigences
Bac avec une longue façade. Végétation dense, qui doit laisser un grand espace libre au centre de l'aquarium. Eau assez dure. Cette espèce apprécie les changements d'eau. La nourriture est composée de proies vivantes et de paillettes. Elle n'est pas prise sur le substrat.

Reproduction
Dans un bac d'une cinquantaine de litres, les œufs adhésifs sont éparpillés parmi les plantes aux fines ramures. L'incubation dure environ huit jours et les parents respectent leur progéniture. L'élevage des alevins est parfois problématique.

TELMATHERINA LADIGESI
Athérine-rayons de soleil

ORIGINE : Asie du Sud-Est, Indonésie, Célèbes

• T. : 7,5 cm • Poisson pacifique, grégaire, vif • Aquarium : 120 litres • pH : 7 • T° : 22 à 28 °C • Nage près de la surface et en pleine eau

Comportement
Poisson grégaire et paisible.

Exigences
Végétation dense, qui doit laisser un grand espace libre au centre de l'aquarium. Sol composé de sable fin. Cette espèce apprécie les rayons de soleil matinaux et une eau dure. Dissoudre deux cuillerées de sel marin pour 10 litres d'eau. La nourriture est composée de proies vivantes et de paillettes.

Reproduction
Les œufs sont éparpillés parmi les massifs de plantes ou sous les racines des plantes flottantes. Les géniteurs dévorent leurs œufs qui incubent pendant huit à onze jours.

Particularités
L'athérine-rayons de soleil est sensible aux brusques changements des qualités physico-chimiques du milieu. Attention au transfert d'un aquarium à l'autre.

POECILIA LATIPINNA
Molly-voile

ORIGINE : Amérique du Nord, Caroline, Floride, Virginie
Syn. lat. : Mollienisia latipinna

- T. : 10 cm pour le mâle, 12 cm pour la femelle • Espèce sociable, résistante • Aquarium : 200 litres
- pH : supérieur à 7 • T° : 20 à 28 °C • Nage près du fond et en pleine eau

Comportement

Ce poisson pacifique peut cohabiter avec d'autres espèces dans un aquarium collectif spacieux.

Exigences

Il apprécie une eau légèrement salée. Les plantes sont sélectionnées parmi les plus résistantes pour vivre dans ces conditions : *Sagittaria, Vallisneria*. Une filtration puissante doit maintenir l'eau limpide. Cette espèce omnivore adore les algues.

Reproduction

Facile, mais les parents recherchent goulûment leurs œufs et ceux des autres espèces. Une végétation très dense devrait permettre de sauver les alevins. Sinon utilisez un pondoir grillagé.

Particularités

Le caractère le plus remarquable de ce poisson magnifique réside dans la nageoire dorsale du mâle, qui débute juste derrière les opercules et couvre pratiquement toute la longueur du corps. Chez la femelle, la dorsale est plus petite. Les mollys vivent environ 3 ans et n'atteignent la maturité sexuelle que vers 18 mois.

Grâce à des élevages très sélectifs, il existe plusieurs variétés allant jusqu'au noir presque pur.

Le commerce aquariophile propose aussi une variété noire dont la grande nageoire dorsale est bordée d'un liseré orange.

Ce Poecilia latipinna *mâle, ou black lyre, présente une superbe nageoire caudale en forme de lyre. Il atteint environ 8 cm de long.*

La femelle du molly-voile se distingue par sa nageoire caudale arrondie, son absence de gonopode et une nageoire dorsale nettement moins développée.

Des croisements successifs entre le Poecilia latipinna *et le* Poecilia sphenops *donnent des variétés mouchetées qui reprennent les caractères des deux espèces parentes.*

POECILIA RETICULATA
Guppy

ORIGINE : Amérique centrale jusqu'au Brésil
Syn. lat. : Lebistes reticulatus

• T. : 6 cm   • Espèce ovovivipare, très résistante   • Aquarium : 60 litres   • pH : supérieur à 7   • T°: 18 à 28 °C   • Nage près de la surface et en pleine eau

Comportement

Ce poisson très calme peut cohabiter avec d'autres petites espèces dans un petit aquarium collectif contenant une eau dure.

Exigences

Ce poisson très fréquent dans son biotope naturel supporte de larges écarts de température. Il vit dans des eaux stagnantes peu oxygénées. Il apprécie une eau dure. Tout aquarium densément végétalisé lui convient. Omnivore, il aime à peu près tout ce qui tombe dans l'aquarium avec une prédilection marquée pour les larves de moustiques.

Reproduction

Très facile, mais les parents recherchent goulûment leurs œufs et ceux des autres espèces. Un épais tapis de plantes flottantes offre des refuges suffisants pour sauver la majorité des alevins. Selon la maturité des femelles, 20 à 40 alevins sont expulsés toutes les quatre à cinq semaines. Les jeunes s'élèvent directement avec de fines nauplies d'*Artemia* puis des vers Grindal et des tubifex hachés prennent le relais. Une fois fécondée, la femelle peut assurer plusieurs portées en l'absence du mâle.

Particularités

Bien que découvert en 1859, il fut importé pour la première fois en 1866 à la Trinidad par le Docteur R. Guppy. Ce genre fut d'abord classifié sous le nom de *Lebistes*, mais depuis 1963 celui de *Poecilia* a été accepté par la communauté scientifique. Sa grande robustesse liée à une surprenante facilité de reproduction font de ce petit poisson l'un des plus populaires auprès des débutants. Il n'y a pas deux mâles qui présentent le même patron de coloration et cette extrême variabilité de couleur et de voilure a permis de fixer, par de minutieuses sélections, les belles souches que l'on voit aujourd'hui. Dans le monde entier, des clubs se sont créés et des normes ont été préconisées. La forme de certaines nageoires caudales est ainsi nommée : épée haute, épée basse, double épée, queue de lyre, queue en pelle, queue fer de lance, queue ronde, queue en épingle et beaucoup d'autres.

Couple de Poecilia reticulata. *Le mâle, superbe, est juste au-dessus de sa compagne. Cette dernière atteint 6 cm de long. Elle est très prolifique.*

Poecilia reticulata *mâles : la nageoire caudale des mâles présente des coloris et des formes très variables. La femelle est nettement plus terne.*

POECILIA SPHENOPS
Black-molly

POÉCILIIDÉS

ORIGINE : Amérique centrale, Mexique, Yucatán
Syn. lat. : Mollienisia sphenops – Gambusia modesta

• T. : 6 cm • Espèce ovovivipare, paisible • Aquarium : 80 litres • pH : 7,5 à 8,2 • T° : 18 à 28 °C
• Nage près de la surface et en pleine eau

▋ Comportement
Espèce très paisible et résistante. C'est un gros mangeur d'algues.

▋ Exigences
Cette espèce est à l'aise dans une eau dure, alcaline, dans laquelle vous pouvez dissoudre 2 à 3 g de sel marin pour 1 litre d'eau. Les plantes flottantes sont très appréciées. Ce poisson herbivore consomme beaucoup d'algues et de paillettes végétales.

▋ Reproduction
Le black-molly est un poisson prolifique qui pond facilement.

▋ Particularités
Cette espèce se décline sous différentes variétés.

POECILIA VELIFERA
Molly-voile

POÉCILIIDÉS

ORIGINE : Amérique centrale, Mexique, Yucatán
Syn. lat. : Mollienisia velifera

• T. : 10 à 15 cm pour le mâle, 18 cm pour la femelle • Espèce ovovivipare, paisible
• Aquarium : 120 litres • pH : 7,5 à 8,5 • T° : 25 à 28 °C • Nage près de la surface et en pleine eau

▋ Comportement
Les relations intraspécifiques entre mâles sont parfois belliqueuses et spectaculaires.

▋ Exigences
Cette espèce est à l'aise dans une eau dure, alcaline, dans laquelle vous pouvez dissoudre 2 à 3 g de sel marin pour 1 litre d'eau. Elle a besoin d'une végétation dense, adaptée à ce milieu très alcalin. Omnivore et algivore, le molly-voile apprécie les épinards, la salade, les larves d'insectes et les paillettes végétales.

▋ Reproduction
Elle est facile. Réunir un mâle avec plusieurs femelles dans un bac de ponte d'une cen-taine de litres d'eau dure, légèrement salée. Le *velifera* est un poisson peu prolifique, chaque portée fournissant environ 30 à 60 alevins qui s'élèvent facilement.

▋ Particularités
Cette espèce est très sensible à toutes variations du système physico-chimique de son aquarium. La dorsale du *Poecilia velifera* compte dix-huit à dix-neuf rayons, celle de *Poecilia latipinna* treize à seize et *Poecilia sphenops* huit à onze. Les spécimens noirs de cette espèce sont peu commercialisés. En revanche, la forme albinos est vivement recherchée.

Cette photo représente la forme albinos du Poecilia velifera. *Le mâle avec son gonopode et sa grande nageoire dorsale est en dessous de sa femelle.*

Le genre Poecilia

Poecilia latipinna et *Poecilia velifera* sont morphologiquement très proches et donnent naissance à de nombreux hybrides. Il est souvent difficile de déterminer l'espèce avec certitude.

Les trois espèces les plus courantes dans les aquariums d'amateurs se distinguent par le nombre de rayons qui soutiennent la nageoire dorsale. Cette remarque n'est valable que pour les spécimens sauvages. Le *Poecilia sphenops* en possède huit à onze, le *Poecilia latipinna* treize à seize et le *Poecilia velifera* dix-huit à dix-neuf.

Ce Poecilia velifera *est certainement le plus spectaculaire de tous les* Poecilia. *Il atteint 15 cm de long environ et sa nageoire dorsale s'élève sur 4 cm.*

XIPHOPHORUS HELLERI
Xipho

ORIGINE : Amérique centrale
Syn. lat. : Mollienisia helleri – Xiphophorus jalapae – Xiphophorus helleri
brevis

• T. : 10 à 12 cm • Espèce paisible, résistante • Aquarium : 100 litres • pH : 7 • T° : 18 à 28 °C
• Nage près de la surface et en pleine eau

Ce xipho mâle à nageoire caudale noire est l'un des grands favoris auprès des aquariophiles débutants. Sa reproduction est facile et il est très prolifique.

▌Comportement

Les mâles adultes sont parfois agressifs entre eux. Les deux sexes sont de bons nageurs. Ils ont une nette tendance au cannibalisme envers les alevins. Ils conviennent tout à fait à l'aquarium communautaire.

▌Exigences

Les xiphos sont peu exigeants. Un aquarium relativement spacieux correctement végétalisé leur convient. Les proies vivantes sont essentielles pour les reproducteurs et les jeunes en pleine croissance. Des distributions de paillettes sont très bien acceptées.

▌Reproduction

Facile. Cet ovovivipare est très prolifique. Des portées de 80 jeunes sont courantes. Une épaisse couche de plantes de surface évite le cannibalisme parental. Il se produit parfois chez cette espèce des changements de sexe, et il peut arriver qu'une belle femelle se transforme en un mâle ardent. La transformation inverse n'est pas connue.

▌Particularités

Cette espèce saute très facilement. Le glaive ou épée est une extension caractéristique des rayons inférieurs de la caudale des mâles. Le commerce aquariophile offre de nombreuses variétés d'élevage identifiables aux couleurs et à la forme des nageoires : *Simpson* avec une très grande dorsale, *Tuxedo* tacheté de rouge et de noir ou de noir et jaune, *Lyre* dont la caudale est prolongée par deux filaments, *Voile* aux nageoires exagérément développées, *Wagtail* présentant une caudale noire.

Ce xipho vert confirme son sexe par la présence de cette épée jaune bordée de lignes plus foncées.

XIPHOPHORUS MACULATUS
Platy

ORIGINE : *Amérique centrale, Mexique, Guatemala*
Syn. lat. : Platypoecilus maculatus – Platypoecilus nigra – Platypoecilus rubra

• T. : 3,5 cm pour le mâle, 6 cm pour la femelle   • Espèce ovovivipare, résistante
• Aquarium : 80 litres   • pH : 7 à 8,2   • T° : 18 à 25 °C   • Nage en pleine eau

▌ Comportement
Poisson paisible convenant pour tous les débutants.

▌ Exigences
Bac d'ensemble densément planté. Eau dure. Mange de tout avec des algues en complément.

▌ Reproduction
Cet ovovivipare se reproduit très facilement à partir de trois à quatre mois d'élevage. Des croisements

avec le *Xiphophorus helleri* sont tout à fait réalisables.

▌ Particularités
Il existe de nombreuses variétés de couleurs et de formes de nageoires. Les platys sont d'excellents poissons pour débuter un petit bac collectif.

Les poissons d'eau douce

XIPHOPHORUS VARIATUS
Platy-perroquet

ORIGINE : *Amérique centrale, sud du Mexique*
Syn. lat. : *Platypoecilus variatus – Platypoecilus maculatus – Platypoecilus variegatus*

- T. : 5,5 cm pour le mâle, 7 cm pour la femelle • Espèce ovovivipare, résistante
- Aquarium : 60 litres • pH : 7 à 8,3 • T° : 15 à 25 °C • Nage en pleine eau

Comportement
Poisson paisible convenant pour tous les débutants. Les mâles sont particulièrement pacifiques.

Exigences
Bac communautaire densément planté. Eau dure. Omnivore, cette espèce apprécie les distributions de nourriture végétale.

Reproduction
Cet ovovivipare se reproduit très facilement. La période de gestation dure de quatre à six semaines au cours desquelles naissent une centaine de minuscules alevins ; ils grandissent rapidement, atteignant la maturité sexuelle en quelques mois. Des croisements avec le *Xiphophorus helleri* sont tout à fait réalisables.

Particularités
Après une courte période d'acclimatation, cette espèce supporte sans dommage des chutes progressives de température jusqu'à 12 °C.

Il existe de nombreuses variétés de couleur, mais la femelle est essentiellement vert olive avec le ventre jaune. Le mâle présente un patron de coloration beaucoup plus vif avec un dos jaune brunâtre et un ventre orange. Sa dorsale est souvent rouge. De nombreuses souches aux couleurs éclatantes ont été sélectionnées et développées à partir de la ligne sauvage.

Cette photo illustre bien la grande variété de formes des Xiphophorus variatus. *Ce superbe mâle a développé une nageoire dorsale tout à fait surprenante.*

APHYOSEMION AUSTRALE
Cap-lopez

CYPRINODONTIDÉS

ORIGINE : Afrique occidentale, Gabon
Syn. lat. : Haplochilus calliurus – Panchax australe

• T. : 6 cm • Espèce très paisible, saisonnière • Aquarium : 70 litres • pH : 5,5 à 6,5 • T° : 21 à 24 °C • Nage vers le fond et en pleine eau

▌ Comportement

Espèce sociable dont les mâles sont parfois agressifs entre eux.

▌ Exigences

Bac spécifique de petit volume. Sol sombre composé d'une couche de tourbe ou de moulme. La lumière est filtrée par un lit de plantes flottantes. Un apport de sel à raison d'une cuillerée à café pour 10 litres et la filtration sur tourbe apportent du confort à cette espèce. Bien qu'ils acceptent les aliments artificiels, les reproducteurs ont besoin de proies vivantes.

▌ Reproduction

Le cap-lopez pond dans un bac d'une contenance de 10 litres garni avec un écheveau de fil de Nylon pour substrat de ponte. L'eau douce est légèrement acidifiée par une filtration sur un lit de tourbe. Un mâle est placé dans cet aquarium en compagnie de deux ou trois femelles. Il est alors possible de prélever tous les deux à trois jours les œufs déposés sur la pelote de Nylon et de les laisser incuber dans un autre petit bac spécialement aménagé à cet effet. L'incubation dure quatorze jours. Les alevins, assez grands à la naissance, sont matures sexuellement au bout de trois mois.

Aphyosemion australe. Le mâle cap-lopez est visible ici au-dessus de sa compagne. Il est beaucoup plus vivement coloré.

Les œufs des Cyprinodontidés sont adhésifs. Les petites étoiles visibles au travers de cet œuf représentent la pigmentation de l'alevin.

APHYOSEMION BIVITTATUM
Aphyo rayé

ORIGINE : Afrique occidentale, Nigeria, Cameroun
Syn. lat. : Fundulus bivittatus – Fundulopanchax bivittatum

• T. : 5 cm • Espèce très paisible, saisonnière • Aquarium : 80 litres • pH : 6 à 6,5 • T° : 22 à 24 °C
• Nage vers le fond et en pleine eau

Comportement

Espèce sociable, bonne nageuse, dont les mâles sont parfois agressifs entre eux.

Exigences

Bac spécifique de petit volume. Sol sombre composé d'une couche de tourbe ou de moulme. La lumière est tamisée par un lit de plantes flottantes. Les reproducteurs ont besoin de proies vivantes, surtout des larves de moustiques.

Reproduction

Voir les informations concernant ce chapitre chez *Aphyosemion australe*.

Particularités

Ces poissons vivent dans des mares temporaires qui disparaissent pendant la saison sèche. Lorsque l'eau est évaporée, les adultes meurent, mais leurs œufs se conservent plusieurs mois dans la couche de sédiment et éclosent à la saison des pluies suivante.

Ce mode de vie naturel permet, en aquariophilie, d'isoler les œufs dans une boîte presque hermétique. Des échanges d'œufs par courrier deviennent tout à fait réalisables. Replacés dans une eau adéquate, ils éclosent en quelques jours.

APHYOSEMION BUALANUM
Aphyo rayé

ORIGINE : Afrique occidentale, Cameroun
Syn. lat. : Haplochilus bualanum – Aphyosemion elberti

• **T. : 5 cm** • **Espèce vive, saisonnière** • **Aquarium : 70 litres** • **pH : 5,5 à 6,5** • **T° : 21 à 25 °C**
• **Nage vers le fond et en pleine eau**

▍Comportement
Espèce saisonnière relativement sociable.

▍Exigences
Voir les informations concernant ce chapitre chez *Aphyosemion australe*. L'apport de sel n'est pas nécessaire.

▍Reproduction
Voir le chapitre reproduction chez *Aphyosemion australe*. La croissance des alevins de cette espèce est lente.

▍Particularités
Le pH doit impérativement être stabilisé à des valeurs inférieures à 7. Espèce étroitement apparentée à *Aphyosemion exiguum*.

Les alevins et les jeunes spécimens des deux espèces se ressemblent beaucoup.

APHYOSEMION GARDNERI
Aphyo bleu acier

ORIGINE : Afrique occidentale, Cameroun, Nigeria
Syn. lat. : Fundulus gardneri – Fundulopanchax gardneri

• **T. : 6 cm** • **Espèce belliqueuse, saisonnière** • **Aquarium : 60 litres** • **pH : 6,5** • **T° : 22 à 25 °C**
• **Nage vers le fond et en pleine eau**

▍Comportement
Espèce saisonnière assez agressive. Les femelles sont souvent importunées par les mâles. Ces derniers sont querelleurs.

▍Exigences
Elles sont les mêmes que pour *Aphyosemion australe*. L'apport de sel n'est pas nécessaire.

▍Reproduction
La ponte se déroule parmi le fin feuillage des plantes aquatiques. Isolé dans un bac de reproduction, un couple de *gardneri* peut produire plus de 50 œufs par jour pendant quelques jours.

Ces derniers, adhésifs, éclosent au bout de quatorze à vingt et un jours.

▍Particularités
Très souvent confondue avec *Aphyosemion filamentosum*. Il existe deux variétés de couleurs : une jaune et une bleue.

APLOCHEILUS LINEATUS
Panchax rayé

ORIGINE : *Asie du Sud-Est, Inde*
Syn. lat. : *Panchax lineatum – Aplocheilus affinis – Panchax lineatus*

• T. : 10 cm • Espèce belliqueuse, saisonnière • Aquarium : 100 litres • pH : 6 à 6,8 • T° : 22 à 25 °C • Nage vers la surface et en pleine eau

Comportement
Espèce de surface, prédatrice et agressive.

Exigences
Des plantes de surface tamisent la lumière. Une végétation dense masque l'arrière et les côtés de l'aquarium. Les qualités physico-chimiques de l'eau ne sont pas capitales.

Ce poisson apprécie des distributions de proies vivantes.

Reproduction
La ponte se déroule dans un bac de 20 à 30 litres parmi le fin feuillage des plantes aquatiques ou sous les racines des plantes de surface. Transférez les œufs dans un récipient en plastique. Ils éclosent au bout de douze à quatorze jours d'incubation.

Particularités
Cette espèce saute très facilement. C'est la plus grande espèce du genre.

CYNOLEBIAS BELLOTTII
Perle d'Argentine

ORIGINE : *Amérique du Sud, Argentine*
Syn. lat. : *Cynolebias maculatus – Cynolebias robustus*

• T. : 7 cm • Espèce belliqueuse, saisonnière • Aquarium : 70 litres • pH : 6,5 • T° : 18 à 22 °C • Nage vers la surface et en pleine eau

Comportement
Les mâles sont agressifs entre eux et parfois envers les femelles surtout en période de reproduction.

Exigences
Bac spécifique au sol composé de sable mou ou de tourbe. Faible hauteur d'eau, quelques plantes du genre *Myriophyllum* et *Elodea*. Il consomme essentiellement des proies vivantes, mais accepte les nourritures artificielles.

Reproduction
La ponte se déroule dans un bac de 20 à 30 litres dont le substrat est composé de 5 cm de tourbe bouillie. Introduisez un mâle avec deux femelles. Les œufs sont déposés dans l'épaisseur de la couche de tourbe. Après la ponte, asséchez la tourbe contenant les œufs. Trois à quatre mois plus tard, humectez ce substrat et l'éclosion se produit. Les alevins consomment directement des nauplies d'*Artemia*.

CYNOLEBIAS WHITEI
Poisson-éventail de White

ORIGINE : Amérique du Sud, Brésil
Syn. lat. : Pterolebias elegans

• T. : 8 cm pour le mâle, 5,5 pour la femelle • Espèce légèrement agressive, saisonnière
• Aquarium : 70 litres • pH : 6 à 6,8 • T° : 20 à 23 °C • Nage vers le fond

▌ Comportement
Poisson très vif, relativement pacifique.

▌ Exigences
Voir les informations concernant ce chapitre chez *Cynolebias bellottii*.

▌ Reproduction
Une température de 19 °C donne les meilleurs résultats. Les géniteurs creusent profondément dans la tourbe pour enfouir leurs œufs.

La période d'incubation au sec est de seize semaines. Les alevins consomment directement des nauplies d'*Artemia*. La maturité sexuelle est atteinte par les mâles à une taille de 3,5 cm et de 2 cm pour les femelles.

▌ Particularités
Cette espèce apprécie des variations progressives de température.

EPIPLATYS LAMOTTEI

ORIGINE : Afrique occidentale, Guinée, Liberia
Syn. lat. : Epiplatys fasciolatus lamottei

• T. : 7 cm • Espèce pacifique, territoriale et saisonnière • Aquarium : 70 litres • pH : 6 à 7,8
• T° : 21 à 23 °C • Nage en pleine eau

▌ Comportement
Espèce assez paisible, territoriale.

▌ Exigences
L'aquarium spécifique est recouvert d'un sol sombre, dans lequel la végétation devient exubérante. L'éclairage électrique est inutile et les

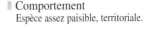

parois arrière et latérales sont obscurcies. Les qualités de l'eau n'ont pratiquement pas d'importance, mais des renouvellements partiels réguliers sont appréciés par cette espèce. Cet *Epiplatys* raffole des fourmis.

Reproduction
La ponte se déroule dans un petit bac de 10 litres parmi les touffes de mousse de Java. La ponte, qui dure une semaine, produit environ 70 œufs. L'incubation dure quinze jours et l'élevage des jeunes est facile.

Particularités
Dans un aquarium trop vivement éclairé, la robe de ce poisson se ternit.

EPIPLATYS SEXFASCIATUS
Épiplatys à six bandes

ORIGINE : Afrique occidentale, Togo, Zaïre
Syn. lat. : Panchax sexfasciatus – Aplocheilus sexfasciatus

• T. : 11 cm • Espèce prédatrice, saisonnière • Aquarium : 70 litres • pH : 6 à 6,5 • T° : 22 à 28 °C
• Nage vers la surface

Comportement
Espèce de surface, prédatrice, à élever en compagnie d'autres espèces d'une taille similaire à la sienne. Le comportement intraspécifique est mis en évidence dans un aquarium de 50 à 70 litres peuplé d'une dizaine de spécimens.
Dès l'introduction des poissons, une hiérarchie rigide s'établit entre les mâles. Celui qui domine le banc bénéficie de la quasi-exclusivité des femelles. Cette structure hiérarchique est établie à la suite de parades d'intimidation renouvelées.

Exigences
L'aquarium est équipé de la manière suivante : sol sombre, tendre, dense végétation à la périphérie, beaucoup de plantes de surface et des enchevêtrements de racines de tourbières. Cette espèce préfère l'eau vieille. Alimentation à base de proies vivantes et de flocons. Les aliments de petites tailles sont choisis parmi les cyclops, les *Artemia*, les vers Grindal et les jeunes drosophiles.

Reproduction
La ponte se déroule facilement dans un bac obscurci. Introduisez un mâle en compagnie de plusieurs femelles. Les 200 à 300 œufs adhésifs sont éparpillés parmi les plantes. Le frai dure plusieurs semaines. Retirez les plantes régulièrement, l'éclosion ayant lieu dans un petit aquarium d'élevage au bout de huit à dix jours.

Particularités
Tous les *Epiplatys* sont d'excellents sauteurs. On peut observer, comme chez de nombreux killies, des pauses dans l'activité sexuelle.
Ces pauses sont peut-être associées à certaines conditions naturelles particulières.

JORDANELLA FLORIDAE
Jordanelle de Floride

ORIGINE : Amérique du Nord, Floride, Yucatán
Syn. lat. : Cyprinodon floridae

• T. : 6 cm • Espèce belliqueuse, saisonnière • Aquarium : 50 litres • pH neutre • T° : 20 °C
• Nage vers le fond et en pleine eau

▌ Comportement
Jordanella floridae présente des relations intra et interspécifiques agressives. Ce poisson saisonnier fréquente les mares et autres étendues d'eau stagnantes.

▌ Exigences
Poisson peu exigeant envers la composition de l'eau. L'aquarium est aménagé de façon classique, avec un fort éclairage. Il est souhaitable que les algues recouvrent les vitres arrière et latérales. Omnivore, cette espèce est facile à alimenter.

▌ Reproduction
La ponte se déroule dans un aquarium d'une vingtaine de litres. La composition physico-chimique de l'eau est la suivante : pH légèrement alcalin d'environ 7,5 ; température 24 °C. L'aquarium idéal est éclairé par le soleil et ses parois sont couvertes d'algues. Il devra contenir une végétation abondante et de larges zones sablonneuses bien dégagées. Les œufs sont déposés dans des cuvettes creusées par le mâle, ou parmi les plantes. La femelle pond chaque jour plusieurs dizaines d'œufs. La durée du frai peut s'étendre sur cinq jours. Retirez la femelle après cette période. Les mâles veillent seuls sur les œufs et protègent ensuite les alevins. Ils ne supportent aucun autre poisson dans leur territoire.

L'incubation des œufs dure six jours. Dès que les alevins nagent librement, retirez le mâle. Ils consomment d'abord des nauplies d'*Artemia* puis des algues. S'ils sont bien alimentés, les jeunes atteignent la maturité sexuelle au bout de trois mois.

▌ Particularités
C'est un batailleur. Les alevins comme les adultes mangent des algues.

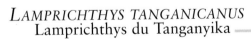

LAMPRICHTHYS TANGANICANUS
Lamprichthys du Tanganyika

ORIGINE : Afrique, endémique du lac Tanganyika
Syn. lat. : Haplochilus tanganicanus – Lamprichthys curtianalis

• T. : 15 cm • Espèce grégaire, craintive • Aquarium : 120 litres • pH : 8,5 • T° : 23 à 25 °C
• Nage vers la surface et en pleine eau

▌ Comportement
Cette espèce, territoriale, instaure une vie hiérarchisée autour d'un amas rocheux.

▌ Exigences
Dans un aquarium spécifique spacieux, installez des éboulis rocheux présentant de nom-

breux angles. Pas de plantes. Eau relativement dure. Le *Lamprichthys* consomme des proies vivantes et les écailles des autres poissons.

▌ Reproduction
Elle semble réalisable si les conditions de vie sont réunies. C'est un pondeur sur substrat découvert.

▌ Particularités
L'acclimatation et la reproduction de ce poisson se révèlent difficiles pour un aquariophile débutant.

NOTHOBRANCHIUS RACHOVII
Nothobranche de Rachow

ORIGINE : *Afrique du Sud, région de Beira*
Syn. lat. : *Adiniops rachovii*

• T. : 5 cm • Espèce saisonnière, assez calme • Aquarium : 80 litres • pH : 6,5 • T° : 20 à 24 °C
• Nage vers le fond et en pleine eau

▌ Comportement
Ce poisson saisonnier défend un petit territoire. Les relations intraspécifiques sont houleuses.

▌ Exigences
Dans un aquarium spécifique, le sol tendre et sombre sera utilisé pour la ponte. Le décor est essentiellement composé de racines de tourbières. La hauteur d'eau est limitée à 20 cm. Les larves d'insectes constituent l'essentiel de son alimentation.

▌ Reproduction
Ce pondeur au sol dépose ses œufs dans la couche de tourbe qui

sera régulièrement prélevée et stockée dans un récipient hermétique. L'élevage des alevins est facile bien qu'ils soient sensibles aux invasions d'*Oodinium*.

▌ Particularités
La maturité sexuelle est atteinte après douze semaines d'élevage.

MASTACEMBELUS SP.
Anguille épineuse

ORIGINE : Asie du Sud-Est, Thaïlande, Indochine

• T. : 35 cm • Espèce belliqueuse, nocturne, délicate • Aquarium : 250 litres • pH : 7,5 • T° : 24 à 28 °C • Espèce inféodée au substrat

Comportement
Ses relations intraspécifiques sont belliqueuses. Cette anguille tropicale ne devient active que la nuit.

Exigences
Le sol est composé de sable fin. Cette espèce aime se dissimuler pendant la journée dans un pot à fleurs renversé. Elle apprécie une lumière atténuée par un lit de plantes flottantes. Elle se nourrit surtout de vers et de petits animaux qu'elle prélève sur le substrat.

Reproduction
Elle est inconnue en aquarium.

Particularités
Toutes les anguilles épineuses aiment s'enfouir complètement dans le sol.

CHANDA RANGA
Perche de verre

ORIGINE : Asie du Sud-Est, Thaïlande, Sumatra
Syn. lat. : *Ambassis ranga – Chanda lala*

• T. : 8 cm • Espèce pacifique, grégaire • Aquarium : 100 litres • pH neutre • T° : 20 à 26 °C
• Nage en pleine eau

Comportement
Poisson calme, craintif.

Exigences
Une végétation dense est plantée dans un sol sombre. Une à deux cuillerées à soupe de sel marin pour 10 litres améliorent l'acclimatation de ce poisson. Il apprécie les distributions de proies vivantes en alternance avec des paillettes.

Reproduction
Facile si le bac reçoit quelques rayons de soleil. Les œufs, adhésifs et minuscules, sont déposés parmi les fines ramures des plantes aquatiques et l'éclosion débute au bout de 24 heures. L'élevage des alevins est difficile.

Particularités
Des variétés apparaissent avec des muscles dorsaux et ventraux colorés artificiellement en jaune, rose, rouge, vert ou bleu. Ce procédé ne correspond pas du tout à « l'esprit aquariophile » et doit être fortement réprouvé.

ACARICHTHYS GEAYI
Acara à selle

ORIGINE : *Amérique du Sud, Guyanes, Brésil*
Syn. lat. : *Acara geayi – Aequidens geayi*

• **T. : 15 cm pour le mâle, 13 cm pour la femelle** • **Espèce territoriale** • **Aquarium : 120 litres**
• **pH neutre** • **T° : 22 à 25 °C** • **Nage vers le fond**

Comportement
Espèce territoriale à élever en couples. Relativement pacifique, ce poisson respecte les plantes.

Exigences
Sol composé de sable fin. Végétation périphérique. Les aliments sont variés : larves de moustiques, daphnies, cyclops, tubifex et paillettes.

Reproduction
C'est un pondeur sur substrat caché. Les quelque 600 œufs sont pondus dans une grotte sur-

veillée exclusivement par la femelle. Dès qu'ils atteignent la nage libre, les alevins sont défendus par les deux géniteurs.

Particularités
Le dimorphisme sexuel se remarque par la taille plus imposante du mâle.

AEQUIDENS CURVICEPS
Acara pointillé

ORIGINE : *Amérique du Sud, Amazone*
Syn. lat. : *Acara curviceps*

• **T. : 15 cm pour le mâle, 13 cm pour la femelle** • **Espèce territoriale** • **Aquarium : 120 litres**
• **pH neutre** • **T° : 22 à 25 °C** • **Nage vers le fond**

Comportement
Espèce territoriale à élever en couples. Relativement pacifique, ce poisson respecte les plantes. Il devient agressif pendant le frai.

Exigences
Ce poisson se cantonne dans la partie inférieure de l'aquarium. La température peut varier de 18 à 25 °C.

Sol composé de sable fin. Décor minéral. Les aliments sont variés.

Reproduction
C'est un pondeur sur substrat découvert. 300 œufs sont déposés sur une pierre plate préalablement nettoyée. La durée de l'incubation est de trois jours et les alevins restent encore trois jours dans le nid. Dès qu'ils atteignent la nage libre, les jeunes consomment des nauplies d'*Artemia*.

Particularités
Cette espèce apprécie des changements d'eau réguliers.

AEQUIDENS DORSIGER

ORIGINE : Amérique du Sud, Bolivie
Syn. lat. : Acara dorsigera – Aequidens dorsigerus

• T. : 6 à 8 cm • Espèce paisible • Aquarium : 100 litres • pH neutre • T° : 23 à 26 °C • Nage vers le fond et en pleine eau

▌ Comportement

L'*Aequidens dorsiger* est un petit Cichlidé paisible et discret. Il ne touche pas les plantes.

▌ Exigences

Sol composé de sable et de gravier. Végétation périphérique. Enchevêtrements de racines. Décor minéral à base d'amoncellements rocheux formant des grottes et des cachettes. Alimentation variée : larves de moustiques, daphnies, cyclops, tubifex et paillettes.

▌ Reproduction

C'est un pondeur sur substrat découvert. Les œufs sont déposés sur un support horizontal. En période de reproduction, la partie ventrale devient rouge soutenu. Mâle et femelle assurent la surveillance du territoire et protègent les alevins.

AEQUIDENS MARONII
Maroni

ORIGINE : Amérique du Sud, Guyanes
Syn. lat. : Acara maronii

• T. : 10 à 15 cm • Espèce très paisible • Aquarium : 100 litres • pH : 6 à 8 • T° : 22 à 25 °C
• Nage vers le fond et en pleine eau

Comportement

Cette espèce s'élève en couples. Elle est très calme, timide, creuse peu le substrat et n'endommage pratiquement pas les plantes.

Exigences

Sol composé de sable et de gravier. Végétation périphérique résistante. Enchevêtrements de racines. Décor minéral à base d'amoncellements rocheux formant des grottes et des cachettes. Alimentation variée.

Reproduction

C'est un pondeur sur substrat découvert. Les 350 œufs sont déposés sur un support préalablement nettoyé. En période de reproduction, la partie ventrale devient rouge soutenu. Mâle et femelle assurent la surveillance du territoire et protègent les alevins. Dès qu'ils atteignent la nage libre, les jeunes consomment des nauplies d'*Artemia*.

Particularités

Les parents soignent leurs jeunes pendant plus de six mois. Le mâle peut vivre sept ans. Son patron de coloration varie du crème au brun léger. Une bande brun foncé s'étend sur le dessus de la tête, et il y a des rangées de mouchetures sombres sur la partie inférieure du corps. Les juvéniles possèdent sur le côté une tache sombre en forme de trou de serrure, mais chez les adultes il n'en reste qu'une zone plus foncée. Le bord de la dorsale et de la caudale devient blanc chez les vieux spécimens.

AEQUIDENS PORTALEGRENSIS
Acara noir

CICHLIDÉS

ORIGINE : *Amérique du Sud, Bolivie, Brésil, Paraguay*
Syn. lat. : Acara minuta – Acara portalegrensis

• T. : 15 cm   • Espèce territoriale   • Aquarium : 150 litres   • pH : 6,5 à 7   • T° : 16 à 24 °C   • Nage vers le fond

Comportement

Espèce territoriale vivant en couples. Ce poisson creuse beaucoup. Les mâles sont très agressifs entre eux.

Exigences

Sol composé de sable et de gravier. Végétation périphérique solide. Plantes de surface. Enchevêtrements de racines. Décor minéral à base d'amoncellements rocheux formant des grottes et des cachettes. Alimentation variée : larves de moustiques, daphnies, cyclops, tubifex et paillettes.

Reproduction

C'est un pondeur sur substrat découvert. Les 500 œufs sont déposés sur un sup-

port horizontal. En période de reproduction, la partie ventrale devient rouge soutenu.

Particularités

Supporte jusqu'à 16 °C. Les jeunes sont verts à bruns, avec un éclat bleu ou rouge, sous une lumière réfléchie. Les adultes, bruns avec une longue tache sombre sur les flancs, atteignent parfois 20 cm de long.

AEQUIDENS PULCHER
Acara bleu

ORIGINE : Amérique du Sud, Colombie, Venezuela, Panamá
Syn. lat. : Aequidens latifrons

• T. : 20 cm • Espèce territoriale • Aquarium : 120 litres • pH : 6,5 à 8 • T° : 18 à 23 °C
• Nage vers le fond et en pleine eau

Comportement
L'acara bleu s'élève en couples. Les relations intra et interspécifiques sont relativement paisibles. Il creuse peu et respecte les végétaux. Il soigne attentivement son frai.

Exigences
Sol composé de sable et de gravier. Végétation périphérique composée de *Vallisneria* et de *Sagittaria*. Enchevêtrements de racines. Décor minéral à base d'amoncellements rocheux formant des grottes et des cachettes. Alimentation variée : larves de moustiques, daphnies, cyclops, tubifex.

Reproduction
C'est un pondeur sur substrat découvert. Les œufs sont déposés sur un large galet horizontal. C'est une espèce facile à reproduire.

Particularités
L'acara bleu apprécie de fréquents changements d'eau. Son corps de forme ovale est épais et très aplati latéralement. La couleur de base est vert olive à vert-jaune. Le dos est plus foncé. Le ventre est gris-vert à bleuâtre. Les flancs sont striés de huit rayures transversales peu apparentes et de nombreuses lignes verticales plus distinctes, séparées chacune par des rangées d'écailles or vif ou vertes. Des taches foncées se trouvent sous les yeux et au milieu du corps. Les opercules et les joues sont couvertes de taches vert irisé. Les nageoires dorsale et anale sont rehaussées par un liseré jaune ocre. Ses deux nageoires sont dotées de rayons allongés. Les nageoires ventrales et les pectorales sont vert-bleu. Les femelles sont plus ternes et leur ventre est plus sombre.

APISTOGRAMMA AGASSIZII
Agassizi

ORIGINE : Amérique du Sud, Brésil
Syn. lat. : Biotodoma agassizii – Mesops agassizii

• T. : 8 cm • Espèce paisible, territoriale • Aquarium : 100 litres • pH : 6 à 7 • T° : 22 à 24 °C
• Nage vers le fond et en pleine eau

Comportement
Territorial mais paisible. Mâle polygame pouvant frayer avec plusieurs femelles.

Exigences
Sol sombre. Dense végétation périphérique. Enchevêtrements de racines. Décor minéral

à base d'amoncellements rocheux formant des grottes et des cachettes. Surveillez le taux de nitrates. De nombreux renouvellements d'eau contribuent au bien-être de cette espèce. Elle est friande de proies vivantes.

▍ Reproduction
C'est un pondeur sur substrat caché. Les 150 œufs sont pondus à l'intérieur d'une grotte ;

ils sont sensibles aux attaques mycologiques. Après l'éclosion, les larves sont transférées dans une cuvette.

Mâle et femelle assurent la surveillance du territoire et protègent les alevins. Dès qu'ils atteignent la nage libre, les jeunes consomment des nauplies d'*Artemia*.

APISTOGRAMMA BORELLII
Borelli
CICHLIDÉS

ORIGINE : Amérique du Sud, Brésil
Syn. lat. : Heterogramma borellii – Apistogramma ritense – Apistogramma
reitzigi – Apistogramma aequipinnatus – Apistogramma rondoni

• T. : 8 cm • Espèce paisible, territoriale • Aquarium : 100 litres • pH : 6 à 7 • T° : 22 à 24 °C
• Nage vers le fond et en pleine eau

▍ Comportement
Espèce territoriale mais peu agressive. Elle creuse peu de cuvettes dans le sable. Les mâles étant fortement polygames, réunissez un mâle avec plusieurs femelles. Le mâle se limite un vaste territoire principal, les femelles choisissent de petits territoires secondaires.

▍ Exigences
Eau très douce, légèrement acide, maintenue à une température de 24 °C. Voir le chapitre concernant *Apistogramma agassizii*.

▍ Reproduction
Les œufs sont déposés à la voûte d'une cavité. C'est la femelle qui prend l'initiative des opérations. Elle pond ses œufs à la renverse en nageant sur le dos. Un mâle peut s'accoupler avec plusieurs femelles et surveiller plusieurs nids. Au cours des premiers jours, les alevins consomment des infusoires.

APISTOGRAMMA CACATUOIDES
Apistogramma-perroquet

CICHLIDÉS

ORIGINE : Amérique du Sud, Amazone
Syn. lat. : Apistogramma U2

• T. : 9 cm pour le mâle, 5 cm pour la femelle • Espèce territoriale • Aquarium : 120 litres
• pH neutre • T° : 25 °C • Nage vers le fond

▌ Comportement
Territorial. Mâle particulièrement polygame pouvant frayer avec cinq ou six femelles.

▌ Exigences
Sol sombre à base de sable fin. Dense végétation périphérique. La femelle creuse des cuvettes de 25 cm de diamètre. L'apistogramma-perroquet recherche goulûment toutes les petites proies vivantes, mais il ne refuse pas les distributions d'aliments congelés.

▌ Reproduction
C'est un pondeur sur substrat caché. Les 80 œufs sont pondus sur la voûte d'une grotte. La femelle s'occupe seule de sa progéniture, le mâle défend son territoire. Après l'éclosion, les larves sont transférées dans une cuvette. Dès qu'ils atteignent la nage libre, les jeunes consomment des nauplies d'*Artemia*.

▌ Particularités
Cette espèce est sensible aux taux de nitrates.

APISTOGRAMMA NIJSSENI
Apistogramma-panda

CICHLIDÉS

ORIGINE : Amérique du Sud, Pérou

• T. : 6,5 cm pour le mâle, 4 cm pour la femelle • Espèce pacifique, territoriale • Aquarium : 80 litres
• pH : 5,5 à 6,5 • T° : 23 à 30 °C • Nage vers le fond

▌ Comportement
Territorial mais paisible.

▌ Exigences
Sol sombre. Luxuriante végétation périphérique. Enchevêtrements de racines. Décor composé de noix de coco. Eau légèrement acide indispensable. Cet *Apistogramma* peu commercialisé apprécie les proies vivantes planctoniques telles que daphnies et cyclops.

▌ Reproduction
Elle n'est pas encore réalisée en aquarium.

▌ Particularités
Le biotope naturel de cette belle espèce n'est pas très étendu. Le mâle est nettement plus resplendissant.

APISTOGRAMMA STEINDACHNERI

ORIGINE : *Amérique du Sud, Guyanes*
Syn. lat. : Apistogramma ornatipinnis – Heterogramma steindachneri

• T. : 10 cm pour le mâle, 7 cm pour la femelle • Espèce pacifique en dehors du frai, territoriale
• Aquarium : 80 litres • pH : 6,2 à 6,5 • T° : 23 à 25 °C • Nage vers le fond

▌Comportement
Territorial. Relations intra et interspécifiques agressives au cours du frai. Ce poisson ne creuse pas le substrat. Les mâles sont polygames.

▌Exigences
Sol sombre. Dense végétation périphérique. Enchevêtrements de racines. Décor minéral à base d'amoncellements rocheux formant des grottes et des cachettes. La filtration sur de la tourbe est bénéfique. Cette espèce s'alimente presque exclusivement avec des proies vivantes.

▌Reproduction
C'est un pondeur sur substrat caché. Les œufs sont pondus à l'intérieur d'une cavité. Dès qu'ils atteignent la nage libre, les jeunes consomment des nauplies d'*Artemia*.

▌Particularités
Les alevins demeurent longtemps dans la grotte.

ASTATOTILAPIA BURTONI
Burtoni

ORIGINE : *Afrique orientale et centrale, lac Tanganyika*
Syn lat. : Chromis burtoni – Haplochromis burtoni

• T. : 12 cm pour le mâle, 7 cm pour la femelle • Espèce territoriale • Aquarium : 120 litres
• pH : 8,5 à 9 • T° : 20 à 25 °C • Nage vers le fond et en pleine eau

▌Comportement
Il présente des relations intraspécifiques très belliqueuses. Les autres espèces sont ignorées. Les mâles sont polygames.

▌Exigences
Sol composé de sable et de gravier. Luxuriante végétation périphérique. Enchevêtrements de racines. Décor minéral à base d'amoncellements rocheux formant des grottes et des cachettes. Alimentation variée : larves de moustiques, daphnies, cyclops, tubifex et apports de végétaux.

▌Reproduction
C'est un incubateur buccal. Les 35 œufs sont

déposés dans une cuvette puis pris en bouche par la femelle. La nuit, les alevins rentrent à l'abri dans la bouche maternelle.

▌Particularités
Prévoyez de fréquents changements d'eau.

ASTRONOTUS OCELLATUS
Oscar

ORIGINE : Amérique du Sud, Amazone, Rio Paraguay, río Negro
Syn. lat. : Acara ocellatus

• T. : 33 cm   • Espèce relativement paisible   • Aquarium : 300 à 400 litres   • pH neutre   • T° : 22 à 25 °C   • Nage vers le fond et en pleine eau

▌ Comportement

L'oscar, malgré sa grande taille, est relativement paisible. Il devient plus violent pendant le frai. À cette occasion, il creuse beaucoup de cuvettes dans le substrat et arrache les plantes. Prédateur, il considère les petites espèces comme du gibier. Familier, il s'apprivoise facilement.

▌ Exigences

Sol composé d'une épaisse couche de sable. Plantes périphériques cultivées en godets. Enchevêtrements de racines. La filtration doit être particulièrement efficace. Très glouton : tout poisson d'une taille inférieure à la sienne sera rapidement consommé. Il aime aussi les vers de terre, les moules crues ou ébouillantées, les boulettes de tubifex, les morceaux de viande, les crevettes, et beaucoup d'autres aliments.

▌ Reproduction

C'est un pondeur sur substrat découvert. La qualité de l'eau n'est pas importante. 1 000 à 2 000 œufs sont déposés sur une roche soigneusement nettoyée. Mâle et femelle assurent la surveillance du territoire et protègent consciencieusement les alevins. Dès qu'ils atteignent la nage libre, les jeunes consomment des *Artemia*. Il faut rapidement les transférer dans un bac supérieur à 500 litres.

▌ Particularités

Des formes dorées, bronze ou ponctuées de taches jaunes sont actuellement commercialisées. Elles présentent toutes le même comportement que l'oscar.

*Ce spécimen adulte d'*Astronotus ocellatus *doit atteindre environ 35 cm de long.*

Ce jeune oscar d'une dizaine de centimètres va lentement transformer son patron de coloration.

L'Astronotus ocellatus, *ici à droite, n'impressionne pas le* Cichlasoma synspilum *avec sa grosse bosse frontale caractéristique.*

AULONOCARA JACOBFREIBERGI
Cichlidé-fée

ORIGINE : *Afrique, endémique du lac Malawi*
Syn. lat. : *Trematocranus jacobfreibergi*

• T. : 15 cm • Espèce paisible • Aquarium : 120 litres • pH : environ 8 • T° : 24 à 26 °C • Nage vers le fond et en pleine eau

Comportement
Dans la nature cette espèce vit en groupes hiérarchisés.

Exigences
Décor minéral à base d'amoncellements rocheux formant des grottes et des failles. Alimentation variée : larves de moustiques, daphnies, cyclops, tubifex et paillettes.

Reproduction
C'est un incubateur buccal. Les 50 œufs sont déposés sur une cuvette puis pris en bouche par la femelle. La nuit, les alevins rentrent à l'abri dans la bouche maternelle. Leur élevage est facile.

Particularités
Depuis quelques années, de nombreuses variétés d'*Aulonocara* sont importées. Certaines sont bleu intense, d'autres ont une coloration à dominante jaune.

CICHLASOMA BIFASCIATUM

ORIGINE : Amérique centrale, Mexique, Guatemala
Syn lat. : Astronotus bifasciatus

- T. : 25 cm • Espèce territoriale, agressive pendant le frai • Aquarium : 300 litres • pH neutre
- T° : 22 à 27 °C • Nage vers le fond et en pleine eau

▌ Comportement

Territorial, relations intra et interspécifiques agressives au cours du frai. Creuse des cuvettes dans le substrat.

▌ Exigences

Décor à base d'amoncellements rocheux et d'enchevêtrements de racines formant des grottes et de nombreuses retraites. Les plantes sont dévorées. Cette espèce omnivore végétarienne apprécie la salade, les épinards, les petits pois mais ne dédaigne pas les proies vivantes ou lyophilisées.

▌ Reproduction

C'est un pondeur sur substrat découvert. La ponte se déroule sur une large pierre. Les 500 œufs sont ensuite transférés dans les cuvettes creusées à cet effet. Les deux géniteurs assurent la protection des larves.

▌ Particularités

Cette espèce ressemble beaucoup à *Cichlasoma melanurum*.

CICHLASOMA BIMACULATUM
Cichlasoma à deux taches

ORIGINE : Amérique du Sud, Pérou, Guyanes
Syn. lat. : Acara bimaculata – Heros bimaculatus

- T. : 20 cm • Espèce territoriale, relativement paisible • Aquarium : 300 litres • pH neutre
- T° : 22 à 27 °C • Nage vers le fond et en pleine eau

▌ Comportement

Territorial, à élever en couple. Robuste et tolérante, cette espèce abîme peu les plantes.

▌ Exigences

Décor à base d'amoncellements rocheux et d'enchevêtrements de racines formant des grottes et de nombreuses retraites.

Cette espèce omnivore accepte toute nourriture suffisamment variée.

Reproduction
C'est un pondeur prolifique sur substrat découvert. Les deux géniteurs assurent la protection des larves qui ont une croissance rapide.

Particularités
Cette espèce ressemble beaucoup à *Aequidens tetramerus*.

CICHLASOMA CITRINELLUM
Diable rouge

ORIGINE : *Amérique centrale, Mexique, Nicaragua*
Syn. lat. : Heros citrinellus – Cichlasoma basilaris – Cichlasoma basilare – Cichlasoma granadense – Erytrichthys citrinellus

• **T. : 30 cm** • **Espèce territoriale, très agressive pendant le frai** • **Aquarium : 300 litres** • **pH neutre**
• **T° : 22 à 25 °C** • **Nage vers le fond et en pleine eau**

Comportement
Cette espèce territoriale vit en couples et devient extrêmement agressive pendant la reproduction. Creuse beaucoup.

Exigences
Dans son habitat naturel, ce poisson est très fréquent dans les lacs dont la composition de l'eau est variée. Les qualités de l'eau sont sans importance. Il apprécie de larges espaces libres pour nager. Décor à base d'amoncellements rocheux et d'enchevêtrements de racines formant des grottes et de nombreuses retraites. Les plantes ne sont pas respectées. Cette espèce omnivore apprécie les proies vivantes, larves de moustiques, lombrics, crevettes, moules et morceaux de poissons, ou lyophilisées, de la viande de bœuf et de gros flocons.

Reproduction
Leur reproduction n'est pas difficile si le couple s'entend bien, ce qui est rare.
C'est un pondeur sur substrat découvert. L'incubation dure trois jours. Les larves sont ensuite transférées dans les cuvettes creusées à cet effet. Les jeunes consomment le mucus sécrété par le derme des parents. Ils atteignent la nage libre en cinq jours.

Particularités
Les gros mâles adultes développent une bosse frontale adipeuse.
Cette espèce est très proche morphologiquement du *Cichlasoma labiatum*. Le *labiatum* est une espèce endémique des lacs Nicaragua, Managua et Xiloa en Amérique centrale alors que le *citrinellum* est originaire des cours d'eau du Costa Rica et des fleuves du Honduras.

CICHLASOMA CYANOGUTTATUM
Cichlidé perlé

CICHLIDÉS

ORIGINE : Amérique centrale et du Nord, Mexique, Texas
Syn. lat. : Heros cyanoguttatus

• T. : 10 à 30 cm   • Espèce territoriale, agressive pendant le frai   • Aquarium : 200 litres   • pH neutre
• T° : 20 à 24 °C   • Nage vers le fond

Comportement

Territorial, ses relations intra et interspécifiques sont agressives. Creuse des cuvettes dans le substrat. Ne respecte pas les plantes.

Exigences

Il supporte des chutes de température jusqu'à 13 °C en hiver, et apprécie de fréquents changements d'eau. Décor à base d'amoncellements rocheux et d'enchevêtrements de racines. Cette espèce omnivore apprécie les proies vivantes et les gros flocons.

Reproduction

C'est un pondeur sur substrat découvert. Les 500 œufs sont déposés sur une large pierre plate.

Les soins parentaux sont intenses.

Particularités

Vers l'âge de trois ans, les mâles développent une bosse adipeuse derrière leur tête.

CICHLASOMA DOVII
Cichlasoma-léopard

CICHLIDÉS

ORIGINE : Amérique centrale, Honduras, Nicaragua
Syn. lat. : Heros dovii – Cichlosoma dovii

• T. : 70 cm pour le mâle, 50 cm pour la femelle   • Espèce territoriale, agressive pendant le frai,
robuste   • Aquarium : supérieur à 350 litres   • pH neutre   • T° : 22 à 28 °C   • Nage vers le fond
et en pleine eau

Comportement

Territorial, ce poisson vit en couple. Les relations intra et interspécifiques sont agressives au cours du frai. Normalement les plantes sont respectées.

Exigences

Décor à base d'amoncellements rocheux et d'enchevêtrements de racines formant des grottes et de nombreuses retraites. Les plantations sont possibles. Le *Cichlasoma dovii* est un prédateur occasionnel qui chasse les petits poissons. Le cœur de bœuf, les crevettes ou les moules sont bien acceptés.

Reproduction

Facile. C'est un pondeur sur substrat découvert. La ponte peut compter 1 000 œufs.

CICHLASOMA FESTAE
Cichlasoma-étendard

ORIGINE : Amérique du Sud, Équateur
Syn. lat. : Heros festae

- T. : 50 cm • Espèce territoriale, agressive • Aquarium : supérieur à 350 litres • pH neutre
- T° : 26 à 28 °C • Nage vers le fond

Comportement

Territorial et prédateur, ses relations intra et interspécifiques sont belliqueuses. Creuse beaucoup de cuvettes dans le substrat.

Exigences

Prévoyez un aquarium très spacieux. Décor à base d'amoncellements rocheux bien stabilisés et d'enchevêtrements de racines formant des grottes et de nombreuses retraites. Tous ces édifices doivent être parfaitement calés sur la glace du fond avant de répartir une épaisse couche de gravier à granulométrie relativement fine. La composition physico-chimique est assez peu importante. Le pH est neutre et sa dureté moyenne. Renouvelez un tiers de l'eau tous les quinze jours. Cette espèce omnivore vorace a un régime alimentaire comprenant des proies vivantes variées et des aliments congelés ou lyophilisés. Parmi les proies vivantes, retenez les petits poissons, les insectes et leurs larves, les mollusques, les gammares, les crevettes, etc. Les aliments congelés sont composés essentiellement de viande de bœuf hachée et de la chair de poisson. Les flocons et les gros comprimés complètent les repas.

Reproduction

C'est un pondeur sur substrat découvert. Avant la ponte il creuse des cuvettes assez profondes pour accueillir les larves. La ponte se déroule sur une large pierre plate préalablement nettoyée. Les 3 000 œufs puis les alevins sont attentivement protégés par la femelle, tandis que le mâle surveille et défend les abords. L'incubation dure trois jours et cinq à six jours plus tard, les alevins nagent librement.

Particularités

Ce poisson appartient à une catégorie de *Cichlasoma* nommé *parapetenia* qui regroupe des espèces prédatrices.

CICHLASOMA LABIATUM

CICHLIDÉS

ORIGINE : *Amérique centrale, Nicaragua*
Syn. lat. : Heros labiatus – Cichlosoma lobochilus

• T. : 25 cm • Espèce territoriale, agressive • Aquarium : 300 litres • pH neutre • T° : 24 à 26 °C
• Nage vers le fond

▮ Comportement

Territorial et robuste, le *Cichlasoma labiatum* présente des relations intra et interspécifiques agressives. Creuse des cuvettes dans le substrat.

▮ Exigences

Décor à base d'amoncellements rocheux bien stabilisés et d'enchevêtrements de racines formant des grottes et de nombreuses retraites pour les femelles et les mâles dominés. C'est un omnivore très glouton.

▮ Reproduction

Il pond sur substrat découvert. Le frai se déroule sur une large pierre plate préalablement nettoyée. Les 600 à 700 œufs incubent durant trois jours, la nage libre étant atteinte en cinq à sept jours.

▮ Particularités

Cette espèce ressemble beaucoup morphologiquement à *Cichlasoma citrinellum*.

CICHLASOMA MANAGUENSE
Cichlidé de Managua

CICHLIDÉS

ORIGINE : *Amérique centrale, Honduras, Nicaragua*
Syn. lat. : Heros managuense – Parapetenia managuense

• T. : 10 à 30 cm • Espèce territoriale, agressive • Aquarium : 150 litres • pH : 7 à 8,7 • T° : 22 à
27 °C • Nage vers le fond

▮ Comportement

Territorial, relations intra et interspécifiques agressives. Creuse des cuvettes dans le substrat.

▮ Exigences

Décor à base d'amoncellements rocheux bien stabilisés et d'enchevêtrements de racines formant des grottes et de nombreuses retraites pour les femelles et les mâles dominés. C'est un omnivore très vorace : insectes, vers de terre, têtards, poissons et paillettes.

▮ Reproduction

Bien qu'il soit très prolifique, avec des pontes qui comptent jusqu'à 5 000 œufs, ce poisson est difficile à reproduire.

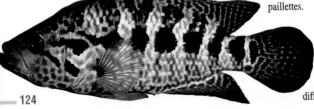

CICHLASOMA NIGROFASCIATUM
Nigro

ORIGINE : *Amérique centrale, Guatemala, Nicaragua, Panamá*
Syn. lat. : Heros nigrofasciatus – Astronotus nigrofasciatum

- T. : 15 cm • Espèce territoriale, relativement paisible • Aquarium : 100 litres • pH neutre
- T° : 20 à 23 °C • Nage vers le fond et en pleine eau

▌Comportement
Espèce à élever en couples. Très agressive. Elle dévore les plantes.

▌Exigences
Bac spécifique. Décor à base d'amoncellements rocheux et d'enchevêtrements de racines formant des grottes et de nombreuses retraites. Les pots de fleurs ébréchés conviennent bien. Cette espèce omnivore accepte toute nourriture suffisamment variée.

▌Reproduction
C'est un pondeur sur substrat caché.

Les deux géniteurs assurent soigneusement la protection des œufs et des larves.

▌Particularités
Depuis quelques années, le commerce aquariophile présente des variétés albinos.

CICHLASOMA OCTOFASCIATUM
Cichlidé à huit bandes

ORIGINE : *Amérique centrale, Mexique, Guatemala, Yucatán*
Syn. lat. : Heros octofasciatum – Cichlasoma hedricki

- T. : 20 cm • Espèce territoriale, très agressive • Aquarium : 200 litres • pH neutre • T° : 22 à 25 °C • Nage vers le fond et en pleine eau

▌Comportement
Cette espèce territoriale qui vit en couples est extrêmement agressive. Elle creuse beaucoup et détériore les plantes.

▌Exigences
Décor à base d'amoncellements rocheux et d'enchevêtrements de racines formant des grottes et de nombreuses retraites. Seules les plantes flottantes sont respectées. Cette espèce omnivore apprécie les proies vivantes consistantes et les apports de nourriture végétale.

▌Reproduction
C'est un pondeur sur substrat découvert. La ponte compte de 500 à 800 œufs. Les larves sont ensuite transférées dans les cuvettes creusées à cet effet.

▌Particularités
Cichlasoma octofasciatum, jusqu'en 1975, était nommé par erreur *Cichlasoma biocellatum*.

CICHLASOMA SALVINI
Salvini

ORIGINE : Amérique centrale, Mexique, Guatemala
Syn. lat. : Heros salvini – Heros triagramma

• T. : 15 cm • Espèce territoriale, agressive et prédatrice • Aquarium : 150 litres • pH neutre
• T° : 22 à 26 °C • Nage vers le fond et en pleine eau

Comportement

Territorial, relations intra et interspécifiques agressives. Ne creuse pas de cuvette. Ne respecte pas les plantes.

Exigences

Décor à base d'amoncellements rocheux et d'enchevêtrements de racines formant des grottes et de nombreuses retraites. Des plantes robustes prennent place dans cet aquarium spécifique. Cette espèce est omnivore.

Reproduction

C'est un pondeur sur substrat découvert. Les 500 œufs sont déposés sur une large pierre plate préalablement nettoyée. Les deux géniteurs assurent intensément la protection des œufs et des larves.

CICHLASOMA SPILURUM
Spilurum

ORIGINE : Amérique centrale, Guatemala
Syn. lat. : Heros spilurus

• T. : 12 cm pour le mâle, 8 cm pour la femelle • Espèce territoriale • Aquarium : 100 litres
• pH neutre • T° : 22 à 25 °C • Nage vers le fond et en pleine eau

Comportement

Espèce territoriale à élever en couples. Ce poisson respecte les plantes. Il creuse le substrat au cours du frai.

Exigences

Sol composé de gravier grossier. Quelques plantes à feuilles dures : *Sagittaria* ou *Vallisneria*. Décor minéral à base d'amoncellements rocheux formant des grottes et des cachettes. Les aliments sont variés : depuis les flocons jusqu'à la viande de bœuf en passant par tous les produits congelés ou lyophilisés.

Reproduction

C'est un pondeur sur substrat caché. Après la ponte, les 300 œufs sont repris par la femelle qui les transporte dans une cuvette creusée dans le gravier.

Particularités

Le dimorphisme sexuel est très apparent : les mâles adultes présentent une bosse adipeuse sur la tête.

CICHLASOMA SYNSPILUM
Cichlasoma tête-de-feu

ORIGINE : *Amérique centrale, Guatemala*
Syn. lat. : *Cichlasoma hicklingi*

• T. : 35 cm   • Espèce territoriale   • Aquarium : 300 litres   • pH neutre   • T° : 24 à 28 °C   • Nage vers
le fond et en pleine eau

Comportement
Ses relations intraspécifiques sont belliqueuses mais les autres espèces sont ignorées. Ce poisson creuse de nombreuses cuvettes au cours du frai. Il arrache et mange parfois les plantes.

Exigences
Sol composé de gravier fin. Décor minéral à base d'amoncellements rocheux formant des grottes et des cachettes, complété par des racines solides, bien ancrées dans le substrat. C'est un gros mangeur qui accepte sans réticence toutes sortes de proies vivantes ou lyophilisées.

Reproduction
C'est un pondeur sur substrat découvert. 1 000 œufs sont déposés sur une pierre préalablement nettoyée. L'incubation dure trois à quatre jours et les alevins consomment directement des nauplies d'*Artemia*.

Particularités
Des changements d'eau fréquents et volumineux sont indispensables.

COPADICHROMIS BOADZULU

ORIGINE : *Afrique, endémique du lac Tanganyika*
Syn lat. : *Haplochromis boadzulu – Cyrtocara boadzulu*

• T. : 15 cm   • Espèce territoriale pendant le frai   • Aquarium : 150 litres   • pH : 8 à 8,5
• T° : 24 à 26 °C   • Nage vers le fond et en pleine eau

il consomme des proies vivantes variées ainsi que des aliments congelés ou lyophilisés.

Reproduction
Dans un bac spacieux, introduisez un mâle en compagnie de plusieurs femelles. Les 60 œufs pondus attendent une vingtaine de jours pour éclore. C'est la mère qui protège les alevins dans sa bouche.

Comportement
Territorial au cours du frai, ce poisson, qui adore nager, respecte les plantes. Il pratique l'incubation buccale.

Exigences
Des amoncellements pierreux doivent constituer de nombreuses retraites. Omnivore,

Particularités
Dans la nature, ces poissons ont un régime alimentaire uniquement composé de micro-organismes zooplanctoniques.

CYPHOTILAPIA FRONTOSA
Bossu du Tanganyika

ORIGINE : Afrique, endémique du lac Tanganyika
Syn. lat. : Paratilapia frontosa – Pelmatochromis frontosus

- **T. : 70 cm pour le mâle, 50 cm pour la femelle** - **Espèce territoriale, agressive pendant le frai**
- **Aquarium : supérieur à 350 litres** - **pH neutre** - **T° : 22 à 28 °C** - **Nage vers le fond et en pleine eau**

▌ Comportement

Territorial, ce poisson vit en couple. Les relations intra et interspécifiques sont agressives au cours du frai. Normalement les plantes sont respectées.

▌ Exigences

Décor à base d'amoncellements rocheux et d'enchevêtrements de racines formant des grottes et de nombreuses retraites. Les plantations sont possibles.
Le bossu du Tanganyika est un prédateur occasionnel qui chasse les petits poissons. Le cœur de bœuf, les crevettes ou les moules sont bien acceptés.

▌ Reproduction

Facile. C'est un pondeur sur substrat découvert. La ponte peut compter 1 000 œufs.

▌ Espèce proche

Cyrtocara moorii, ou haplo bossu, est endémique du lac Malawi. Il atteint 25 cm de long. C'est une espèce territoriale dont les mâles sont polygames. Creuse un peu mais ne détériore pas les plantes.

CYRTOCARA MOORII
Haplo bossu

ORIGINE : endémique du lac Malawi
Syn. lat. : Haplochromis moorii

- **T. : 25 cm** - **Espèce territoriale, agressive** - **Aquarium : 200 litres** - **pH neutre** - **T° : 24 à 26 °C**
- **Nage vers le fond**

▌ Comportement

Cette espèce ne fréquente que les zones sablonneuses du lac Malawi. Elle est territoriale mais nage souvent en groupes. Le mâle est polygame. Il fouille un peu le sol, mais n'arrache généralement pas les plantes.

▌ Exigences

Décor composé de strates rocheuses avec de nombreuses cavités. Plage sablonneuse indispensable à l'avant de l'aquarium.

▌ Reproduction

Cet incubateur buccal pond sur un substrat découvert. Entre 20 et 90 œufs sont déposés sur un substrat rocheux et immédiatement pris en bouche par la femelle. Après leur naissance, les alevins retournent dans la bouche maternelle pour passer la nuit en toute sécurité. De fréquents changements d'eau sont indispensables pour la croissance des alevins.

ETROPLUS MACULATUS
Cichlidé des Indes

ORIGINE : Asie du Sud-Est, Inde, Sri Lanka
Syn. lat. : Etroplus coruchi

• T. : 8 cm • Espèce très paisible • Aquarium : supérieur à 100 litres • pH neutre • T° : 20 à 25 °C
• Nage vers le fond et en pleine eau

Comportement
Très calme. Creuse peu de cuvettes dans le substrat.

Exigences
Décor à base d'amoncellements rocheux et d'enchevêtrements de racines formant des grottes et de nombreuses retraites. Ajoutez 5 % d'eau de mer dans l'aquarium. Toutes les proies vivantes et les aliments lyophilisés sont acceptés.

Reproduction
C'est un pondeur sur substrat découvert. La ponte se déroule sur une large pierre. Les 200 à 300 œufs puis les alevins sont attentivement protégés par le couple.

ETROPLUS SURATENSIS
Chromide vert

ORIGINE : Asie du Sud-Est, Inde, Sri Lanka
Syn. lat. : Chaetodon suratensis – Etroplus meleagris

• T. : 45 cm • Espèce territoriale, peu sociable • Aquarium : 200 litres • pH alcalin • T° : 23 à 26 °C
• Nage vers le fond et en pleine eau

Comportement
Ce poisson territorial devient très agressif au moment du frai. Il dévore les plantes.

Exigences
Dans un bac spacieux, le décor est composé d'amoncellements rocheux et d'enchevêtrements de racines qui résistent à l'eau saumâtre. Dissoudre deux à trois cuillerées à soupe de sel pour 10 litres d'eau. Cette espèce omnivore végétarienne apprécie évidemment la salade, les épinards, les petits pois mais ne dédaigne pas les proies vivantes ou lyophilisées et les paillettes.

Reproduction
C'est un pondeur sur substrat découvert. La ponte est réalisable en eau douce. L'incubation dure 36 heures à 26-28 °C.

Particularités
Cette espèce réclame impérativement une eau saumâtre.

FOSSOROCHROMIS ROSTRATUS
Haplo à cinq taches

ORIGINE : Afrique, endémique du lac Malawi
Syn. lat. : Cyrtocara rostrata – Haplochromis rostratus

• T. : 25 cm   • Espèce territoriale, agressive   • Aquarium : 150 litres   • pH alcalin   • T° : 24 à 28 °C
• Nage vers le fond et en pleine eau

▮ **Comportement**
Territorial, le *Fossoro-chromis rostratus* présente des relations intra et interspécifiques agressives.

▮ **Exigences**
Décor à base d'amoncelle-ments rocheux bien stabilisés. Aménagez une large plage sablonneuse. Tous les aliments distribués sont prélevés sur le substrat.

▮ **Reproduction**
Elle n'est pas observée en aquarium.

▮ **Particularités**
S'il est effrayé, ce poisson s'ensable très rapidement.

GEOPHAGUS BRASILIENSIS
Geophagus perlé du Brésil

ORIGINE : Amérique du Sud, Brésil
Syn. lat. : Acara brasiliensis – Geophagus labiatus

• T. : de 10 à 25 cm   • Espèce territoriale, relativement sociable   • Aquarium : 150 litres   • pH : 6,5
à 7   • T° : 20 à 23 °C   • Nage vers le fond

▮ **Comportement**
Territorial, ce poisson s'élève en couple. Il creuse beaucoup.

▮ **Exigences**
De nombreuses caches sont confectionnées à partir de racines et de pierres. Le substrat doit comporter des plages sablonneuses. Choisissez de préférence des plantes flottantes. Omnivore, ce *Geophagus* n'est pas difficile à nourrir.

▮ **Reproduction**
C'est un pondeur sur substrat découvert. 600 à 800 œufs sont déposés dans une faille rocheuse. Les soins parentaux sont intenses.

▮ **Particularités**
Cette espèce fréquente aussi les eaux saumâtres. Les jeunes ont un corps olivâtre faiblement rayé. Les adultes sont gris-vert avec une macule sombre au centre des flancs.

HEMICHROMIS BIMACULATUS
Acara rouge

ORIGINE : Afrique, Guinée, Liberia
Syn. lat. : Hemichromis fugax

- T. : de 7 à 15 cm • Espèce territoriale, assez paisible • Aquarium : 100 litres • pH : 7,5 à 8,5
- T° : 21 à 23 °C • Nage vers le fond

Comportement
Espèce territoriale, devenant très agressive à l'époque du frai. Creuse beaucoup pendant cette période.

Exigences
Sol à base de sable fin. Plantes résistantes composées de *Sagittaria* et de *Vallisneria*. Cette espèce consomme des proies vivantes mais aussi des aliments frais ou lyophilisés.

Reproduction
À maturité, le couple constitue un territoire et creuse abondamment. S'ils trouvent un demi-pot à fleurs renversé, les deux poissons nettoieront ce support et la femelle déposera ses 200 à 500 œufs immédiatement fécondés par le mâle. Pendant le frai, la femelle est étonnamment plus colorée que son partenaire, ce qui est inhabituel chez les poissons tropicaux. Les œufs sont ensuite transférés dans une cuvette creusée dans le sable.

GEOPHAGUS STEINDACHNERI
Cichlidé à bosse rouge

ORIGINE : Amérique du Sud, Colombie
Syn. lat. : Geophagus hondae – Geophagus magdalenae

- T. : 25 cm • Espèce territoriale, assez paisible • Aquarium : 250 litres • pH : 6,5 à 7 • T° : 24 à 26 °C • Nage partout

Comportement
Espèce faiblement territoriale. Relations intra et interspécifiques paisibles en dehors du frai. Creuse beaucoup de cuvettes dans le sable.

Reproduction
Cette espèce est actuellement la seule espèce amazonienne à pratiquer l'incubation buccale. Elle pond sur substrat découvert.

Exigences
Plantation allégée. Les abris se présentent sous la forme d'amoncellements rocheux et de racines de tourbières. Quelques pierres plates serviront de support de ponte. Le cichlidé à bosse rouge aime beaucoup les proies vivantes et toutes les nourritures artificielles.

HEMICHROMIS LIFALILI

ORIGINE : Afrique, bassin du Zaïre

• T. : 10 cm   • Espèce territoriale, assez paisible   • Aquarium : 100 litres   • pH : 7,5 à 8,5   • T° : 22 à 24 °C   • Nage vers le fond

Comportement

Espèce territoriale, devenant très agressive à l'époque du frai. Creuse beaucoup pendant cette période.

Exigences

Cette espèce belliqueuse ne peut être introduite que dans un aquarium communautaire très spacieux ou dans un bac spécifique plus petit. Ce poisson a besoin de nombreuses cachettes parmi les bois de marécages et dans les plantes robustes. La composition de l'eau est peu importante. *Hemichromis lifalili* établit un territoire assez grand. Ce poisson apprécie une puissante oxygénation. Il consomme des proies vivantes mais aussi des aliments frais ou lyophilisés.

Reproduction

À maturité, le couple constitue un territoire et creuse abondamment. S'ils trouvent un demi-pot à fleurs renversé, les deux poissons nettoieront ce support et la femelle déposera ses 200 à 500 œufs immédiatement fécondés par le mâle. Pendant le frai, la femelle est étonnamment plus colorée que son partenaire, ce qui est inhabituel chez les poissons tropicaux. Les œufs éclosent en quelques jours et sont ensuite transférés dans une cuvette creusée dans le sable. Environ une semaine après la ponte, les alevins nagent librement. Le couple prend grand soin de sa progéniture. Des nauplies d'*Artemia* sont bien acceptées.

Particularités

Hemichromis lifalili est proche de *Hemichromis letourneauxi*. Il diffère de *Hemichromis bimaculatus* par la longueur de sa bouche qui est plus longue que celle de *H. bimaculatus*.

HEROS SEVERUS
Severum

ORIGINE : Amérique du Sud, Amazone
Syn. lat. : Cichlasoma severum

• T. : 20 cm • Espèce territoriale, assez paisible • Aquarium : 150 litres • pH : 6 à 6,5 • T° : 23 à 25 °C • Nage vers le fond

Comportement
Espèce territoriale, devenant agressive à l'époque du frai. En dehors de la reproduction, il est calme et pacifique. Creuse peu pendant cette période.

Exigences
Sol tendre. Plantation éparse. Des racines de tourbières offrent des abris recherchés. La lumière est tamisée par un lit de plantes flottantes. Eau douce, légèrement acide. Il consomme essentiellement des proies vivantes.

Reproduction
Le seul problème pour la reproduction est le choix tou-

jours délicat des partenaires. La femelle dépose jusqu'à 1 000 œufs sur un substrat découvert. Les soins parentaux sont intensifs.

Particularités
Espèce, comme de nombreux *Cichlasoma*, très difficile sur le choix de son partenaire.

JULIDOCHROMIS DICKFELDI
Cichlidé de Dickfeld

ORIGINE : Afrique, endémique du lac Tanganyika

• T. : 8 cm • Espèce territoriale • Aquarium : 80 litres • pH : 8,5 à 9,2 • T° : 22 à 25 °C • Nage vers le fond et en pleine eau

Comportement
Ce poisson s'élève en couple. Il est souvent belliqueux.

Exigences
Des plantes à feuilles dures telles que des *Vallisneria* ou *Sagittaria* complètent des édifices rocheux bien stabilisés. Toutes les failles et grottes seront habitées. Omnivore, des distributions de proies vivantes avec d'autres aliments conviennent bien.

Reproduction
C'est un pondeur sur substrat caché, grottes ou

cavernes. Dans une eau moyennement dure, la femelle dépose ses chapelets d'œufs, environ 300, sur la voûte d'une grotte. À 28 °C, l'incubation dure 60 heures. Les parents ne s'occupent pratiquement pas de leurs alevins, mais ils défendent âprement leur territoire et, par ricochet, ils offrent une bonne protection à leurs alevins.

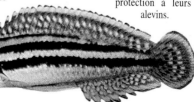

JULIDOCHROMIS MARLIERI
Cichlidé damier

ORIGINE : Afrique, endémique du lac Tanganyika

• T. : 10 à 15 cm • Espèce territoriale, souvent agressive • Aquarium : 100 litres • pH : 7,5 à 9
• T° : 22 à 25 °C • Nage vers le fond et en pleine eau

▌ Comportement

Ce poisson s'élève en couple. Il est souvent belliqueux. Il respecte les plantes.

▌ Exigences

Des plantes à feuilles dures telles que des *Vallisneria* ou *Sagittaria* complètent éventuellement les édifices rocheux bien stabilisés. Cette végétation n'est toutefois pas indispensable. Toutes les failles et grottes seront visitées. Omnivore, des distributions de proies vivantes avec d'autres aliments lyophilisés ou congelés conviennent bien.

▌ Reproduction

C'est un pondeur sur substrat caché, grottes ou failles rocheuses. Dans une eau légèrement alcaline, la femelle dépose ses 70 à 100 œufs contre la voûte d'une grotte. L'élevage des alevins se déroule sans difficulté.

▌ Particularités

Le *Julidochromis marlieri* se croise avec son espèce proche, le *Julidochromis ornatus,* mais les alevins sont stériles. La forme de son corps est identique à celle du *Julidochromis dickfeldi.* La coloration est différente. La teinte fondamentale est jaune orange. Des bandes noires transversales s'étendent depuis le front jusqu'au pédoncule caudal. La nageoire dorsale est noire ponctuée de taches beige clair, bordée de jaune. La nageoire caudale est noire elle aussi ponctuée de nombreuses taches de couleur claire. Il n'y a aucun caractère sexuel externe connu.

JULIDOCHROMIS ORNATUS
Cichlidé-bretteur

ORIGINE : Afrique, endémique du lac Tanganyika

- T. : 10 à 15 cm • Espèce territoriale, souvent agressive • Aquarium : 80 litres • pH : 8 à 9
- T° : 22 à 24 °C • Nage vers le fond et en pleine eau

Comportement

Ce poisson s'élève en couple. Il est souvent belliqueux, mais il respecte les plantes.

Exigences

Comme tous les poissons originaires du lac Tanganyika, le *Julidochromis ornatus* a absolument besoin d'empilements rocheux caractérisés par de nombreuses failles et cavernes. Quelques plantes à feuilles dures peuvent trouver leur place, mais elles ne sont pas indispensables au bien-être de cette espèce. L'eau est dure et alcaline. Les proies vivantes variées sont rapidement englouties.

Reproduction

C'est un pondeur sur substrat caché, grottes ou failles rocheuses. Il est peu prolifique. Dans une eau légèrement alcaline, la femelle dépose ses 20 à 50 œufs contre la voûte d'une grotte. L'élevage des alevins est facile. Les parents ne prodiguent pas de soins directs mais protègent très efficacement le site de ponte, empêchant tous prédateurs de pénétrer à l'intérieur de la grotte.

Particularités

Le *Julidochromis ornatus* se croise avec son espèce proche le *Julidochromis marlieri*, mais les alevins sont stériles. La forme du corps du *Julidochromis ornatus* est très proche de celle du *Julidochromis dickfeldi*. La teinte dominante est orange. Trois raies noires ou brun foncé s'étendent du museau jusqu'au pédoncule caudal. Sur cette zone, elles deviennent diffuses. On constate une marque noire à la base de la nageoire caudale et parfois une marque bleue sur les opercules. Les nageoires dorsale, anale et caudale sont plutôt brunes rehaussées par un élégant liséré bleuté. La nageoire dorsale est traversée par une bande noirâtre, tandis que les ventrales sont teintées d'orange.

JULIDOCHROMIS REGANI
Regani

ORIGINE : Afrique, endémique du lac Tanganyika

• T. : 10 à 15 cm • Espèce territoriale, souvent agressive • Aquarium : 80 litres • pH : 8 à 9
• T° : 22 à 24 °C • Nage vers le fond et en pleine eau

▌Comportement
Ce poisson territorial s'élève en couple. Il est souvent belliqueux pendant la période de reproduction, mais il respecte les plantes.

▌Exigences
Le *Julidochromis regani* a besoin d'empilements rocheux comprenant de nombreuses

failles et grottes. Quelques plantes à feuilles dures peuvent trouver leur place, mais elles ne sont pas indispensables au bien-être de cette espèce. L'eau est dure et alcaline. Les proies vivantes variées sont rapidement englouties. Les paillettes ne sont pas refusées.

▌Reproduction
C'est un pondeur sur substrat caché. La femelle dépose ses 300 œufs contre la voûte d'une grotte.

JULIDOCHROMIS TRANSCRIPTUS
Cichlidé noir et blanc

ORIGINE : Afrique, endémique du lac Tanganyika

• T. : 7 cm • Espèce territoriale, souvent agressive • Aquarium : 80 litres • pH : 8 à 9 • T° : 22 à 24 °C • Nage vers le fond et en pleine eau

▌Comportement
Ce poisson territorial s'élève en couple. Il est souvent belliqueux pendant la période de reproduction, mais il respecte les plantes.

▌Exigences
Le *Julidochromis transcriptus* a besoin d'empilements rocheux comprenant de nombreuses failles et grottes. Quelques plantes à feuilles dures peuvent trouver leur place, mais elles ne sont pas indispensables au bien-être de cette espèce. L'eau est dure et alcaline. Les proies vivantes variées sont rapidement englouties. Les paillettes ne sont pas refusées.

▌Reproduction
C'est un pondeur sur substrat caché. Peu prolifique, la femelle dépose ses 30 œufs contre la voûte d'une grotte.

LABEOTROPHEUS FUELLEBORNI

ORIGINE : Afrique, endémique du lac Tanganyika

• T. : 15 cm • Espèce territoriale • Aquarium : 100 litres • pH : 7,5 à 8,5 • T° : 22 à 25 °C • Nage vers le fond et en pleine eau

Comportement
Ce poisson territorial forme un couple uniquement au cours du frai.

Exigences
Empilements rocheux comprenant de nombreuses failles et grottes. Quelques plantes résistantes peuvent être introduites dans ce type d'aquarium. L'eau est dure et alcaline. Un puissant éclairage doit favoriser la croissance des algues sur les pierres. Les proies vivantes variées sont rapidement englouties. Les algues

sont indispensables pour cette espèce qui racle cette matière végétale sur les rochers. Ces Cichlidés sont des mangeurs d'*Aufwuchs*, algues gluantes qui sont omniprésentes sur leur site naturel.

Reproduction
C'est un incubateur buccal.

Particularités
Les femelles sont polychromes. L'anale du mâle porte des ocelles jaunes.

LABEOTROPHEUS TREWAVASAE

ORIGINE : Afrique, endémique du lac Malawi

• T. : 12 cm • Espèce territoriale, très agressive • Aquarium : 100 litres • pH : 7,5 à 8 • T° : 21 à 24 °C • Nage vers le fond et en pleine eau

Comportement
Ce poisson territorial, agressif, est polygame.

Exigences
Empilements rocheux ménageant de nombreuses cavités. Quelques plantes résistantes peuvent être introduites dans ce type d'aquarium. L'eau est dure et alcaline.

De fréquents changements d'eau sont bénéfiques. Un puissant éclairage doit favoriser la croissance des algues sur les pierres. Les proies vivantes et des aliments lyophilisés sont rapidement engloutis. Ce sont des mangeurs d'*Aufwuchs*, algues gluantes qui sont omniprésentes sur leur site naturel.

Reproduction
C'est un incubateur buccal. Chaque ponte produit environ une quarantaine d'œufs.

Particularités
Il existe de nombreuses races géographiques.

LAMPROLOGUS CONGOENSIS
Lamprologus du Congo

ORIGINE : Afrique, Zaïre, fleuve Congo

- T. : 15 cm • Espèce territoriale, polygame • Aquarium : 150 litres • pH : 7,5 à 8 • T° : 23 à 25 °C
- Nage vers le fond

▌Comportement
Poisson territorial. Les mâles polygames s'élèvent avec plusieurs femelles et forment des harems. Les relations intraspécifiques sont agressives.

▌Exigences
Aquarium spacieux à hauteur d'eau limitée à

30 cm. Des pierres et des roches forment des anfractuosités qui protègent les femelles et les mâles dominés. Cette espèce apprécie les courants d'eau. Omnivore, le *Lamprologus congoensis* accepte de nombreux aliments.

▌Reproduction
Chaque femelle occupe une anfractuosité différente. Les 80 œufs sont pondus à l'intérieur de la faille. À 26 °C, l'incubation dure environ 50 heures. Huit jours plus tard, les alevins atteignent le stade de la nage libre.

MELANOCHROMIS AURATUS
Cichlidé turquoise doré

ORIGINE : Afrique, endémique du lac Malawi
Syn. lat. : Tilapia aurata – Pseudotropheus auratus

- T. : 11 cm pour le mâle, 9 cm pour la femelle • Espèce territoriale, assez agressive • Aquarium : 120 litres • pH : 7 à 8,5 • T° : 22 à 26 °C • Nage en pleine eau

▌Comportement
Poisson territorial. Les mâles n'admettent absolument aucun autre poisson sur leur territoire, qu'ils défendent très farouchement. Les relations intra et interspécifiques sont agressives. Mâle polygame. Ne creuse pas et respecte les plantes. Fréquente la zone côtière rocheuse de ce lac.

▌Exigences
Aquarium doté de nombreux édifices rocheux. De fréquents renouvellements de l'eau sont bénéfiques. Toutes les proies vivantes, congelées ou lyophilisées feront son affaire. La viande de bœuf, la chair de poisson, les petits vers de terre, les grosses daphnies et toutes les larves d'insectes sont

très appréciés. Les nymphes d'éphémères représentent pour eux un véritable régal. Les adultes d'éphémères se piègent facilement la nuit sous une lampe. Le *Melanochromis auratus* consomme aussi les algues bleues.

▌Reproduction
C'est un incubateur buccal. Introduisez un mâle en compagnie de plusieurs femelles. 20 à 30 œufs sont pris en bouche durant l'incubation. Les alevins consomment des nauplies d'*Artemia*.

▌Particularités
Cette espèce fait partie du groupe des M'Bunas, nommés mangeurs d'*Aufwuchs*.

Les femelles de Melanochromis auratus sont jaune d'or éclatant. Elles portent trois lignes noires disposées horizontalement.

Les Melanochromis auratus mâles, qui atteignent 11 cm de long, ont le ventre noir velouté. La courbe du dos est presque identique à celle du ventre.

MELANOCHROMIS JOANJOHNSONAE
Perle de Likoma

CICHLIDÉS

ORIGINE : *Afrique, endémique du lac Malawi*
Syn. lat. : *Labidochromis joanjohnsonae – Pseudotropheus joanjohnsonae*

• T. : 10 cm • Espèce territoriale, assez agressive • Aquarium : 120 litres • pH : 7 à 8,5 • T° : 22 à 26 °C • Nage en pleine eau

▌Comportement
Il présente un comportement similaire à *Melanochromis auratus*. Il vit aussi à proximité des zones rocheuses.

▌Exigences
Voir les informations concernant le *Melanochromis auratus*. Cette espèce apprécie beaucoup les proies vivantes mais consomme aussi des matières végétales sous forme d'algues et de salade.

▌Reproduction
C'est un incubateur buccal. Son mode de reproduction est identique à celui de *Melanochromis auratus*. Après leur naissance, les larves effrayées retournent un jour ou deux dans la bouche maternelle.

▌Particularités
Cette espèce fait partie du groupe des M'Bunas, nommés mangeurs d'*Aufwuchs*. Informations complémentaires au niveau du

Labeotropheus fuelleborni. Les *Melanochromis* sont proches sur un plan comportemental des *Pseudotropheus*, mais ils présentent des différences anatomiques au niveau de la dentition. Leur bouche plus pointue les aide à capturer les insectes dont ils se nourrissent avec plaisir.

MELANOCHROMIS JOHANNII
Cichlidé cobalt

ORIGINE : Afrique, endémique du lac Malawi
Syn. lat. : Pseudotropheus johannii

• T. : 12 cm • Espèce territoriale, assez agressive • Aquarium : 120 litres • pH : 7 à 8,5 • T° : 22 à 25 °C • Nage en pleine eau

Comportement

Poisson territorial. Les relations intra et interspécifiques sont belliqueuses. Mâle polygame. Ne creuse pas et respecte les plantes. Il vit à proximité des zones rocheuses.

Exigences

Voir les informations concernant le *Melanochromis auratus*. Des changements d'eau fréquents ravivent les couleurs. Cette espèce marque une nette préférence pour les proies vivantes, insectes et leurs larves, mais elle accepte, après acclimatation, des aliments artificiels.

Reproduction

C'est un incubateur buccal. Introduisez un mâle en compagnie de plusieurs femelles. Les 35 œufs sont pris en bouche durant l'incubation. Les soins maternels se prolongent durant une semaine après la sortie de bouche. Les alevins consomment des nauplies d'*Artemia*.

Particularités

Cette espèce fait partie du groupe des M'Bunas, nommés mangeurs d'*Aufwuchs*. Informations complémentaires au niveau du *Labeotropheus fuelleborni*. Pendant les premières semaines, les alevins présentent un patron de coloration identique à la mère.

MESONAUTA FESTIVA
Cichlidé-drapeau

ORIGINE : *Amérique du Sud, Guyanes, Amazone*
Syn. lat. : *Acara festiva – Heros festivus – Cichlasoma festivum*

• T. : 15 cm   • Espèce territoriale, paisible   • Aquarium : 150 litres   • pH : 6,5   • T° : 23 à 26 °C
• Nage en pleine eau et vers le fond

Comportement

Poisson territorial. Les relations intra et inter-spécifiques sont pacifiques. Le *Mesonauta festiva* est un poisson pacifique qui peut être élevé en compagnie d'espèces paisibles et calmes. Il n'apprécie pas la présence d'autres poissons trop vifs ou remuants. Les vieux spécimens éprouvent des difficultés pour s'acclimater à un nouvel environnement. Ne creuse pas et respecte les plantes. Le comportement social de cette espèce est semblable à celui du *Pterophyllum scalare*.

Exigences

Des amas rocheux et enchevêtrements de racines de tourbières forment des anfractuosités et des retraites bien appréciées. La végétation dense est composée de végétaux résistants, *Vallisneria*, *Sagittaria* et *Cryptocoryne*. Des pierres plates, disposées horizontalement, serviront de support de ponte. Il aime toutes les proies vivantes distribuées en alternance avec des matières végétales.

Reproduction

Elle est relativement difficile. Eau douce, légèrement acide. La ponte se déroule sur une feuille rigide ou sur un galet plat. Entre 200 et 500 œufs sont expulsés. Les soins parentaux sont intenses.

Particularités

Le cichlidé-drapeau est très sensible à toutes montées de nitrites et aux traitements chimiques. C'est l'un des *Cichlidés* les plus fréquents de l'Amazone. Son corps élancé est très comprimé latéralement. Les nageoires dorsale et anale sont allongées vers l'arrière et donnent au poisson un profil presque triangulaire. Une large ligne noir foncé s'étend depuis la bouche, passe par l'œil et rejoint la nageoire dorsale. Elle accentue encore cette forme triangulaire. Les écailles au bord sombre donnent un aspect réticulé. Une tache noire bordée de jaune est visible sur le pédoncule caudal. Les couleurs du mâle et de la femelle sont identiques.

MICROGEOPHAGUS RAMIREZI
Ramirezi

ORIGINE : *Amérique du Sud, Colombie, Venezuela*
Syn. lat. : Apistogramma ramirezi – Papiliochromis ramirezi

• T. : 7 cm   • Espèce territoriale, assez paisible   • Aquarium : 100 litres   • pH : 7   • T° : 22 à 26 °C
• Nage en pleine eau et vers le fond

Comportement
Poisson territorial à élever de préférence en couple.

Exigences
Des amas rocheux et enchevêtrements de racines de tourbières forment des anfractuosités et des retraites bien appréciées. Végétation exubérante sur l'arrière. Fréquents changements d'eau. Il consomme de tout.

Reproduction
C'est un pondeur sur substrat découvert qui apprécie la filtration sur de la tourbe. Les 150 à 200 œufs sont déposés sur une pierre ou dans des cuvettes. Sa longévité en aquarium est de deux à trois ans.

Particularités
Très sensible aux traitements chimiques. La ponte sur substrat découvert différencie ce poisson des *Apistogramma* dont il est proche.

NANNACARA ANOMALA
Cichlidé nain brillant

ORIGINE : *Amérique du Sud, Guyanes*
Syn. lat. : Acara punctulata – Nannacara taenia

• T. : 9 cm pour le mâle, 5 cm pour la femelle   • Espèce assez paisible en dehors du frai   • Aquarium :
80 litres   • pH : 6,2 à 6,5   • T° : 22 à 25 °C   • Nage vers le fond

Comportement
Poisson territorial à élever de préférence en couple. Après la reproduction, il redevient très pacifique. Ne creuse pas.

Exigences
Amas rocheux et enchevêtrements de racines de tourbières. Végétation exubérante sur l'arrière. Il préfère nettement les proies vivantes, refusant généralement les paillettes.

Reproduction
Pondeur sur substrat caché et prêt à frayer à la taille de 5 cm. La femelle dépose environ 60 œufs à l'intérieur d'un pot à fleurs ébréché. Éclosion en trois jours et nage libre cinq jours plus tard. Les alevins consomment des infusoires la première semaine puis passent au stade des *Artemia* et vermisseaux.

NEOLAMPROLOGUS BREVIS

ORIGINE : Afrique, endémique du lac Tanganyika
Syn. lat. : Lamprologus taeniurus – Lamprologus brevis

• T. : 6 cm pour le mâle, 3,5 cm pour la femelle • Espèce territoriale, agressive • Aquarium : 70 litres
• pH : 6,2 à 6,5 • T° : 23 à 25 °C • Nage vers le fond

Comportement
Poisson territorial, agressif. Les territoires sont très petits, de 10 à 20 cm de diamètre. Il respecte les plantes. Il fréquente les zones rocheuses.

Exigences
Le fond de l'aquarium est recouvert d'une couche de sable de 5 à 6 cm d'épaisseur. Des coquilles vides comme celles des gros escargots de Bourgogne doivent joncher le sol. Elles serviront d'abris. Les poissons les enfouissent profondément dans le substrat et, en cas de danger, ils disparaissent complètement à l'intérieur. Quelques plantes aquatiques terminent le décor. Bien qu'elle consomme des paillettes, cette espèce marque une nette prédilection pour les proies vivantes.

Reproduction
Pondeur sur substrat caché, le *Neolamprologus brevis* dépose ses œufs à l'intérieur des coquilles d'escargots. L'incubation dure 24 heures à une température de 26 °C. La nage libre est atteinte en six jours. Des nauplies d'*Artemia* sont les premiers aliments consommés par les alevins.

Particularités
Les plus petites espèces de ce genre fréquentent les eaux peu profondes sur des fonds sablonneux ou vaseux. Elles s'alimentent principalement avec de petites crevettes et des animaux similaires. La seconde catégorie, qui atteint jusqu'à 12 cm, préfère les eaux à lit rocailleux et se nourrit de mollusques, d'insectes et de crevettes. Les plus grandes espèces, dont la moyenne est de 24 cm, se trouvent dans différents types d'eaux et sont prédatrices.

NEOLAMPROLOGUS BRICHARDI
Cichlidé queue-de-lyre

ORIGINE : Afrique, endémique du lac Tanganyika
Syn. lat. : Lamprologus savoryi elongatus – Lamprologus brichardi

• T. : 10 cm   • Espèce évoluant en groupes   • Aquarium : 80 litres   • pH : 7,5 à 8,5   • T° : 22 à 25 °C
• Nage vers le fond et en pleine eau

▌Comportement
Cette espèce ne vit en couples qu'au moment du frai. Elle fréquente la zone rocheuse du lac.

▌Exigences
Des amoncellements rocheux composés de nombreuses cavernes sont idéaux. Les plantes ne sont pas nécessaires. Eau dure, légèrement alcaline. Omnivore, le *Neolamprologus brichardi* consomme de tout.

▌Reproduction
C'est un pondeur sur substrat caché. Les 200 œufs sont déposés à l'intérieur d'une anfractuosité rocheuse. Les soins parentaux ne sont pas intensifs.

NEOLAMPROLOGUS LELEUPI
Lamprologus citron

ORIGINE : Afrique, endémique du lac Tanganyika
Syn. lat. : Lamprologus leleupi

• T. : 10 cm   • Espèce territoriale, assez pacifique   • Aquarium : 100 litres   • pH : 7,5 à 8
• T° : 24 à 26 °C   • Nage vers le fond et en pleine eau

▌Comportement
Poisson territorial, peu agressif. Ne creuse pas de cuvettes. Il fréquente les zones rocheuses du lac Tanganyika. Les congénères se montrent assez agressifs entre eux. Seuls les partenaires sexuels sont admis dans le territoire défendu par le poisson. Le mâle est monogame.

▌Exigences
Le fond de l'aquarium est recouvert d'une couche de sable fin. De nombreuses grottes et cavernes sont aménagées pour recevoir les pontes. Des racines de tourbières offrent des abris protégeant les femelles parfois harcelées par le mâle. Eau dure, légèrement alcaline. Le régime alimentaire du *Neolamprologus leleupi* est à base de proies vivantes, daphnies, larves de moustiques et d'autres insectes, tubifex. Après acclimatation, ces poissons acceptent volontiers de la chair de crevette et de poisson dilacérée.

▌Reproduction
Pondeur sur substrat caché, le *Neolamprologus leleupi* dépose ses 100 œufs à l'intérieur des grottes aménagées à cet effet. Les parents, qui restent très attentifs à leur pro-

géniture, sont élevés avec leurs alevins. La femelle surveille les larves tandis que le mâle s'occupe de la défense du territoire. Les alevins sont sensibles aux attaques bactériennes. La durée d'incubation des œufs est d'environ une semaine. Dès leur naissance, les alevins acceptent des nauplies d'*Artemia* et des flocons pulvérisés.

Particularités

Le *Neolamprologus longior* ou *Neolamprologus citron* présente des similitudes de coloration et de morphologie avec le *Neolamprologus leleupi*. Il est lui aussi originaire de l'immense lac Tanganyika où il fréquente le littoral rocheux.

NEOLAMPROLOGUS MEELI

CICHLIDÉS

ORIGINE : *Afrique, endémique du lac Tanganyika*
Syn. lat. : *Lamprologus meeli*

• T. : 7 cm pour le mâle, 4,5 cm pour la femelle • Espèce territoriale, assez pacifique • Aquarium : 100 litres • pH : 7,5 à 8 • T° : 23 à 25 °C • Nage vers le fond

Comportement

Poisson territorial, peu agressif. Ne creuse pas de cuvettes. Il fréquente les zones rocheuses du lac Tanganyika.

Exigences

Le fond de l'aquarium est recouvert d'une couche de sable fin. De nombreuses grottes et cavernes sont aménagées pour recevoir les pontes. Des racines de tourbières offrent des abris protégeant les femelles parfois harcelées par le mâle. Eau dure, légèrement alcaline. Il consomme exclusivement des proies vivantes, *Artemia*, daphnies, cyclops, tubifex.

Reproduction

Pondeur sur substrat caché. Bien qu'elle soit assez courante en aquarium, sa reproduction n'a fait l'objet d'aucune publication.

NEOLAMPROLOGUS MUSTAX

ORIGINE : Afrique, endémique du lac Tanganyika
Syn. lat. : Lamprologus mustax

• **T. : 10 cm pour le mâle, 7 cm pour la femelle** • **Espèce territoriale, très pacifique** • **Aquarium : 150 litres** • **pH : 7,5 à 8** • **T° : 23 à 25 °C** • **Nage vers le fond**

▌ Comportement

Poisson territorial, pas agressif dans un bac spacieux. Introduisez un mâle avec plusieurs femelles, cette précaution réduit l'agressivité.

▌ Exigences

Aquarium bien garni de cachettes, grottes et failles rocheuses. Des racines complètent le décor. Eau dure, légèrement alcaline. Il consomme des proies vivantes, *Artemia*, daphnies, cyclops, tubifex ainsi que des paillettes.

▌ Reproduction

Pondeur sur substrat caché. La ponte est déposée à l'intérieur d'une grotte sur sa partie supérieure. Les 80 œufs mettent trois jours pour éclore. La femelle est ensuite chassée et le mâle s'occupe seul de sa progéniture.

▌ Particularités

Neolamprologus mustax est proche du *Neolamprologus modestus* et du *Neolamprologus petricola*.

NEOLAMPROLOGUS SEXFASCIATUS

ORIGINE : Afrique, endémique du lac Tanganyika
Syn. lat. : Lamprologus sexfasciatus

• **T. : 15 cm** • **Espèce territoriale, agressive au cours du frai** • **Aquarium : 200 litres** • **pH : 7,5 à 8,5**
• **T° : 23 à 26 °C** • **Nage vers le fond et en pleine eau**

▌ Comportement

Poisson territorial, devenant agressif pendant la ponte. Il respecte les végétaux.

▌ Exigences

Aquarium bien garni de cachettes, grottes et failles rocheuses. Des racines complètent le décor. Les plantes sont inutiles, elles sont absentes du milieu naturel. Eau dure, légèrement alcaline. Il consomme des proies vivantes, *Artemia*, daphnies, cyclops, tubifex ainsi que des gastéropodes.

▌ Reproduction

Pondeur sur substrat caché. Sa reproduction est ponctuée de difficultés.

▌ Particularités

Neolamprologus sexfasciatus est proche du *Neolamprologus tretocephalus*.

NEOLAMPROLOGUS TETRACANTHUS
Lamprologus perlé

ORIGINE : Afrique, endémique du lac Tanganyika
Syn. lat. : Lamprologus brevianalis – Lamprologus tetracanthus

- T. : 19 cm • Espèce territoriale, agressive au cours du frai • Aquarium : 150 litres • pH : 7,5 à 8,5
- T° : 23 à 25 °C • Nage vers le fond et en pleine eau

Comportement

Le *Neolamprologus tetracanthus* est territorial, il s'élève en couple. Il dévore les petites espèces. Il fréquente les zones intermédiaires entre le littoral rocheux et le littoral sablonneux. Peu d'espèces de Cichlidés issues de ce lac fréquentent cette zone si particulière. Les mâles sont monogames. Les deux parents soignent très attentivement le frai.

Exigences

Pour acclimater *Neolamprologus tetracanthus* dans de bonnes conditions, l'aquarium sera pourvu d'édifices rocheux présentant de multiples anfractuosités et galeries. Ce poisson, comme de nombreux *Neolamprologus,* aime nager le ventre tourné vers la voûte de la galerie qu'il occupe. Les plantes sont peu fréquentes dans son biotope naturel. Mais des *Vallisneria* ou des sagittaires, cultivées en pots, peuvent être introduites dans ce type d'aquarium.

Reproduction

Pondeur sur substrat caché. Sa reproduction se déroule à l'intérieur d'une caverne. Les œufs sont déposés contre la voûte de l'excavation sélectionnée. Les deux reproducteurs assurent conjointement la garde et les soins des œufs, puis des larves et enfin des alevins. Ces derniers s'alimentent avec des nauplies d'*Artemia*.

Particularités

Neolamprologus tetracanthus adore consommer des escargots.

NEOLAMPROLOGUS TRETOCEPHALUS
Lamprologus à cinq bandes

ORIGINE : Afrique, endémique du lac Tanganyika
Syn. lat. : Lamprologus tretocephalus

• T. : 15 cm   • Espèce territoriale   • Aquarium : 200 litres   • pH : 7,6 à 8   • T° : 24 à 26 °C   • Nage en pleine eau et vers le fond

Comportement
Poisson territorial défendant énergiquement sa zone de vie. Il fréquente la partie rocheuse de ce lac.

Exigences
Des amoncellements rocheux composés de nombreuses cavernes sont idéaux. Les plantes ne sont pas nécessaires. Eau dure, légèrement alcaline. Omnivore, le lamprologus à cinq bandes consomme essentiellement des larves d'insectes.

Reproduction
Pondeur sur substrat caché. Sa ponte est rarement réussie en aquarium.

Particularités
Neolamprologus tretocephalus est proche du *Neolamprologus sexfasciatus* et du *Cyphotilapia frontosa*.

NIMBOCHROMIS FUSCOTAENIATUS
Cyrtocara-léopard bleu

ORIGINE : Afrique, endémique du lac Malawi
Syn. lat. : Haplochromis fuscotaeniatus – Cyrtocara fuscotaeniatus

• T. : 25 cm   • Espèce agressive et prédatrice   • Aquarium : 200 litres   • pH : 7,5 à 8,5   • T° : 24 à 26 °C   • Nage vers le fond et en pleine eau

Comportement
Le cyrtocara-léopard bleu est territorial à l'époque du frai. Il dévore les petites espèces mais respecte les plantes. Cette espèce fréquente les zones sablonneuses et rocheuses.

Exigences
Le fond de l'aquarium est recouvert d'une couche de sable fin. De grosses pierres forment des anfractuosités. Eau dure, légèrement alcaline. Il consomme exclusivement des proies vivantes, *Artemia*, daphnies, cyclops, tubifex, gastéropodes.

Reproduction
Pondeur sur substrat caché. Sa reproduction est peu connue en aquarium.

Particularités
Le *Nimbochromis fuscotaeniatus* est un proche parent du *Nimbochromis polystigma*.

NIMBOCHROMIS LINNI

ORIGINE : Afrique, endémique du lac Malawi
Syn. lat. : Haplochromis linni – Cyrtocara linni

• T. : 25 cm • Espèce prédatrice • Aquarium : 200 litres • pH : 7,5 à 8,5 • T° : 23 à 25 °C
• Nage vers le fond et en pleine eau

Comportement
Espèce territoriale. Ce poisson respecte les plantes. Les mâles polygames sont très agressifs envers les femelles.

Exigences
La partie avant de l'aquarium est recouverte d'une couche de sable fin. De nombreuses grottes et cavernes sont aménagées pour recevoir les pontes. Cette espèce réclame de grands espaces dégagés pour la nage. Eau dure, légèrement alcaline. Il consomme des proies vivantes, *Artemia*, daphnies, cyclops, tubifex, gastéropodes et des pastilles.

Reproduction
Incubateur buccal. Les 20 à 90 œufs sont pondus sur une roche et pris immédiatement en bouche par la femelle. Les soins parentaux sont intensifs.

Particularités
Cette espèce a besoin de fréquents changements d'eau. La validité de cette espèce est controversée.

NIMBOCHROMIS LIVINGSTONII
Ronfleur, dormeur

ORIGINE : Afrique, endémique du lac Malawi
Syn. lat. : Hemichromis livingstonii – Haplochromis livingstonii

• T. : 20 cm • Espèce prédatrice • Aquarium : 200 litres • pH : 7,5 à 8,5 • T° : 23 à 25 °C • Nage vers le fond et en pleine eau

Comportement
Espèce territoriale, prédatrice. Les mâles sont polygames.

Exigences
La partie avant de l'aquarium est recouverte d'une couche de sable fin. Végétation composée de *Vallisneria*. De nombreuses grottes et cavernes sont aménagées et parfaitement stabilisées. Eau dure, légèrement alcaline. Il consomme des proies vivantes, essentiellement des poissons.

Reproduction
Incubateur buccal. La ponte compte une centaine de petits œufs. Les soins parentaux sont intensifs.

Particularités
Dans leur biotope naturel, les plages de sable fin du lac Malawi, ces poissons ont la curieuse habitude de se coucher sur le sol en simulant la mort. Lorsqu'un autre poisson s'approche par curiosité, le *livingstonii* se réveille brusquement et dévore sa proie.

NIMBOCHROMIS VENUSTUS
Haplo-paon

ORIGINE : Afrique, endémique du lac Malawi
Syn. lat. : Haplochromis simulans – Haplochromis venustus

• T. : 20 cm • Espèce territoriale • Aquarium : 200 litres • pH : 7,5 à 8,5 • T° : 23 à 25 °C • Nage vers le fond et en pleine eau

▮ Comportement
Espèce territoriale, prédatrice. Les mâles sont polygames. Ils fréquentent les zones sablonneuses.

▮ Exigences
La partie avant de l'aquarium est recouverte d'une couche de sable fin. De nombreuses grottes et cavernes sont aménagées et parfaitement stabilisées. Eau dure, légèrement alcaline. Il consomme des proies vivantes, du cœur de bœuf et des matières végétales.

▮ Reproduction
Incubateur buccal. La femelle prend ses 120 œufs en bouche. Elle les garde ainsi toute la nuit.

▮ Particularités
De volumineux changements d'eau sont bénéfiques.

OPHTHALMOTILAPIA VENTRALIS
Couve-gueule à ventre bleu

ORIGINE : Afrique, endémique du lac Tanganyika
Syn. lat. : Paratilapia ventralis – Ophthalmochromis ventralis

• T. : 15 cm • Espèce territoriale pendant le frai • Aquarium : 150 litres • pH : 7,5 à 8,5 • T° : 23 à 25 °C • Nage vers le fond et en pleine eau

▮ Comportement
Espèce territoriale au cours du frai, vivant en groupes le reste du temps. Creuse parfois au cours du frai.

▮ Exigences
Grand espace libre pour la nage. Blocs rocheux épars. L'*Ophthalmotilapia ventralis* consomme des proies vivantes et des algues.

▮ Reproduction
Incubateur buccal. La femelle prend ses 60 œufs en bouche. La ponte a lieu dans des cuvettes peu profondes.

▮ Particularités
Il existe deux sous-espèces qui se différencient uniquement par leur dentition.

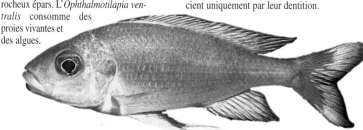

OREOCHROMIS MOSSAMBICUS

ORIGINE : *Afrique orientale*
Syn. lat. : *Chromis mossambicus – Tilapia mossambica – Sarotherodon mossambicus*

• T. : 10 à 40 cm   • Espèce territoriale pendant le frai, très belliqueuse   • Aquarium : 200 litres
• pH neutre   • T° : 20 à 24 °C   • Nage vers le fond

▌Comportement

Espèce territoriale au cours du frai, relations intraspécifiques agressives. Creuse beaucoup et dévore les plantes.

▌Exigences

Grand espace libre pour la nage. Grandes pierres bien calées. Cette espèce consomme des proies vivantes, vers de terre, larves de moustiques et des algues.

▌Reproduction

Incubateur buccal. La femelle prend ses 300 œufs en bouche. Le mâle creuse préalablement des cuvettes dans le substrat.

▌Particularités

Cette espèce est comestible.

PELVICACHROMIS HUMILIS

ORIGINE : *Afrique, Liberia, Guinée*
Syn. lat. : *Pelmatochromis humilis*

• T. : 12,5 cm pour le mâle, 10 cm pour la femelle   • Espèce territoriale   • Aquarium : 200 litres
• pH : 6,5 à 6,9   • T° : 24 à 26 °C   • Nage vers le fond

▌Comportement

Ce poisson, qui défend un territoire, est assez calme en dehors des périodes de ponte. Il creuse beaucoup mais respecte les plantes.

▌Exigences

Substrat de couleur sombre. Eau douce, légèrement acide. Des amas rocheux et de nombreuses racines forment l'essentiel du décor. Cette espèce apprécie de forts courants. Son régime alimentaire est essentiellement composé de proies vivantes et de matières végétales.

▌Reproduction

Elle est difficile. Une végétation exubérante doit permettre à la femelle pourchassée de trouver des abris. La ponte a lieu dans une cuvette constamment surveillée par la femelle. Les soins parentaux se prolongent durant une semaine après l'éclosion.

▌Particularités

Le *Pelvicachromis humilis* est un brouteur d'algues.

PELVICACHROMIS PULCHER
Pulcher

ORIGINE : Afrique, Nigeria
Syn. lat. : Pelmatochromis pulcher

• T. : 8 à 10 cm • Espèce territoriale, assez paisible • Aquarium : 100 litres • pH : 6,5 • T° : 24 à 25 °C • Nage vers le fond

◾ Comportement
Ce poisson, qui défend un territoire, est assez calme en dehors des périodes de ponte. Il creuse beaucoup mais respecte les plantes.

◾ Exigences
Eau douce, légèrement acide. Des amas rocheux et de nombreuses racines forment l'essentiel du décor. Cette espèce apprécie de grands espaces libres pour nager. Son régime alimentaire est essentiellement composé de proies vivantes et de paillettes.

◾ Reproduction
C'est un pondeur sur substrat caché. 200 à 300 œufs sont pondus contre la voûte d'une grotte. La femelle soigne sa progéniture tandis que le mâle s'occupe du territoire. Les deux parents protègent ensuite les alevins jusqu'à la nage libre.

◾ Particularités
Le comportement territorial se manifeste déjà chez les juvéniles. Le dimorphisme sexuel se remarque par les dorsale et anale plus pointues chez le mâle. Au cours de la parade nuptiale, les femelles portent une tache noire dorée semblable à un œil sur la nageoire dorsale. Le poisson s'assombrit énormément au moment de la reproduction.

PELVICACHROMIS TAENIATUS
Cichlidé émeraude

ORIGINE : Afrique, Nigeria, Cameroun
Syn. lat. : Pelmatochromis taeniatus – Pelmatochromis kribensis

• T. : 7 à 9 cm • Espèce territoriale, assez paisible • Aquarium : 100 litres • pH : 6,2 à 6,8 • T° : 22 à 25 °C • Nage vers le fond

◾ Comportement
Ce poisson, qui défend un territoire, est assez calme en dehors des périodes de ponte. Il creuse beaucoup mais respecte les plantes.

◾ Exigences
Végétation dense. Eau douce, légèrement acide. Des amas rocheux et de nombreuses racines forment l'essentiel du décor. Cette

espèce apprécie de grands espaces libres pour nager. Son régime alimentaire est essentiellement composé de proies vivantes et de paillettes.

Reproduction
C'est un pondeur sur substrat caché. 40 à 150 œufs sont pondus dans une faille rocheuse. La femelle soigne sa progéniture tandis que le mâle s'occupe du territoire. Les deux parents protègent ensuite les alevins jusqu'à la nage libre.

Particularités
L'élevage des alevins est relativement difficile car ils sont sensibles aux infusoires.

PETROCHROMIS TREWAVASAE
CICHLIDÉS

ORIGINE : Afrique, endémique du lac Tanganyika

• T. : 18 cm   • Espèce territoriale, assez paisible   • Aquarium : 200 litres   • pH : 7,5 à 8,5   • T° : 23 à 25 °C   • Nage partout

Comportement
Ce poisson, qui défend un territoire, présente des relations intraspécifiques agressives mais il ignore les autres espèces.

Exigences
Végétation dense. Des amas rocheux et de nombreuses racines doivent atteindre la surface de l'eau. Les plantes sont inutiles. Cette espèce apprécie de grands espaces libres pour nager. Son régime alimentaire est essentiellement composé de proies vivantes et d'aliments congelés ou lyophilisés.

Reproduction
C'est un incubateur buccal. Introduisez un mâle en compagnie de plusieurs femelles. Dix à quinze œufs sont pondus et pris en bouche maternelle. À 27 °C l'incubation dure quatre semaines. La femelle soigne sa progéniture tandis que le mâle s'occupe du territoire. Les deux parents protègent ensuite les alevins jusqu'à la nage libre.

PLACIDOCHROMIS ELECTRA

Les poissons d'eau douce

ORIGINE : Afrique, endémique du lac Malawi, près des fonds sablonneux à proximité de l'île Likoma.
Syn. lat. : Haplochromis electra – Cyrtocara electra

• T. : 16 cm • Espèce territoriale, très paisible • Aquarium : 200 à 300 litres • pH : 8,5 à 9 • T° : 24 à 26 °C • Nage vers le fond et en pleine eau

Comportement

Cette espèce ne devient territoriale qu'au moment de la reproduction. Elle est particulièrement pacifique envers ses congénères et avec les autres espèces. Le *Placidochromis electra* respecte les plantes. Il s'agit d'une espèce agame pratiquant l'incubation buccale ovophile.

Exigences

Végétation dense à la périphérie. Des amas rocheux bien stabilisés et de nombreuses racines de tourbières doivent atteindre la surface de l'eau. Substrat sablonneux. Cette espèce apprécie de grands espaces libres pour nager à son aise. Son régime alimentaire est essentiellement composé de proies vivantes et d'aliments congelés ou lyophilisés. Les paillettes sont généralement refusées.

Reproduction

La composition physico-chimique de l'eau employée pour la reproduction de cette espèce correspond exactement à celle du lac Malawi. Température variant de 26 à 28 °C. Dureté proche de 15° dGH. Eau légèrement alcaline avec un pH de 8 à 8,5.

La reproduction est possible dans un bac communautaire. Introduisez un mâle en compagnie de plusieurs femelles. La ponte se déroule de préférence sur une roche plate horizontale.

La présence d'ocelles anaux détermine la fécondation des œufs, dont le nombre approche la cinquantaine. La femelle dépose ses œufs et le mâle qui la suit immédiatement les fertilise. Les poissons tournent autour du site de ponte et la femelle rassemble très rapidement les œufs dans sa bouche. Elle les rassemble si vite qu'il arrive parfois que le mâle n'a pas eu le temps de les féconder.

Les mâles présentent sur leur nageoire anale des marques colorées, nommées ocelles, qui ressemblent à des œufs. Parfois les femelles mordent les faux œufs. Il est possible que ce comportement stimule le mâle à émettre sa laitance et que celui-ci fertilise les œufs qui se trouvent dans la bouche de la femelle et qui ont été rassemblés si rapidement qu'il lui avait été impossible de les féconder plus tôt. Ces œufs, d'un diamètre relativement réduit, 2,5 à 3 mm, sont incubés par la femelle pendant environ dix-huit jours à 28 °C. Les alevins, à leur libération de la cavité buccale de la mère, ont déjà une longueur relativement importante. Leur croissance se déroule dans le cadre d'une famille de type maternel. Ils sont alimentés avec des distributions de crustacés planctoniques et de flocons pulvérisés.

Particularités

Cette espèce est proche morphologiquement et sur un plan comportemental de *Cyrtocara moorii*. Son dimorphisme sexuel se distingue par les teintes nettement bleutées du mâle.

PSEUDOCRENILABRUS MULTICOLOR
Couve-gueule multicolore

Cichlidés

ORIGINE : Afrique, Nil, Tanzanie
Syn. lat. : Haplochromis multicolor – Paratilapia multicolor

• T. : 8 cm • Espèce souvent agressive • Aquarium : 70 litres • pH : 7 • T° : 20 à 24 °C • Nage vers le fond et en pleine eau

Comportement

Cette espèce vit en couples pendant la période de reproduction. Elle devient belliqueuse au cours du frai.

Exigences

Substrat composé de sable fin. Végétation exubérante offrant de nombreuses cachettes. La composition de l'eau est la suivante : eau moyennement dure avec un dGH de 12° environ et un pH proche de la neutralité. Cette espèce préfère nettement les proies vivantes.

Reproduction

Cet incubateur buccal dépose ses 30 à 80 œufs dans une cuvette. Après fécondation par le mâle, la femelle les prend en bouche. L'incubation dure une dizaine de jours, à 24-27 °C.

Particularités

Il est préférable de retirer le mâle après la ponte sinon il harcèle sa compagne.

PSEUDOTROPHEUS ELONGATUS

ORIGINE : Afrique, endémique du lac Malawi

• T. : 13 cm   • Espèce territoriale   • Aquarium : 200 litres   • pH : 8,5   • T° : 22 à 25 °C   • Nage vers le fond

Comportement

Ce poisson territorial est très agressif envers les siens et les autres espèces. Le mâle, polygame, doit être élevé avec plus de cinq femelles. Cette espèce vit au-dessus de la zone rocheuse.

Exigences

Le *Pseudotropheus elongatus* ne convient que pour un assez grand aquarium de type spécifique. La composition de l'eau n'est pas particulière, ses caractéristiques correspondent à celles du lac Malawi. Des amas rocheux et des racines offrent de nombreuses cachettes. Substrat sablonneux. La végétation, résistante, contribue à la délimitation des territoires. Son régime alimentaire est essentiellement composé de proies vivantes et d'aliments congelés ou lyophilisés.

Reproduction

C'est un incubateur buccal. Introduisez un mâle en compagnie de six ou sept femelles. Les vingt œufs sont pris en bouche par la femelle. Les jeunes restent longtemps dans le territoire maternel. Ils consomment des nauplies d'*Artemia*. Leur élevage est facile.

Particularités

Ce *Pseudotropheus*, qui fait partie du groupe des M'Bunas, est commercialisé sous des races de couleurs différentes. Un poisson très apparenté est connu sous le nom de *Pseudotropheus modestus*. C'est une espèce virulente.

Le corps du *Pseudotropheus elongatus* est beaucoup plus mince que celui des espèces apparentées. La couleur de base est bleu foncé. L'ensemble du corps est traversé par une quantité de bandes verticales noires qui descendent jusqu'au niveau des nageoires pectorales. Toutes les nageoires, mais plus particulièrement la dorsale et l'anale, sont presque entièrement noires. Cette espèce ne présente pas de caractère sexuel externe.

Les poissons d'eau douce

PSEUDOTROPHEUS LOMBARDOI
Kennyi

ORIGINE : *Afrique, endémique du lac Malawi*
Syn. lat. : Pseudotropheus kennyi (dénomination commerciale)

• T. : 15 cm • Espèce territoriale • Aquarium : 250 litres • pH : 8 • T° : 24 à 26 °C • Nage partout

Comportement

Ce poisson territorial est très agressif envers les siens. Cette espèce vit au-dessus de la zone rocheuse.

Exigences

Des amas rocheux atteignant la surface sont solidement calés le long de la glace arrière. Substrat sablonneux. La composition de l'eau est similaire à celle du lac Malawi ; elle est moyennement dure avec un dGH de 10 à 15° et légèrement alcaline, pH de 8 à 8,5. Le *Pseudotropheus lombardoi* est omnivore et ne refuse pratiquement aucune nourriture.

Reproduction

C'est un incubateur buccal. Introduisez un mâle en compagnie de plusieurs femelles. Les 50 œufs sont pondus sur un substrat dur, rocheux, puis pris en bouche par la femelle. L'incubation à 26 °C dure 20 à 24 jours. Lorsqu'ils quittent le refuge buccal, les alevins mesurent environ 10 mm.

Particularités

Chez cette belle espèce, les mâles présentent une coloration jaune vif tandis que les femelles sont bleues. En vieillissant, la teinte des femelles se rapproche de celle des mâles.

PSEUDOTROPHEUS SOCOLOFI
Pindani

ORIGINE : Afrique, endémique du lac Malawi
Syn. lat. : Pseudotropheus pindani (dénomination commerciale)

• **T. : 12 cm** • **Espèce territoriale, pacifique** • **Aquarium : 200 litres** • **pH : 8,5** • **T° : 24 à 26 °C**
• **Nage partout**

▌ Comportement
Ce poisson territorial est relativement sociable. Il respecte les végétaux. Cette espèce fréquente les littoraux rocheux.

▌ Exigences
Des amas rocheux atteignant la surface sont solidement calés le long de la glace arrière. Substrat sablonneux. Il peut cohabiter avec d'autres espèces paisibles. Le *Pseudotropheus socolofi* est omnivore.

▌ Reproduction
C'est un incubateur buccal. Introduisez un mâle en compagnie de plusieurs femelles. Les 20 à 50 œufs sont pris en bouche par la femelle.

À 26 °C, l'incubation dure trois semaines. La femelle ne s'occupe plus des alevins qui recherchent des abris parmi les anfractuosités rocheuses. Ils consomment des nauplies d'*Artemia*. Leur croissance est rapide.

PSEUDOTROPHEUS TROPHEOPS
Couve-gueule jaune

ORIGINE : Afrique, endémique du lac Malawi

• **T. : 20 cm** • **Espèce territoriale, agressive** • **Aquarium : 200 litres** • **pH : 8,5** • **T° : 24 à 26 °C**
• **Nage vers le fond et en pleine eau**

▌ Comportement
Ce poisson territorial présente des relations intra et interspécifiques particulièrement agressives. Le mâle, polygame, doit être élevé avec plusieurs femelles. Cette espèce vit au-dessus de la zone rocheuse.

▌ Exigences
Des empilements rocheux doivent présenter un maximum d'anfractuosités. Substrat sablonneux. La végétation, résistante, contribue à délimiter des territoires. Son régime alimentaire varié est à base de proies vivantes et d'aliments congelés ou lyophilisés. Les végétaux sont appréciés.

▌ Reproduction
C'est un incubateur buccal. Introduisez un mâle en compagnie de cinq ou six femelles. Les 40 œufs sont pris en bouche par la femelle. Les jeunes restent peu de temps sous la surveillance maternelle.

▌ Particularités
Cette espèce est très polymorphe.

PSEUDOTROPHEUS ZEBRA
Cichlidé bleu du Malawi

ORIGINE : Afrique, endémique du lac Malawi

• T. : 12 cm   • Espèce territoriale   • Aquarium : 150 litres   • pH : 8 à 9   • T° : 22 à 28 °C   • Nage vers le fond et en pleine eau

▌Comportement

Poisson territorial. Le mâle, polygame, doit être élevé avec plusieurs femelles. Cette espèce vit au-dessus de la zone rocheuse.

▌Exigences

Des amas rocheux formant des surplombs et des failles offrent de nombreuses cachettes. Substrat sablonneux. La végétation, résistante, contribue à la délimitation des territoires. Son régime alimentaire est essentiellement composé de proies vivantes et d'aliments congelés ou lyophilisés, mais aussi d'algues et de lentilles d'eau.

▌Reproduction

C'est un incubateur buccal. Introduisez un mâle en compagnie de six ou sept femelles. Les 60 œufs sont pris en bouche par la femelle. Les jeunes quittent le refuge maternel au bout de huit jours.

▌Particularités

L'anale du mâle porte plusieurs macules jaune vif. C'est un poisson très coloré, querelleur, agressif qui défend farouchement son territoire.

La forme du corps du *Pseudotropheus zebra* est identique à celle du *Pseudotropheus auratus*. Il est assez haut et légèrement aplati latéralement. La courbe du dos est identique à celle du ventre. La nageoire dorsale s'étire considérablement le long du dos et se termine en pointe. Le patron de coloration est très variable mais le gris est la teinte dominante. Six bandes transversales sombres divisent le corps. Une raie noire en forme de croissant parcourt le front et passe entre les yeux. Une autre barre transversale marque la nuque. Les nageoires ventrales sont très foncées. Les nageoires pectorales sont incolores. Les nageoires dorsale, caudale et anale sont teintées de gris. L'anale est ponctuée d'ocelles dorés. Cette espèce ne présente aucun dimorphisme sexuel.

PTEROPHYLLUM ALTUM
Scalaire

ORIGINE : Amérique du Sud, fleuve Orinoco

• T. : 18 cm   • Espèce territoriale, grégaire, paisible   • Aquarium : 150 litres   • pH : 5,8 à, 6,2
• T° : 28 à 30 °C   • Nage en pleine eau

Comportement
Ce poisson territorial est très pacifique envers les siens. Il cohabite
facilement avec d'autres espèces
mais les trop petites sont mangées.

Exigences
Grand aquarium, assez haut, densément planté, doté d'un fouillis
de racines de tourbières qui
offrent des cachettes sécurisantes.
Eau de bonne qualité, douce, légèrement acide. Alimentation à base
de nourriture vivante. Les
paillettes et les matières végétales
sont acceptées.

Reproduction
Elle n'est pas signalée en aquarium, pourtant des croisements
entre le *Pterophyllum altum* et le
Pterophyllum scalare sont possibles.

Particularités
Ce *Pterophyllum* est sensible aux
attaques d'*Ichthyosporidium*.

PTEROPHYLLUM SCALARE
Scalaire

ORIGINE : Amérique du Sud, Amazone, Pérou, Équateur
Syn. lat. : Pterophyllum eimekei

• T. : 15 cm   • Espèce territoriale, grégaire, paisible   • Aquarium : 150 litres   • pH : 5,8 à, 6,2
• T° : 24 à 28 °C   • Nage en pleine eau

Comportement
Les jeunes sont grégaires tandis que les
adultes évoluent par couples. C'est une espèce
paisible qui ne creuse pas et respecte les
plantes. Les deux partenaires sont fidèles à vie.

Exigences
Grand aquarium, assez haut, densément
planté en périphérie, doté d'un fouillis de
racines de tourbières qui offrent des
cachettes sécurisantes. Eau de bonne qualité,
douce, légèrement acide. Alimentation à
base de nourriture vivante. Les paillettes et
les matières végétales sont acceptées.

Reproduction
Les couples se forment seuls au sein d'un
groupe d'une dizaine de juvéniles. C'est un

Cette photo représente un scalaire en pleine action de ponte. Les œufs, jaune doré, sont déposés sur une large feuille rigide.

pondeur sur substrat découvert, qui choisit de préférence les grandes feuilles rigides des plantes. La ponte peut compter jusqu'à 1 000 œufs. Les alevins restent suspendus par un filament céphalique. Les deux géniteurs surveillent soigneusement œufs et alevins. Ajoutez une goutte par litre d'une solution à 5 % de bleu de méthylène, pour empêcher les œufs de moisir.

Particularités

Ce poisson a donné naissance, par sélections et croisements successifs, à des spécimens offrant de nombreuses variations de couleurs et de formes : le scalaire bicolore dont l'arrière du corps est entièrement noir à partir de la dorsale, le scalaire fumé aux reflets bronze et au dos sombre, le scalaire noir au corps noir velouté uniforme, le scalaire marbré dont le corps est recouvert de marbrures sombres avec un front doré, le scalaire-fantôme à la coloration beige rosâtre avec des marques sombres sur les nageoires, le scalaire doré qui est une forme xanthochromique. Parmi les formes voiles aux nageoires très développées, il existe aussi toute une palette de couleurs.

Pterophyllum scalare dans son patron de coloration typique.

Le scalaire noir, au corps entièrement noir velouté, a été obtenu par de patientes et minutieuses sélections.

SATANOPERCA JURUPARI
Poisson-diable

ORIGINE : Amérique du Sud, Brésil, Guyanes
Syn. lat. : Satanoperca macrolepis – Geophagus jurupari

• T. : 10 à 25 cm • Espèce territoriale, très sociable • Aquarium : 150 litres • pH : 6,5 à 7 • T° : 24 à 26 °C • Nage vers le fond et en pleine eau

Comportement
Territorial, ce poisson s'élève en couple. C'est un incubateur buccal.

Exigences
Une température constante. Un sol composé de sable assez fin et de plantes résistantes.

Reproduction
C'est un pondeur sur substrat découvert. 150 à 400 œufs sont déposés sur une pierre plate. Au bout de 24 heures, les deux parents prennent leurs œufs en bouche.

Particularités
C'est l'un des membres les plus pacifiques de ce genre. Son nom de *Geophagus*, ou mangeur de terre, tient à son habitude de pelleter le sable avec sa bouche et de le rejeter par les ouïes, en retenant toutes particules alimentaires qu'il pourrait contenir.

STEATOCRANUS CASUARIUS
Tête bossue

ORIGINE : Afrique, Zaïre
Syn. lat. : Steatocranus elongatus

• T. : 11 cm pour le mâle, 8 cm pour la femelle • Espèce agressive au cours du frai • Aquarium : 200 litres • pH : 6,5 à 7 • T° : 24 à 28 °C • Nage vers le fond

Comportement
Ce poisson s'élève par couple. Si l'un des partenaires meurt, le survivant refuse de s'accoupler.

Exigences
Des amas rocheux et des racines offrent de nombreuses cachettes. Des pots à fleurs ébréchés et des noix de coco terminent le décor. Ces Cichlidés rhéophiles ont besoin d'un vaste aquarium dont l'eau sera agitée par une turbine de forte puissance. Omnivore, le *Steatocranus casuarius* mange de tout.

Reproduction
C'est un pondeur sur substrat caché. La femelle produit environ 20 à 60 œufs. Les deux parents s'occupent méticuleusement de leur progéniture. Après la naissance, les géniteurs mâchent la nourriture avant de la distribuer à leurs petits, dont la croissance est rapide.

Particularités
Le mâle présente une forte bosse adipeuse sur le front.

SYMPHYSODON AEQUIFASCIATUS
Discus brun

ORIGINE : Amérique du Sud, Amazone près de Santarem

- T. : 15 cm • Espèce territoriale pendant le frai • Aquarium : 300 litres • pH : 6,5 • T° : 26 à 30 °C
- Nage en pleine eau et vers le fond

Comportement

Ce poisson devient territorial uniquement pendant le frai. En temps normal, il est grégaire et très paisible. Il ne creuse pas le substrat et respecte les plantes.

Exigences

Le *Symphysodon aequifasciatus* exige un aquarium spacieux comportant une hauteur d'eau de 50 cm. Sol sombre et tendre. Plantation éparse complétée avec des racines de tourbières. Il apprécie de larges espaces libres pour nager et une lumière atténuée par un lit de plantes flottantes. L'hiver, la température peut baisser progressivement jusqu'à 23 °C. Eau très douce indispensable. De fréquents changements d'eau sont tout à fait bénéfiques. Il consomme toutes sortes de proies vivantes ou lyophilisées, larves de chironomes, daphnies, *Artemia*, tubifex, enchytrées, les paillettes étant le plus souvent refusées.

Le Symphysodon représente l'un des plus beaux poissons tropicaux dulcaquicoles. Il est majestueux et sa morphologie est inhabituelle.

Reproduction

Très délicate. C'est un pondeur sur substrat découvert qui réclame de fréquents changements d'eau. Le substrat de ponte est sélectionné parmi les pierres ou les feuilles et il est préalablement soigneusement nettoyé. La ponte compte plusieurs centaines d'œufs. Les deux parents prodiguent des soins très méticuleux à leur progéniture. Au cours des premiers jours qui suivent l'éclosion, les alevins consomment le mucus parental. Voir les informations complémentaires citées chez *Symphysodon discus*.

Le discus est un poisson délicat assez difficile à garder en pleine forme. Néanmoins, il justifie amplement les soins qu'il nécessite et qu'il convient de lui prodiguer.

Particularités

Cette espèce atteint 22 cm dans la nature.

SYMPHYSODON DISCUS
Pompadour, discus rouge

ORIGINE : Amérique du Sud, exclusivement dans le río Negro

• T. : 15 cm   • Espèce territoriale pendant le frai   • Aquarium : 300 litres   • pH : 6,5   • T° : 26 à 30 °C
• Nage en pleine eau et vers le fond

▌ Comportement

Ce poisson devient territorial uniquement pendant le frai. En temps normal, il est grégaire et très paisible. Il ne creuse pas le substrat et respecte les plantes. Ses relations intra et interspécifiques sont excellentes.

▌ Exigences

Le *Symphysodon discus* exige un aquarium spacieux comportant une hauteur d'eau de 50 cm. Sol sombre et tendre. Plantation éparse complétée avec des racines de tourbières. Il apprécie de larges espaces libres pour nager et une lumière atténuée par un lit de plantes flottantes. L'hiver, la température peut baisser progressivement jusqu'à 23 °C. Eau très douce indispensable. De fréquents changements d'eau sont tout à fait bénéfiques. Il consomme toutes sortes de proies vivantes ou lyophilisées, larves de chironomes, daphnies, *Artemia*, tubifex, enchytrées, les paillettes étant le plus souvent refusées.

▌ Reproduction

La meilleure époque de reproduction se situe entre octobre et avril. Le couple ne se livre à aucune parade amoureuse. Le frai a lieu en début de soirée, la ponte se déroulant sur toute surface verticale. Il n'est pas rare que les géniteurs dévorent leur première portée. L'incubation dure 60 heures à 28 °C. Les trois jours suivants, les alevins sont très vulnérables. Au cours des sept premiers jours, les parents s'occupent très activement de leur progéniture. Ensuite les alevins se nourrissent sur le dos de leurs parents. Cette habitude, unique en son genre, se

prolonge environ trente jours. Cette nourriture naturelle, très riche, est exsudée au travers des écailles des deux parents. Après cette période, les alevins consomment des nauplies d'*Artemia*. Pour éviter une élévation de la salinité de l'eau, il est impératif de rincer les *Artemia* à l'eau douce avant de les distribuer. Une ponte moyenne compte environ 80 alevins.

▌ Particularités

Des analyses sérieuses prouvent que le mucus exsudé par les deux parents contient des algues unicellulaires et des protozoaires. Cette espèce atteint 20 à 22 cm dans son habitat naturel.

THORICHTHYS MEEKI
Meeki

ORIGINE : *Amérique centrale, Guatemala, Yucatán*
Syn. lat. : *Cichlasoma meeki – Thorichthys helleri meeki*

• Taille : 15 cm   • Espèce territoriale   • Aquarium : 120 litres   • pH : 7   • T° : 21 à 24 °C   • Nage vers le fond

---

▌ Comportement

Ce poisson s'élève par couple. Il creuse beaucoup, surtout en période de frai. Ses relations intraspécifiques sont souvent agressives.

▌ Exigences

Sur un sol composé de sable fin, disposez des racines embrouillées et quelques roches. Les plantes, cultivées en pots, sont recouvertes de gravier à leur base. Cette espèce doit disposer d'un grand espace pour nager librement. Les vieux spécimens de *Thorichthys meeki* éprouvent souvent des difficultés pour s'acclimater à un nouvel environnement. Il préfère une eau pas trop dure et légèrement acide à neutre avec un pH de 6,8 à 7. Les proies vivantes peuvent alterner avec des nourritures préparées.

▌ Reproduction

C'est un pondeur sur substrat découvert. Des pontes peuvent atteindre 100 à 500 œufs. Elles ont lieu sur un substrat dur soigneusement nettoyé par les deux parents et les larves sont ensuite déplacées dans des cuvettes creusées dans le sable. Les deux parents s'occupent méticuleusement de leur progéniture. Lorsque les larves ont résorbé leur réserve vitelline, vous pouvez leur distribuer de fins crustacés tamisés comme des cyclops, des daphnies ou des *Artemia*. S'ils sont bien nourris, les parents pondront plusieurs fois au cours de l'année. On peut en effet favoriser la production d'œufs fertiles en distribuant aux poissons des vitamines et des micro-vers comme les enchytrées.

▌ Particularités

Le mâle présente une attitude d'imposition en écartant largement ses opercules magnifiquement teintés de rouge. C'est pendant la saison des amours que le mâle devient étincelant, intensifiant extraordinairement ses couleurs à base de rouge. Les teintes de la femelle sont moins voyantes.

TILAPIA BUTTIKOFERI
Poisson-cornet

ORIGINE : *Afrique, Liberia*
Syn. lat. : *Chromis buttikoferi*

• T. : 25 cm • Espèce territoriale • Aquarium : 250 litres • pH : 6,5 à 7 • T° : 23 à 25 °C • Nage vers le fond et en pleine eau

▌ Comportement
Ce poisson territorial est pacifique à l'état juvénile, devenant hargneux en vieillissant. Les petites espèces sont dévorées. À l'époque du frai, il creuse énormément. Les plantes sont arrachées et mangées.

▌ Exigences
Dans un aquarium spacieux, disposez des empilements de pierres et des enchevêtrements de racines de tourbières. Des plantes comme les *Anubias* ou le *Bolbitis* peuvent résister aux travaux de terrassements. Eau légèrement acide.

Des proies vivantes variées font son régal.

▌ Reproduction
Aucune information ne circule sur la reproduction de cette espèce.

▌ Particularités
C'est une espèce rare dans son biotope naturel.

TILAPIA MARIAE
Tilapia à cinq bandes

ORIGINE : *Afrique, Côte-d'Ivoire, Cameroun*
Syn. lat. : *Tilapia dubia – Tilapia meeki*

• T. : 35 cm • Espèce territoriale, agressive • Aquarium : 300 litres • pH : 6,5 à 7 • T° : 20 à 25 °C • Nage vers le fond

▌ Comportement
Ce poisson territorial vit en couple. Ses relations intra et interspécifiques sont belliqueuses. Il creuse beaucoup pendant le frai.

▌ Exigences
Dans un aquarium spacieux, étalez une couche de sable fin. Quelques roches et des racines complètent ce décor dépourvu de plantes. Cette espèce herbivore adore la salade, les algues, les épinards mais aussi les proies vivantes.

▌ Reproduction
Il pond indifféremment sur substrat décou-

vert ou caché, puis les 2 000 œufs sont déposés dans une cuvette à proximité d'une pierre. Les deux parents prodiguent des soins très méticuleux.

TROPHEUS DUBOISI
Tropheus à raie blanche

ORIGINE : Afrique, endémique du lac Tanganyika

• T. : 12 cm • Espèce territoriale, parfois agressive • Aquarium : 150 litres • pH : 8,5 à 9 • T° : 24 à 26 °C • Nage vers le fond et en pleine eau

Comportement

Ce poisson territorial présente des relations intraspécifiques belliqueuses. Les autres espèces sont ignorées. Il fréquente le littoral rocheux.

Exigences

Dans un aquarium spacieux, disposez des édifices rocheux remplis d'anfractuosités. Un éclairage intense favorise la croissance des algues vertes indispensables. Issu du lac Tanganyika, le *Tropheus duboisi* apprécie une eau moyennement dure à dure avec un dGH de 14 à 20° et très alcaline avec un pH voisin de 9. Il s'alimente avec une large palette de proies vivantes complétées par des distributions de matières végétales.

Les jeunes spécimens présentent un corps noir entièrement moucheté de petites taches blanches.

Reproduction

C'est un incubateur buccal. Les cinq à quinze œufs sont pondus dans une niche et pris en bouche par la femelle. Les soins maternels durent une semaine.

Particularités

Il existe une variété à large bande jaune doré. Le corps du *duboisi* est élevé, peu aplati latéralement. Il est noir bleuté. La bouche est grande et la courbe frontale est raide. Une large bande blanche transversale descend le long du corps des spécimens adultes. Toutes les nageoires sont de la même couleur que celle du corps. Les femelles possèdent des nageoires ventrales plus courtes et leur corps est tacheté de la même façon que les jeunes.

Ce Tropheus duboisi *adulte est un mâle. Il se distingue facilement de la femelle puisque celle-ci a un patron de coloration similaire à celui des juvéniles.*

TROPHEUS MOORII
Moori

ORIGINE : Afrique, endémique du lac Tanganyika
Syn. lat. : Tropheus annectens

• T. : 15 cm • Espèce territoriale, parfois agressive • Aquarium : 200 litres • pH : 7 à 9 • T° : 24 à 26 °C • Nage vers le fond et en pleine eau

Comportement
Ce poisson territorial présente des relations intraspécifiques belliqueuses. Les autres espèces sont ignorées. Il fréquente le littoral rocheux.

Exigences
Voir les informations concernant *Tropheus duboisi*. Des distributions de proies vivantes ainsi qu'un complément végétal conviennent parfaitement.

Reproduction
C'est un incubateur buccal. Les cinq à dix-sept œufs sont pondus en eau libre et pris en bouche par la femelle. Les soins maternels durent une semaine.

Particularités
Le moori est commercialisé sous de nombreuses variétés ou races géographiques.

UARU AMPHIACANTHOIDES
Uaru

ORIGINE : Amérique du Sud, Amazone, Guyanes
Syn. lat. : Uaru obscurus

• T. : 30 cm • Espèce grégaire • Aquarium : 250 litres • pH : 5,8 à 7,5 • T° : 26 à 28 °C • Nage vers le fond et en pleine eau

Comportement
Ce poisson grégaire devient parfois agressif pendant le frai.

Exigences
Des empilements rocheux présentent de nombreuses cachettes. Le sol est composé de gravier. La lumière est atténuée par des plantes flottantes. Quelques plantes à feuilles résistantes complètent le décor. Eau douce filtrée sur tourbe. L'*Uaru amphiacanthoides* est un grand consommateur de proies vivantes.

Reproduction
Particulièrement difficile. Eau douce, légèrement acide. C'est un pondeur prolifique sur substrat découvert.

Les 300 œufs sont déposés sur un substrat rocheux dans un endroit sombre. Au cours des premiers jours après leur naissance, les alevins sont très fragiles.

▌Particularités

Les jeunes ont un corps brun foncé. Les adultes sont brun-jaune avec trois zones noires diffuses sur les flancs.

HELOSTOMA TEMMINCKII
Gourami embrasseur ——————————————— <small>HÉLOSTOMATIDÉS</small>

ORIGINE : Asie du Sud-Est, Java
Syn. lat. : Helostoma oligacanthum – Helostoma rudolfi

• T. : 15 cm en aquarium, 30 cm dans la nature • Espèce accommodante • Aquarium : 120 litres
• pH : 6,8 à 8,5 • T° : 22 à 28 °C • Nage en pleine eau et vers la surface

▌Comportement

Ce poisson paisible présente d'excellentes relations intra et interspécifiques. Les mâles se combattent en pressant leur bouche l'une contre l'autre.

▌Exigences

Aquarium spacieux. Décor composé de roches, de fougères et de mousse de Java. Toutes les plantes « classiques » sont dévorées. Un éclairage intense favorise la croissance des algues qui sont broutées par cette espèce. La composition de l'eau n'est pas particulière. La température optimale est de 25 °C. Omnivore, il a besoin de salade et de proies vivantes.

▌Reproduction

Une feuille de salade qui flotte à la surface représente un excellent substrat de ponte. Les œufs, plus légers que l'eau, montent seuls à la surface. Les jeunes grandissent vite s'ils sont copieusement alimentés.

▌Particularités

Il existe deux variétés de couleurs distinctes : la plus connue est rose avec des yeux noirs, la seconde, peu commercialisée, est de couleur argentée avec des reflets verts ou jaunes et parfois des rayures sombres qui apparaissent sur les flancs. Il n'est pas possible de distinguer les sexes. Essentiellement végétariens, ils consomment de grandes quantités de farine d'avoine et de flocons végétaux flottant à la surface. Ils refusent de rechercher leur nourriture sur le fond. Ils sont consommés par la population indigène.
Leur nom commun résulte de leur habitude de se placer bouche à bouche en se donnant des baisers. La signification de ce comportement est inconnue, mais ils tenteront de faire la même chose avec d'autres espèces, s'il n'y a qu'un seul *Helostoma* dans l'aquarium.

BETTA SPLENDENS
Combattant

BÉLONTIIDÉS

ORIGINE : Asie du Sud-Est, Thaïlande, Cambodge
Syn. lat. : Betta trifasciata – Betta pugnax – Betta rubra

• T. : 7 cm   • Mâles agressifs entre eux   • Aquarium : 10 litres   • pH : 6 à 8   • T° : 24 à 30 °C   • Nage sous la surface

Comportement

Un des poissons d'aquarium les plus populaires qui fascine les débutants aquariophiles, intrigués par cette idée d'élever un combattant. Il est aussi le favori de certains éleveurs spécialisés qui ont développé, à partir de la souche sauvage, des animaux splendides aux nageoires extrêmement développées. Les combattants mâles sont très agressifs entre eux. Les femelles sont paisibles. Les relations interspécifiques sont excellentes.

Exigences

Ce poisson résistant est indifférent à la composition physico-chimique de l'eau. Les mâles sont élevés individuellement dans de petits aquariums spécifiques. Les femelles peuvent cohabiter dans un bac collectif bien planté. Ces poissons sont sensibles aux baisses de température. Toutes les petites proies vivantes sont goulûment avalées ainsi que les aliments lyophilisés.

Reproduction

Elle est très particulière. Placez le couple dans un aquarium de petit volume, à faible hauteur d'eau, les deux futurs parents étant séparés par une vitre ou un fin grillage vertical. Sélectionnez avec attention une femelle au ventre bien rebondi et observez sa papille génitale blanche, très nette, visible dans sa partie ventrale. L'éclairage est inutile, les *Betta* réclamant peu de lumière pour frayer. La couche d'air emprisonnée au-dessus de l'eau doit rester chaude et humide ; il est donc souhaitable de couvrir totalement le dessus de l'aquarium avec une vitre ou une feuille de plastique bien ajustée.

Le mâle, excité par la proximité de la femelle, construit un nid de bulles pouvant atteindre 10 cm de diamètre. Pas de filtre ni d'aérateur qui détruiraient le nid d'écume. Pendant cette période très active, le mâle s'interrompt momentanément, les nageoires toutes déployées, pour attirer la femelle sous la nacelle flottante. Si cette dernière suit le mâle le long de la vitre, vous pouvez retirer la cloison. Le mâle entame alors une magnifique parade auprès de sa compagne qui va se placer sous le nid, pressée de libérer ses ovaires gonflés d'œufs. Il l'enlace, la femelle libère ses œufs, aussitôt fécondés par le mâle. Ce dernier les prélève dans sa bouche et les cale dans la nacelle flottante. Ensuite, la femelle harcelée sera retirée de l'aquarium de ponte. Le mâle s'occupe méticuleusement de sa progéniture, l'incubation durant environ 24 heures. Dès l'éclosion, il est souhaitable de retirer le père. Les alevins, très petits, consomment d'abord des paillettes pulvérisées, du jaune d'œuf puis des nauplies d'*Artemia*.

Particularités

La dorsale du mâle est nettement plus développée que celle de la femelle. En dehors des périodes de frai, toujours houleuses, cette

Le comportement reproducteur du combattant suit le schéma usuel de tous les constructeurs de nids de bulles. Le mâle bâtit un grand nid peu homogène, généralement au milieu de plantes flottantes.

Les poissons d'eau douce

La femelle du Betta *se distingue facilement par ses couleurs ternes et par l'atrophie de ses nageoires.*

espèce est paisible. Tendance prédatrice. 21 à 22 °C suffisent pour l'élevage mais il faudra élever la température à 24-25 °C pour la reproduction. Il existe plusieurs variétés de combattants présentées en de nombreuses couleurs : rouge, verte, bleue, blanche, noire et multicolore.

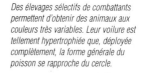

Betta splendens *variété bicolore, bleu et rouge.*

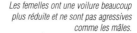

Des élevages sélectifs de combattants permettent d'obtenir des animaux aux couleurs très variables. Leur voilure est tellement hypertrophiée que, déployée complètement, la forme générale du poisson se rapproche du cercle.

Les femelles ont une voilure beaucoup plus réduite et ne sont pas agressives comme les mâles.

COLISA FASCIATA
Colisa géant

ORIGINE : Asie du Sud-Est, Sri Lanka
Syn. lat. : Trichogaster fasciatus – Trichopodus colisa – Colisa vulgaris

• T. : 10 cm • Espèce paisible • Aquarium : 100 litres • pH : 6 à 7,5 • T° : 22 à 28 °C • Nage en pleine eau et sous la surface

Comportement

Cette espèce peut vivre dans un aquarium communautaire. Elle devient plus belliqueuse en période de frai.

Exigences

Sol sombre. Ce *Colisa* apprécie la présence d'un épais tapis de plantes flottantes à la surface de l'eau au milieu desquelles il construit son nid de bulles. Des plantes périphériques apportent le bien-être à cette espèce un peu farouche. Omnivore, il consomme des proies vivantes et des paillettes.

Reproduction

Elle est facile sous une hauteur d'eau de 20 cm. Le mâle bâtit un grand nid de bulles. Lors de la parade nuptiale, le mâle enlace et retourne sa femelle et les œufs, plus légers que l'eau, montent seuls vers le nid d'écume. 500 à 600 larves éclosent au bout de 24 heures. Le mâle s'occupe seul de sa progéniture. Les alevins consomment des infusoires pendant quelques jours puis absorbent des nauplies d'*Artemia*.

Particularités

Cette espèce est consommée dans son pays d'origine.
La morphologie du *Colisa fasciata* est similaire à celle du *Colisa sota*, mais sa nageoire caudale est moins fourchue. Le patron de coloration est rouge-brun. Des bandes transversales bleu-vert iridescent parcourent les flancs. Les nageoires ventrales sont orange rougeâtre. La longue nageoire dorsale est bleu vert et présente des bandes transversales rouge-brun. La nageoire anale est bleue, soulignée sur son bord externe par un liseré orange vif. La nageoire caudale est transparente, brun-rouge, généralement ponctuée de petites taches sombres.

COLISA LABIOSA
Gourami à grosses lèvres

ORIGINE : Asie du Sud-Est, Birmanie
Syn. lat. : Trichogaster labiosus

• T. : 9 cm • Espèce pacifique • Aquarium : 80 litres • pH : 6 à 7,5 • T° : 22 à 28 °C • Nage en pleine eau et sous la surface

▌Comportement
Ce poisson s'élève facilement dans un bac communautaire. Il est paisible, sociable, plutôt craintif. Il se dissimule parmi les plantes.

▌Exigences
Aquarium contenant environ 40 cm de hauteur d'eau. Plantation dense. Eau douce, légèrement acide. Régime alimentaire principalement composé de proies vivantes, mais les paillettes sont acceptées.

▌Reproduction
Elle se déroule dans un aquarium de 50 litres. Sol sombre. Plantation dense. Le mâle construit un nid de bulles parmi les plantes de surface. 500 à 600 œufs très légers remontent seuls dans le fragile nid flottant. L'incubation dure 24 heures. La croissance des alevins est rapide.

▌Particularités
Ressemble beaucoup à *Colisa fasciata*.

COLISA LALIA
Gourami nain

ORIGINE : Asie du Sud-Est, Inde, fleuve Gange
Syn. lat. : Trichogaster unicolor – Colisa cotra

• T. : 5 cm • Espèce pacifique • Aquarium : 60 litres • pH : 6 à 7,5 • T° : 22 à 28 °C • Nage en pleine eau et sous la surface

▌Comportement
Ce poisson s'élève facilement dans un bac communautaire. Il est paisible, sociable, plutôt craintif. Il se dissimule parmi les plantes. Le couple évolue ensemble.

▌Exigences
Aquarium contenant environ 40 cm de hauteur d'eau. Plantation dense. Eau douce, légèrement acide. Filtration sur tourbe. Régime alimentaire principalement composé de proies vivantes, mais les paillettes sont acceptées.

▌Reproduction
Elle se déroule dans un aquarium de 40 litres. Le mâle construit un nid de bulles résistant en y incorporant des matières végétales. L'incubation dure 24 heures. Le mâle s'occupe seul de la portée, il n'attaque jamais sa compagne même après la ponte. La croissance des alevins est rapide.

COLISA SOTA
Gourami miel

ORIGINE : Asie du Sud-Est, Inde, Bangladesh
Syn. lat. : Trichogaster chuna – Colisa chuna

• T. : 5 cm • Espèce pacifique et craintive • Aquarium : 60 litres • pH : 6 à 7,5 • T° : 22 à 28 °C
• Nage en pleine eau et sous la surface

Comportement
Ce poisson s'élève facilement dans un bac communautaire en compagnie d'autres espèces calmes. Il se dissimule parmi les plantes. Il devient territorial au cours du frai.

Exigences
Aquarium contenant environ 40 cm de hauteur d'eau. Plantation dense. Chaque mâle établit un petit territoire parmi la végétation luxuriante. Eau douce, légèrement acide. Éventuellement filtration sur tourbe. La composition de l'eau n'a pas beaucoup d'importance pour l'élevage ou la reproduction de cette espèce. La température idéale se situe vers 25 °C. C'est un omnivore. Les larves d'insectes et plus particulièrement celles des moustiques constituent un élément essentiel dans l'alimentation de ce poisson.

Reproduction
Elle se déroule dans un aquarium de 40 litres. Sol sombre.

Plantation dense. Le mâle construit un nid de bulles peu résistant. L'incubation dure 24 à 36 heures. Le mâle s'occupe seul de la portée. La croissance des alevins est rapide. Il est préférable de les transférer dans un aquarium spécial d'élevage et de les nourrir avec des infusoires et du jaune d'œuf. Ensuite, ils consomment des nauplies d'*Artemia*. Le labyrinthe commence à se développer au cours de la quatrième semaine.

Particularités
Cette très belle espèce, délicate à élever, redoute les attaques d'*Oodinium pillularis*.

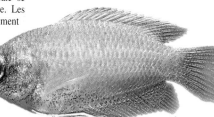

CTENOPOMA ACUTIROSTRE
Cténopoma-léopard

ORIGINE : Afrique, Zaïre

• T. : 10 à 15 cm • Espèce prédatrice • Aquarium : 200 litres • pH neutre • T° : 23 à 28 °C • Nage en pleine eau et sous la surface

Comportement
Le *Ctenopoma acutirostre* devrait être élevé en bac spécifique d'assez grand volume. Dans un aquarium trop restreint, il se dissimule parmi la végétation.

Exigences
Dans un bac spécifique spacieux, ce poisson apprécie un sol sombre et une lumière filtrée par un tapis de plantes flottantes. Des enchevêtrements de racines de tourbières

sont très appréciés par cette espèce relativement timide. Le *Ctenopoma acutirostre* consomme toutes sortes de proies vivantes, tubifex, vers de terre hachés, et des larves de moustiques.

Reproduction
Très peu d'informations circulent sur la reproduction de ce poisson. Pourtant il a déjà été reproduit en aquarium.

Particularités

Les *Ctenopoma* sont connus sous le nom de perche grimpeuse africaine.

Le *Ctenopoma acutirostre* présente un corps assez allongé, relativement haut et très comprimé latéralement. Sa tête longue est pointue. La bouche est très grande et les yeux assez volumineux. Les nageoires anale et dorsale sont particulièrement allongées. Elles possèdent de longs rayons à l'avant comme à l'arrière. La nageoire caudale est jaune. Le dimorphisme sexuel est inexistant. ce cliché représente un jeune sujet. Chez les adultes, les taches marron foncé sont plus petites et plus nombreuses.

CTENOPOMA ANSORGII
Cténopoma orange

BÉLONTIIDÉS

ORIGINE : Afrique, Zaïre

• T. : 8 cm • Espèce prédatrice • Aquarium : 100 litres • pH : 6,5 à 7,5 • T° : 26 à 28 °C • Nage en pleine eau et vers le fond

Comportement

Ce poisson, assez paisible, dévore les petites espèces et devient plus belliqueux pendant la période de reproduction.

Exigences

Il a besoin d'une eau douce, éventuellement filtrée sur de la tourbe. Luxuriante végétation en périphérie. Le *Ctenopoma ansorgii* apprécie les distributions de proies vivantes tandis que les flocons sont généralement refusés. En cas de panne de proies vivantes, cette espèce accepte de fines lamelles de cœur de bœuf préalablement rincées sous un filet d'eau.

Reproduction

Très peu d'informations circulent sur la reproduction de ce poisson. Il construit un nid de bulles. L'accouplement a généralement lieu la nuit. Les œufs sont nombreux et très petits. La femelle est retirée dès qu'elle a pondu, et le mâle, après l'éclosion.

Particularités

Cette espèce est rarement commercialisée.

MACROPODUS CONCOLOR
Macropode noir

ORIGINE : Asie du Sud-Est, sud de la Chine, Viêt Nam
Syn. lat. : Macropodus opercularis concolor – Macropodus opercularis var. spechti

• T. : 12 cm pour le mâle, 8 cm pour la femelle • Espèce parfois agressive • Aquarium : 100 litres
• pH : 6,5 à 7,8 • T° : 20 à 26 °C • Nage en pleine eau et sous la surface

Comportement
Les femelles deviennent un peu agressives pendant la ponte. Cette espèce trouve sa place dans un aquarium collectif bien planté.

Exigences
Le *Macropodus concolor* est peu exigeant envers les qualités de l'eau. Toutes les petites proies vivantes seront goulûment avalées près de la surface.

Reproduction
Elle se déroule facilement dans une eau douce. Le mâle construit un grand nid de bulles. L'élevage des alevins est sans problème.

Particularités
Cette espèce est nettement moins agressive que la suivante : le *Macropodus opercularis*. Le dimorphisme sexuel se distingue par l'allongement en pointe des nageoires dorsale et anale du mâle. Chez les femelles ces nageoires sont plus courtes.

Ce genre restreint compte le fameux poisson-paradis. On considère généralement quatre espèces principales : *Macropodus chinensis* ou poisson-paradis à queue arrondie, *Macropodus concolor* ou macropode noir, *Macropodus cupanus* ou poisson-paradis à queue pointue, *Macropodus opercularis* ou poisson-paradis.
Le M*acropodus cupanus*, peu courant, vit dans les rizières d'Asie du Sud-Est. Il existe au moins deux sous-espèces : *Macropodus cupanus cupanus* et *Macropodus cupanus dayi* ou poisson-paradis brun à queue pointue.

MACROPODUS OPERCULARIS
Macropode, poisson-paradis

ORIGINE : Asie du Sud-Est, Chine, Corée, Taïwan
Syn. lat. : Macropodus viridi-auratus – Macropodus concolor

• T. : 10 cm • Espèce agressive • Aquarium : 100 litres • pH : 6 à 8 • T° : 16 à 26 °C • Nage en pleine eau et sous la surface

Comportement
Les juvéniles cohabitent sans problème. Mais les mâles adultes sont particulièrement agressifs entre eux. Les relations interspécifiques sont parfois houleuses. Les petites espèces sont dévorées. C'est un excellent sauteur.

Exigences
Ce magnifique poisson est extrêmement résistant aux baisses de température : il supporte, en effet, des températures proches de 0 °C. Il s'acclimate dans un aquarium relativement spacieux où la com-

position est peu importante. Des fouillis de plantes et de racines de tourbières doivent permettre aux femelles harcelées de trouver des refuges. Voraces, ils acceptent toutes sortes de nourriture.

Reproduction

Assez facile mais tumultueuse. Le frai produit jusqu'à 500 œufs et les alevins d'abord nourris avec des infusoires passent rapidement aux *Artemia*.

Particularités

L'un des plus beaux poissons d'aquarium reste peu élevé en raison de son caractère très irascible. Il existe une variété noire et une albinos.

Le corps allongé et légèrement comprimé de cette espèce présente un patron de coloration gris brunâtre à gris-jaune brunâtre. La moitié supérieure de la tête et la nuque est brun-noir avec des marbrures vert olive. Un grand nombre de bandes transversales bleutées strie les flancs. Elles sont espacées irrégulièrement. Un filet brun-noir bleuâtre s'étend de l'œil jusqu'aux opercules surmontés d'une tache rouge orange ou rouge vif. Les nageoires dorsale et anale sont souvent frangées de clair. La nageoire caudale présente une dominante rouge. Les nageoires ventrales sont rouge orange. Leurs extrémités sont blanches.

Sur le haut de ce cliché, vous remarquerez le nid de bulles. On distingue parmi celles-ci les minuscules alevins que le mâle surveille très attentivement.

Ce beau mâle de Macropodus opercularis *montre bien le long développement des derniers rayons de ses nageoires dorsale et anale. Sa caudale est très fourchue.*

TRICHOGASTER LEERI
Gourami perlé

ORIGINE : *Asie du Sud-Est, Malaisie, Bornéo, Sumatra*
Syn. lat. : *Trichopodus leeri – Trichopus leeri*

• T. : 12 cm   • Espèce très calme   • Aquarium : 80 litres   • pH : 6,5 à 8,5   • T° : 24 à 28 °C   • Nage en pleine eau et sous la surface

Les poissons d'eau douce

▌ Comportement

Le gourami perlé présente d'excellentes relations intra et interspécifiques. Les mâles s'affrontent parfois, surtout au cours du frai, mais sans gravité.

▌ Exigences

Aquarium densément planté dans sa périphérie, d'une hauteur d'eau de 30 cm. Des racines de tourbières formant des retraites et des tapis de plantes flottantes sont très appréciés. Un couvercle bien ajusté doit permettre de conserver à une température constante la couche d'air emprisonnée au-dessus de l'eau. Omnivore, le gourami n'est pas difficile à alimenter et apprécie les distributions régulières de proies vivantes.

▌ Reproduction

Dans un aquarium à hauteur d'eau limitée à environ une dizaine de centimètres, la ponte se déroule sous un vaste nid de bulles préparé par le mâle. Après la ponte il est souhaitable de retirer la femelle. Les mâles ne sont toutefois pas trop rustres.

▌ Particularités

L'un des Bélontiidés les plus robustes. Sa longévité en aquarium dépasse huit ans.

Le genre *Trichogaster* comporte quatre espèces populaires bien connues et très appréciées des aquariophiles : *Trichogaster leeri* ou gourami perlé qui atteint 12 cm, *Trichogaster microlepis* ou gourami clair de lune qui atteint 15 cm, *Trichogaster pectoralis* ou gourami à peau de serpent qui atteint 12 cm et *Trichogaster trichopterus* ou gourami bleu qui mesure environ 10 cm. Il existe une variété du *Trichogaster trichopterus*, le *Trichogaster trichopterus sumatranus* dont la couleur dominante du patron de coloration est bleu.

TRICHOGASTER MICROLEPIS
Gourami clair de lune

ORIGINE : *Asie du Sud-Est, Thaïlande, Cambodge*
Syn. lat. : *Osphronemus microlepis – Trichopodus microlepis – Trichopus microlepis – Trichopsis microlepis – Trichopus parbipinnis – Deschauenseia chryseus*

• T. : 15 cm • Espèce très calme • Aquarium : 100 litres • pH : 6 à 7 • T° : 26 à 28 °C • Nage en pleine eau et sous la surface

▌ Comportement

Le gourami clair de lune présente d'excellentes relations intra et interspécifiques. Il est même craintif. Les mâles sont parfois agressifs entre eux essentiellement pendant la période de reproduction.

▌ Exigences

Aquarium densément planté dans sa périphérie, d'une hauteur d'eau de 40 cm. Des racines de tourbières forment des retraites et des tapis de plantes flottantes sont très appréciés. Des débris de plantes consolident le nid de bulles. La composition de l'eau n'est pas très importante pour l'élevage courant, mais pour obtenir des pontes, il est préférable qu'elle soit légèrement acide. Omnivore, il n'est pas difficile à alimenter et apprécie les distributions régulières de proies vivantes, larves de moustiques, *Artemia*, enchytrées, vers Grindal.

▌ Reproduction

Dans un aquarium à faible hauteur d'eau, la ponte se déroule sous le nid de bulles préparé par le mâle. Les plantes fines et tendres comme le cabomba sont déchiquetées et ces fragments utilisés pour consolider le nid. Après la ponte, qui compte 500 à 1 000 œufs, il est souhaitable de retirer la femelle. L'élevage des jeunes est facile. Pour obtenir des infusoires, première nourriture des alevins, faites macérer une feuille de salade ou une peau de banane dans un petit récipient plein d'eau. Distribuez cette potion avec parcimonie.

▌ Particularités

Cette espèce est mangée dans son pays d'origine.

TRICHOGASTER TRICHOPTERUS
Gourami bleu

ORIGINE : Asie du Sud-Est, Thaïlande, Malaisie
Syn. lat. : Osphronemus trichopterus – Trichopodus trichopterus –
Trichopus trichopterus – Labrus trichopterus – Trichopus sepat –
Trichopus cantoris – Trichopus siamensis – Osphronemus saigonnensis –
Osphronemus siamensis

• T. : 10 cm   • Espèce très calme   • Aquarium : 80 litres   • pH : 6 à 7   • T° : 22 à 28 °C   • Nage en pleine eau et sous la surface

Comportement

Espèce calme et paisible, qui ne nage pas beaucoup. Très résistante. Les mâles sont parfois agressifs entre eux. Cette agressivité augmente énormément au cours des périodes de reproduction. Les juvéniles, contrairement aux adultes, sont très joueurs et animent beaucoup l'aquarium.

Exigences

Cette espèce paisible préfère cohabiter avec d'autres espèces calmes et réservées. Si elle est bousculée, elle se dissimule dans un angle de l'aquarium ou parmi la densité de la végétation. Les spécimens adultes ont beaucoup de difficultés pour s'acclimater à un nouvel environnement. Dans la mesure du possible, évitez le transfert d'un aquarium à l'autre. L'aménagement de l'aquarium n'appelle aucune remarque particulière. Le pH est de préférence légèrement acide et la dureté peut varier de 5 à plus de 30° dGH. Le *Trichogaster trichopterus* est une espèce omnivore. Il consomme des aliments lyophi-lisés, des flocons, de la nourriture végétale et de nombreuses proies vivantes ou séchées.

Reproduction

Dans un aquarium à faible hauteur d'eau, environ 15 cm, la ponte se déroule sous le nid de bulles préparé par le mâle. La parade nuptiale est très énergique. Après la ponte, il est souhaitable de retirer la femelle, sinon le mâle devient violent. L'élevage des jeunes est facile. L'incubation dure 24 heures et la nage libre est effective quatre à cinq jours plus tard. Ils sont d'abord nourris avec de parcimonieuses mais fréquentes distributions d'infusoires ou de jaune d'œuf, puis de fines nauplies d'*Artemia* prennent le relais.

Particularités

L'un des favoris des aquariophiles. L'un des poissons d'aquarium les plus résistants. Dans les régions de Thaïlande et du sud du Viêt Nam il atteint 15 cm. Il est sexuellement adulte à partir de 7,5 cm.

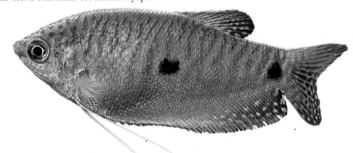

Depuis quelques années, une forme albinos du Trichogaster trichopterus *apparaît de plus en plus fréquemment dans le commerce aquariophile. Sa morphologie et ses exigences sont similaires au gourami bleu.*

TRICHOPSIS VITTATA
Gourami grogneur _____ BÉLONTIIDÉS

ORIGINE : *Asie du Sud-Est, Indochine, Thaïlande, Viêt Nam du Sud*
Syn. lat. : *Osphronemus vittatus – Ctenops vittatus – Trichopsis striata – Trichopus striatus – Ctenops nobilis – Osphronemus striatus – Trichopsis harrisi*

• **T. : 6,5 cm** • **Espèce farouche** • **Aquarium : 70 litres** • **pH : 6,5 à 7,5** • **T° : 22 à 28 °C** • **Nage en pleine eau**

▌Comportement

Poisson pacifique mais vif. Peut cohabiter avec d'autres petites espèces délicates.

▌Exigences

Aquarium densément planté dans sa périphérie. Des racines de tourbières forment des retraites appréciées. Il peut cohabiter avec de petits Characidés, des Cyprinidés ou avec de petites espèces de Bélontiidés. La composition physico-chimique de l'eau est la suivante : pH proche de la neutralité et dGH variant de 5 à 15°. Omnivore, il n'est pas difficile à alimenter.

▌Reproduction

Relativement délicate. Le mâle est un bâtisseur de nid de bulles. La hauteur d'eau est de 10 cm maximum. La température doit être stabilisée à 30 °C.

▌Particularités

Lors des parades amoureuses, cette espèce émet des grognements parfaitement audibles. Le patron de coloration du mâle est beaucoup plus étincelant. Sa nageoire dorsale, pointue et effilée, est marginée de rouge.

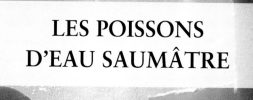

LES POISSONS
D'EAU SAUMÂTRE

DERMOGENYS PUSILLUS
Demi-bec

ORIGINE : Asie du Sud-Est, Thaïlande, Indonésie, Malaisie
Syn. lat. : Hemirhamphus fluviatilis

• T. : 7 cm   • Aquarium : 100 litres   • pH neutre   • T° : 18 à 30 °C   • Nage sous la surface

▌ Comportement

Ce poisson inféodé sous la surface est parfois agressif envers les siens. Ce sont essentiellement les mâles qui se disputent. Il est très timide pendant la période d'acclimatation.

▌ Exigences

Dans la nature, le *Dermogenys pusillus* fréquente parfois l'eau saumâtre. En aquarium il apprécie la dissolution de deux à trois cuillerées de sel marin pour 10 litres d'eau. Il consomme surtout des proies vivantes.

▌ Reproduction

Cet ovovivipare donne naissance à dix à vingt jeunes qui consomment du fin plancton animal.

▌ Particularités

Les mâles sont agressifs entre eux et les femelles sont enclines aux fausses couches. Elles ont rarement plus de quinze alevins à la fois et la gestation dure six à huit semaines.

BRACHYGOBIUS XANTHOZONA
Gobie à anneaux d'or, poisson-abeille

ORIGINE : Sud-Est asiatique
Syn. lat. : Gobius xanthozona

• T. : 4,5 cm   • Poisson craintif   • Aquarium : 100 litres   • pH : 7,5 à 8,5   • T° : 25 à 30 °C
• Nage près du fond

▌ Comportement

Espèce farouche, calme, territoriale.

▌ Exigences

Aquarium spécifique. Plantation allégée supportant la présence de sel. Décor inerte composé de roches, de racines et de pots à fleurs renversés. L'eau est additionnée de sel, environ une à deux cuillerées à soupe pour 10 litres d'eau. Cette espèce consomme de nombreuses petites proies vivantes. Elle s'habitue difficilement aux aliments artificiels.

▌ Reproduction

Elle est possible dans une eau dure et si les reproducteurs sont exclusivement nourris avec des proies vivantes.

▌ Particularités

Élevée en eau douce, cette espèce devient très sensible aux maladies.

MONODACTYLUS ARGENTEUS
Poisson-lune argenté

ORIGINE : Asie du Sud-Est et Afrique
Syn. lat. : Chaetodon argenteus

• **T. : 25 cm** • **Espèce grégaire** • **Aquarium : 150 litres** • **pH : 7 à 8** • **T° : 24 à 28 °C**
• **Nage en pleine eau**

Comportement
Ce poisson d'eau saumâtre, euryhalin, passe sans difficulté de l'eau douce à l'eau de mer et inversement. Il est assez paisible mais dévore les petites espèces.

Exigences
C'est un poisson marin qui fréquente les eaux superficielles des estuaires, pénétrant aussi dans les eaux continentales. Les jeunes spécimens s'acclimatent en eau douce alcaline, mais les subadultes et les adultes sont élevés obligatoirement en eau salée. Omnivore et vorace, c'est un grand consommateur de proies vivantes et de salade.

Reproduction
Elle n'est pas encore maîtrisée en aquarium.

Particularités
La densité moyenne est de 1 012 à 1 015, et le pH supérieur à 7,5. C'est une espèce robuste qui ne pose pas de problème en aquarium si ce dernier est suffisamment spacieux avec une eau claire, bien filtrée et agitée.

MONODACTYLUS SEBAE
Poisson-lune africain

ORIGINE : océan Atlantique tropical, Afrique
Syn. lat. : Psettus sebae

• **T. : 25 cm** • **Espèce grégaire** • **Aquarium : 150 litres** • **pH : 7 à 8** • **T° : 24 à 28 °C**
• **Nage en pleine eau**

Comportement
Dans la nature, ce poisson vit en groupe près des zones côtières et des embouchures des fleuves. Il est très sensible au transport. Son acclimatation est un peu plus délicate que pour l'espèce proche *Monodactylus argenteus*.

Exigences
Les juvéniles s'élèvent d'abord en eau douce et en vieillissant ils doivent progressivement être acclimatés à l'eau de mer. Ils consomment volontiers de petits crustacés vivants tels que daphnies, cyclops, mysis et des tubifex ou des enchytrées.

Reproduction
Elle est inconnue en aquarium.

TOXOTES CHATAREUS

ORIGINE : Asie du Sud-Est, Inde, Malaisie, Viêt Nam, Philippines, Australie
Syn. lat. : Coius chatareus

• T. : 27 cm • Espèce assez pacifique, grégaire • Aquarium : 150 litres • pH : 7 à 8
• T° : 24 à 30 °C • Nage sous la surface

▌ Comportement

Ce poisson vit par petits groupes très hiérarchisés. Les relations interspécifiques sont bonnes.

▌ Exigences

Ce *Toxotes* réclame un aquarium spacieux bien végétalisé sur son pourtour, avec une hauteur d'eau de 20 à 30 cm. Un apport de deux à trois cuillerées à café de sel améliore nettement son bien-être. Il consomme exclusivement des insectes vivants qu'il happe à la surface.

▌ Reproduction

Il ne circule aucune information sur son mode de frai.

▌ Particularités

Ce poisson qui vit sous la surface de l'eau est capable de projeter un puissant jet d'eau sur sa proie. Cette dernière, les ailes collées, tombe à la surface de l'eau où elle est happée par le poisson. Il atteint, à coup sûr, des insectes jusqu'à 1,50 m de distance.

TOXOTES JACULATRIX
Poisson-archer

ORIGINE : Asie du Sud-Est, Inde, Australie
Syn. lat. : Sciaena jaculatrix – Toxotes jaculator

• T. : 24 cm • Espèce pacifique, grégaire • Aquarium : 150 litres • pH : 7 à 8 • T° : 25 à 30 °C
• Nage sous la surface

▌ Comportement

Ce poisson vit par petits groupes. Les relations interspécifiques sont bonnes. Les petites espèces sont toutefois chahutées.

▌ Exigences

Voir les informations concernant ce chapitre chez *Toxotes chatareus*.

▌ Reproduction

Elle est inconnue en aquarium.

▌ Particularités

Cette espèce familière viendra chercher sa nourriture entre vos doigts. Il n'existe aucun signe extérieur déterminant le sexe.

PERIOPHTHALMUS PAPILIO
Sauteur de boue-papillon

ORIGINE : côtes de l'Afrique de l'Ouest

• T. : 25 cm • Espèce territoriale, solitaire • Aquarium : 200 litres • pH : 8 à 8,5 • T° : 24 à 26 °C
• Acclimatation assez facile

▌Comportement
Cette espèce territoriale mène une vie partiellement amphibie. Il défend vigoureusement son territoire.

▌Exigences
Aquarium large présentant une grande surface de base. Une berge artificielle est composée de sable fin et de racines de mangroves. Eau saumâtre contenant 1 à 2 % d'eau de mer, pH 8 à 8,5. Couvercles bien ajustés pour maintenir une forte hygrométrie dans la partie aérienne. Son alimentation est composée de proies vivantes, surtout des insectes et des vers.

▌Reproduction
Sa reproduction est inconnue en aquarium.

▌Particularités
Dans son biotope naturel, il fréquente un grand nombre de mangroves et de zones marécageuses des estuaires tropicaux. Ses yeux saillants, mobiles et indépendants, sont placés sur le sommet de la tête. Ils sont pourvus d'une double cornée.

Les nageoires pectorales bien développées sont reliées au thorax par une sorte de pédoncule très musclé. Elles jouent le rôle de pattes, permettant à l'animal de se déplacer sur la vase à marée basse.

Ses nageoires pelviennes, réunies en une sorte de ventouse, lui permettent de grimper sur un support pour sortir éventuellement de l'eau.

Il est capable de rester longtemps à l'air libre mais il ne possède pas de poumons.

SCATOPHAGUS ARGUS
Argus

ORIGINE : *indo-pacifique, Indonésie, Philippines*
Syn. lat. : *Chaetodon argus – Scatophagus ornatus*

• T. : 30 cm   • Aquarium : 150 litres   • pH : 7 à 8   • T° : 20 à 28 °C   • Nage en pleine eau

Comportement

Ce poisson vit par petits groupes. Les relations interspécifiques sont excellentes. Le *Scatophagus argus,* très sociable, peut cohabiter sans risque avec des *Guppy.* Il devient familier et prend sa nourriture entre les doigts.

Exigences

Végétation en périphérie avec des plantes résistant en eau salée. Aménagez un grand espace libre pour la nage. Il exige une eau légèrement alcaline et une variation trimestrielle de densité allant de 1 005 à 1 015 représente la meilleure formule d'acclimatation.
Il est friand de plantes. La laitue est bien acceptée ainsi que les proies vivantes.

Reproduction

Elle est inconnue en aquarium.

Particularités

Espèce très sensible aux taux de nitrites. Seuls les juvéniles vivent en eau douce, l'eau de mer convient mieux aux adultes.

TETRAODON FLUVIATILIS
Tétrodon vert

ORIGINE : *Asie du Sud-Est, Inde, Sri Lanka, Birmanie, Thaïlande, Malaisie, Indonésie, Philippines*
Syn. lat. : *Tetrodon fluviatilis – Arothron dorsovittatus – Arothron simulans – Crayracion fluviatilis – Dichotomycter fluviatilis – Tetraodon potamophilus – Tetrodon nigroviridis – Tetrodon simulans*

• T. : 17 cm   • Jeunes paisibles, adultes agressifs   • Aquarium : 150 litres   • pH : 7   • T° : 24 à 28 °C
• Nage partout

Comportement

Poisson vif mais asocial. Les juvéniles sont relativement calmes et paisibles, mais les relations intra et interspécifiques des adultes sont agressives. Ils ont tendance à dévorer les plantes.

Exigences

Sol sablonneux recevant une végétation dense. Grand espace libre pour la nage. Des racines et des pots à fleurs couchés forment des retraites. Il supporte l'eau douce mais il est plus à l'aise en eau saumâtre. En eau de mer pure, il meurt. Cette espèce adore les moules, les vers de terre et les tubifex.

Reproduction

Elle a déjà été signalée en aquarium.

TETRAODON SCHOUTEDENI
Tétrodon-léopard

ORIGINE : Afrique centrale, Zaïre
Syn. lat. : Arothron schoutedeni

• **T. : 10 cm** • **Espèce très sociable** • **Aquarium : 100 litres** • **pH : 7** • **T° : 22 à 26 °C** • **Nage en pleine eau**

Comportement
Ce poisson vit par petits groupes. Les relations interspécifiques sont excellentes. Il dévore parfois les plantes.

Exigences
Végétation en périphérie. Aménagez un grand espace libre pour la nage. Vit exclusivement en eau douce. Il se nourrit de proies vivantes et de végétaux en complément.

Reproduction
Elle est rare en aquarium, mais a déjà été signalée plusieurs fois. L'élevage des jeunes est très difficile.

Particularités
La peau de cette espèce est piquante.

TETRAODON STEINDACHNERI

ORIGINE : Asie du Sud-Est, Thaïlande, Bornéo, Sumatra
Syn. lat. : Tetraodon palembangensis

• **T. : 6 cm** • **Espèce parfois agressive** • **Aquarium : 100 litres** • **pH : 7** • **T° : 22 à 26 °C** • **Nage en pleine eau et vers la surface**

Comportement
Ce poisson doit être élevé individuellement. Les relations intraspécifiques sont belliqueuses. Il dévore parfois les plantes et adore les escargots.

Exigences
Végétation en périphérie. Aménagez un grand espace libre pour la nage. Des racines et des roches forment des cachettes. Vit exclusivement en eau douce. Des invertébrés, des vers, des moules crues

ou cuites, des morceaux de foie et de la salade constituent l'essentiel de ses repas.

Reproduction
Elle est inconnue en aquarium.

LES POISSONS
D'EAU DE MER

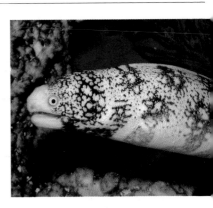

ECHIDNA NEBULOSA
Murène étoilée

ORIGINE : mer Rouge, océan indo-pacifique
Syn. lat. : Gymnothorax echidna – Muraena nebulosa

- **T. : 70 cm** • **Espèce prédatrice** • **Aquarium : 400 litres** • **T° : 24 à 27 °C**
- **Espèce inféodée au substrat**

Comportement
Cette murène s'acclimate très facilement en aquarium. Elle est solitaire et
peu agressive, mais dévore les petites
espèces.

Exigences
Aquarium spacieux garni de nombreuses cachettes parmi le décor corallien. Elle se nourrit de mollusques, de
crabes, de crevettes, de moules et de
petits poissons morts ou vifs.

Particularités
Elle atteint 90 cm dans son biotope
naturel.

GYMNOMURAENA ZEBRA
Murène zébrée

ORIGINE : mer Rouge, océan indo-pacifique
Syn. lat. : Gymnothorax zebra – Gymnomuraena fasciata – Echidna zebra

- **T. : 90 cm** • **Espèce prédatrice** • **Aquarium : 500 litres** • **T° : 24 à 27 °C**
- **Espèce inféodée au substrat**

Comportement
Cette murène s'acclimate très facilement
en aquarium. Elle est peu agressive, mais
dévore les petites espèces. Elle mène une vie
cachée.

Exigences
Aquarium spacieux garni de nombreuses
cachettes parmi le décor corallien. Elle s'alimente de petits mollusques qu'elle écrase
entre ses fortes dents aplaties.

Particularités
Elle possède deux rangées de plaques
osseuses sous-cutanées au niveau de la
queue. Elle atteint 130 cm dans son biotope
naturel.

HISTRIO HISTRIO
Pêcheur des Sargasses

ORIGINE : *mers tropicales*
Syn. lat. : Lophius histrio – Antennarius lioderma

• T. : 25 cm • Espèce carnivore, vorace • Aquarium : 400 litres • T° : 24 à 27 °C
• Nage lentement en pleine eau et vers le fond

▌Comportement

Ce poisson prédateur, vorace, nage lentement en ondulant. Il est capable d'engloutir des poissons plus grands que lui. Sa morphologie et les teintes de son corps le rendent parfaitement mimétique. En cas de danger ou de stress, il peut gonfler son corps avec de l'eau.

▌Exigences

Dans la nature, ce crapaud de mer fréquente les eaux superficielles des prairies alguaires. Les adultes se rencontrent aussi parmi les récifs coralliens. En aquarium son acclimatation est relativement facile avec des distributions de guppys ou de platys vivants acclimatés progressivement à l'eau de mer. C'est un poisson vorace.

HOLOCENTRUS RUFUS
Écureuil de la mer des Caraïbes

ORIGINE : *mer des Caraïbes*
Syn. lat. : Holocentrus ascensionis var. *rufus*

• T. : 20 cm • Espèce nocturne • Aquarium : 800 litres • T° : 24 à 27 °C
• Acclimatation assez facile

▌Comportement

Nocturne au cours de son acclimatation, il sort au cours de la journée dès qu'il est habitué à son aquarium. Ses larges yeux sont très sensibles à la lumière. Ses relations intra et interspécifiques sont excellentes.

▌Exigences

Aquarium spacieux garni de nombreuses cachettes et anfractuosités. Sa nourriture est composée de petits poissons.

MYRIPRISTIS MURDJAN
Poisson-soldat rouge

ORIGINE : mer Rouge, océan indo-pacifique
Syn. lat. : Sciaena murdjan – Myripristis intermedia

• T. : 20 cm • Espèce nocturne • Aquarium : 500 litres • T° : 24 à 27 °C • Acclimatation facile

Comportement
Au cours de la journée, le poisson-soldat rouge reste dissimulé dans les grottes formées par le décor. Sa longévité en aquarium atteint une dizaine d'années. Il se reproduit parfois en aquarium.

Exigences
Aquarium spacieux garni de surplombs rocheux sombres. Sa nourriture est composée de petits poissons.

Particularités
Les jeunes spécimens présen-tent de longues bandes sombres qui disparaissent chez les adultes.

HIPPOCAMPUS GUTTULATUS
Hippocampe de la Méditerranée

ORIGINE : Méditerranée

• T. : 20 cm • Espèce très paisible • Aquarium : 150 litres • T° : 20 à 24 °C • Acclimatation facile

Comportement
Ce poisson étrange évolue très lentement, s'accrochant avec sa queue sur un support. Sa peau est entièrement composée d'anneaux osseux. Ses nageoires à rayons mous sont assez réduites. Les pelviennes sont toujours absentes. Les nageoires pectorales, anale et caudale peuvent manquer. Il ne reste alors qu'une dorsale réduite.
Tous ces animaux sont sédentaires et forment donc des populations locales. Ils sont plus ou moins mimétiques avec le milieu dans lequel ils évoluent. Les relations intra et interspécifiques sont excellentes.

Exigences
Aquarium spécifique indispensable. Prévoyez de nombreux supports, gorgones, branches de corail ou tubes en plastique.

Les proies vivantes de type daphnies, *Artemia* adultes et jeunes guppys sont bien acceptées.

Particularités
Le mâle possède une poche incubatrice normalement fermée, qu'il gonfle au cours des parades nuptiales, ce qui la maintient béante. Mâle et femelle s'agrippent l'un à l'autre par la queue et pivotent sur eux-mêmes. Au cours de cette parade amoureuse la femelle expulse ses œufs dans la poche, c'est aussi le moment où a lieu la fécondation. L'incubation dure de dix à vingt jours selon la température. Dès qu'ils ont résorbé leur réserve vitelline, le père éjecte alors sa progéniture.

HIPPOCAMPUS KUDA
Hippocampe doré

ORIGINE : océan indo-pacifique
Syn. lat. : Hippocampus molucensis – Hippocampus taeniopterus –
Hippocampus polytaenia – Hippocampus melanospinus – Hippocampus kelocci –
Hippocampus hilonis – Hippocampus taeniops – Hippocampus aterrimus

• T. : 20 cm   • Espèce très paisible   • Aquarium : 150 litres   • T° : 24 à 27 °C
• Acclimatation relativement facile

Comportement

Cette espèce nage peu. Elle vit par petits groupes dans les eaux calmes envahies d'algues marines. Les relations entre eux et avec les autres pensionnaires de l'aquarium sont excellentes.

Exigences

Aquarium spécifique indispensable. Cette espèce ne convient absolument pas dans un aquarium communautaire car elle redoute énormément la concurrence alimentaire. Prévoyez de nombreux supports, gorgones, branches de corail ou tubes en plastique. L'*Hippocampus kuda* mange surtout des mysis, des daphnies, des vers de vase, des copépodes et de jeunes guppys. Les mâles adultes consomment des guppys adultes.

Particularités

Hippocampus kuda présente des patrons de coloration très variables. Dans de bonnes conditions d'élevage, sa couleur est franchement jaune. Il se reproduit facilement en aquarium. Un couple bien alimenté fraie quinze fois par an. La durée d'incubation s'étend de seize à vingt jours à une température de 24 à 26 °C. Les juvéniles sont matures sexuellement à partir de 6 à 7 mois.

AEOLISCUS STRIGATUS
Poisson-rasoir

ORIGINE : mer Rouge, océan indo-pacifique
Syn. lat. : Amphisile komis

• T. : 10 à 15 cm   • Espèce paisible   • Aquarium : 400 litres   • T° : 24 à 27 °C
• Acclimatation très facile

Comportement

Dans leur biotope naturel, adultes et subadultes vivent en bancs importants. En aquarium ils apprécient la présence de congénères calmes et paisibles. Ils se réfugient verticalement entre les longues aiguilles des oursins de type *Diadema*. Leur longévité atteint quatre ans en aquarium.

Exigences

Cette espèce convient parfaitement en aquarium d'invertébrés. Pendant sa période d'acclimatation il doit recevoir des proies vivantes telles que des *Artemia*, cyclops, daphnies, mysis. Ensuite les aliments inertes sont acceptés.

Particularités

Les mâles sont légèrement plus sveltes que leurs compagnes. Lorsqu'ils sont correctement alimentés, ils peuvent pondre dans le bassin.

Les poissons d'eau de mer

PTEROIS ANTENNATA
Poisson-scorpion antenné

ORIGINE : mer Rouge, océan indo-pacifique
Syn. lat. : Scorpaena antennata

• T. : 20 cm • Espèce prédatrice • Aquarium : 400 litres • T° : 24 à 27 °C • Acclimatation très facile

Comportement
Cette espèce chasse à l'affût. Le poisson-scorpion antenné peut capturer des proies énormes. Sa bouche est très protractile. Il devient surtout actif après l'extinction de l'éclairage. Ses relations intra et interspécifiques sont excellentes.
Il développe très peu d'activités.

Exigences
Aquarium bien filtré. Décor composé de massifs coralliens permettant de nombreuses retraites. Pendant l'acclimatation il préfère les proies vivantes, puis il s'habitue aux poissons morts.

Particularités
Les jeunes spécimens de cette espèce sont très proches morphologiquement des jeunes de *Pterois radiata*. Poisson très venimeux. Voir particularités chez *Pterois volitans*. Cette espèce est plus rarement commercialisée en Europe que le *Pterois volitans*, il est au contraire très fréquent aux États-Unis.

PTEROIS RADIATA
Poisson-scorpion à raies blanches

ORIGINE : mer Rouge, océan indo-pacifique
Syn. lat. : Pterois cincta

• T. : 25 cm • Espèce prédatrice • Aquarium : 400 litres • T° : 24 à 27 °C • Acclimatation très facile

Comportement
Le *Pterois radiata* est un poisson très calme mais prédateur. Il s'alimente lentement et redoute la concurrence alimentaire.

Exigences
Décor à base de blocs de corail. Bac faiblement éclairé. Il s'alimente facilement avec du poisson mort ou vif.

Particularités
Poisson très venimeux. Voir particularités chez *Pterois volitans*.

PTEROIS VOLITANS
Poisson-scorpion, rascasse volante

ORIGINE : mer Rouge, océan indo-pacifique
Syn. lat. : Pterois muricata – Scorpaena volitans – Pterois miles

• T. : 37 cm • Espèce prédatrice • Aquarium : 400 litres • T° : 24 à 27 °C • Acclimatation très facile

Comportement

Le *Pterois volitans* est un poisson paisible mais prédateur vorace. C'est certainement l'un des poissons les plus étranges et les plus spectaculaires de la faune récifale. Il devient actif au crépuscule et durant toute la nuit. Au cours de la journée il se réfugie dans les anfractuosités des formations coralliennes. Ses relations intraspécifiques sont bonnes. S'il est bien nourri, sa croissance est très rapide. Sa longévité en aquarium dépasse dix ans.

Exigences

Décor à base de gros blocs de corail. Beaucoup de grottes et d'anfractuosités. Bac faiblement éclairé. Il chasse les poissons et les crustacés en ondulant lentement au-dessus du décor rocheux, puis se précipite très rapidement et avale sa proie en une seule bouchée. Il dévore également les poissons nettoyeurs genre *Labroide*.

Particularités

Poisson très venimeux. Il convient de faire très attention lors des manipulations à main nue dans l'aquarium car, au moindre danger, les *Pterois* étalent leurs rayons épineux garnis de glandes venimeuses, occasionnant de douloureuses blessures. Même mort, ce poisson reste dangereux. En cas de piqûres, il faut baigner la plaie dans une eau douce aussi chaude que possible. Le poison est désactivé par une température élevée. Consultez quand même un médecin.

ANTHIAS ANTHIAS
Barbier

ORIGINE : mer Rouge, océan indo-pacifique

• **T. : 12 cm** • **Espèce grégaire** • **Aquarium : 300 litres** • **T° : 24 à 27 °C** • **Acclimatation facile**

▌Comportement
Cette petite espèce s'acclimate facilement
dans un aquarium suffisamment spacieux.
Ses relations intra et interspécifiques
sont bonnes.

▌Exigences
Décor à base
d'empilements
de blocs coral-
liens. Beaucoup de
grottes et d'anfractuo-
sités. Bac fortement éclairé.
Omnivore, il consomme de petites
proies vivantes. Il est très friand de
petits crustacés.

▌Particularités
Le dimorphisme sexuel n'est pas apparent et
sa reproduction est inconnue en aquarium.

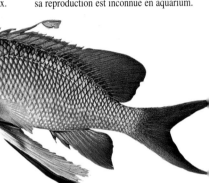

CEPHALOPHOLIS ARGUS
Mérou à ponctuations bleues

ORIGINE : mer Rouge, océan indo-pacifique
Syn. lat. : Serranus myriasre – Bodianus guttatus – Cephalopholis stigmatopus

• **T. : 20 cm** • **Espèce solitaire** • **Aquarium : 400 litres** • **T° : 24 à 27 °C** • **Acclimatation facile**

▌Comportement
Cette espèce à tendance territoriale est parfois agressive même dans un grand aquarium. Ce poisson dévore les petites espèces.

▌Exigences
Décor à base d'empilements de blocs coralliens. Beaucoup de grottes
et d'anfrac-
tuosités,

de failles et de cachettes. Omnivore, il
consomme des poissons et des crustacés
benthiques.

▌Particularités
Il se montre agressif envers les autres
mérous.

CEPHALOPHOLIS MINIATA
Mérou rouge

ORIGINE : mer Rouge, océan indo-pacifique
Syn. lat. : Serranus cyanostigmatoides

• T. : 30 cm   • Espèce solitaire   • Aquarium : 400 litres   • T° : 24 à 27 °C   • Acclimatation facile

▌ **Comportement**

Le *Cephalopholis miniata* fréquente surtout les récifs et les côtes rocheuses. En aquarium, il délimite un territoire assez vaste. C'est un prédateur agressif envers ses congénères. Sa longévité en aquarium atteint huit ans.

▌ **Exigences**

Décor composé d'empilements de blocs coralliens formant des cachettes et des surplombs. Omnivore, il consomme des poissons, des crustacés benthiques, des moules crues ou cuites et des aliments préparés.

▌ **Particularités**

La coloration des juvéniles et des spécimens subadultes est rouge clair ; celle des adultes devient rouge foncé avec des taches bleues magnifiques.

CEPHALOPHOLIS URODELUS
Mérou à queue en drapeau

ORIGINE : océan indo-pacifique
Syn. lat. : Serranus urodelus – Epinephelus playfairi

• T. : 25 cm   • Espèce solitaire   • Aquarium : 400 litres   • T° : 24 à 27 °C   • Acclimatation facile

▌ **Comportement**

Cette espèce à tendance territoriale est parfois agressive même dans un grand aquarium. Ce poisson dévore les petites espèces. Dans son biotope naturel, il fréquente la zone exposée aux vagues et les lagunes envahies de massifs madréporiques.

sités, de failles et de cachettes. Omnivore, il consomme des poissons et d'autres proies vivantes ou inertes.

▌ **Exigences**

Décor à base d'empilements de blocs coralliens. Beaucoup de grottes et d'anfractuo-

CROMILEPTES ALTIVELIS
Mérou Grace Kelly, mérou à hautes voiles SERRANIDÉS

ORIGINE : *archipel indo-australien, mer de Chine, Philippines, Australie*
Syn. lat. : Serranus altivelis – Serranichthys altivelis – Chromileptis altivelis

• T. : 35 cm • Espèce solitaire • Aquarium : 500 litres • T° : 24 à 27 °C • Acclimatation très facile

▌ Comportement

Espèce territoriale, peu agressive. Ce poisson dévore les petites espèces. Ses relations intra et interspécifiques sont excellentes. Dans la nature, cette espèce très confiante est très facile à capturer. En aquarium, elle recherche manifestement un contact avec les éléments du décor ou les parois de l'aquarium.

▌ Exigences

Décor à base d'empilements de blocs coralliens. Beaucoup de grottes et d'anfractuosités, de failles et de cachettes. Il aime se reposer parmi le décor pendant la journée. Il devient plus actif la nuit. Cette espèce apprécie une puissante filtration et une aération très efficace. D'une croissance très rapide, il est utile de prévoir, dès l'acclimatation de ce poisson, un bassin aussi volumineux que possible, peuplé d'autres pensionnaires de grande taille. Omnivore, chassant à vue, il accepte volontiers toutes sortes d'aliments vivants ou inertes, y compris des saucisses à cocktail ! Les petits poissons vivants, frais ou congelés sont une nourriture de choix, les premiers permettant l'action de chasse, nécessaire en principe au bon équilibre d'un prédateur. Les aliments trop fins sont dédaignés.

Le *Cromileptes altivelis* semble peu sensible aux maladies parasitaires courantes et supporte bien les traitements au sulfate de cuivre.

▌ Particularités

C'est une espèce paisible, à nage lente et ondulante, qui peut cohabiter avec des congénères ou avec d'autres espèces d'une longueur égale à la sienne. Les juvéniles sont très beaux avec leurs ponctuations noires qui recouvrent tout leur corps. Les adultes deviennent moins attrayants. Ce mérou atteint 65 cm dans la nature.

Ce cliché représente un jeune
Cromileptes altivelis.

GRAMMA LORETO
Gramma royal

ORIGINE : *Bermudes, Bahamas, mer des Caraïbes*
Syn. lat. : *Gramma hemichrysos*

• T. : 8 cm   • Espèce grégaire   • Aquarium : 300 litres   • T° : 24 à 27 °C   • Acclimatation très facile

Comportement

Cette espèce grégaire vit dans des cavernes et sous des rochers surplombants.
Ce poisson souffre de la concurrence alimentaire. Dans un bac trop exigu il devient plus agressif.

Exigences

Décor à base d'empilements de blocs coralliens formant des grottes et des anfractuosités. Il s'acclimate facilement dans un aquarium d'invertébrés. Il se nourrit principalement de petits crustacés planctoniques.

Particularités

Dans un grand aquarium, ce *Gramma* est susceptible de se reproduire. Chaque individu se délimite un petit territoire et le couple ne se forme que durant la période du frai. Sa longévité en aquarium est d'environ trois ans.

PSEUDANTHIAS SQUAMIPINNIS
Barbier rouge

ORIGINE : *mer Rouge, océan indo-pacifique*
Syn. lat. : *Serranus squamipinnis – Anthias gibbosus*

• T. : 12 cm   • Espèce grégaire   • Aquarium : 300 litres   • T° : 24 à 27 °C   • Acclimatation très facile

Comportement

Cette espèce grégaire vit en groupes dans un aquarium relativement spacieux. Dans un petit bac, l'agressivité intraspécifique augmente, surtout avec les mâles.

Exigences

Au cours de la période d'acclimatation, cette espèce est sensible à la qualité de l'eau. De fréquents changements apportent beaucoup de bien-être à ce poisson. Il apprécie les formations coralliennes volumineuses et des empilements rocheux offrant des cavernes.

Le barbier rouge est friand de mysis, d'*Artemia* adultes, de daphnies, de cyclops mais il accepte aussi les aliments préparés.

Particularités

Le dimorphisme sexuel est net. Chez le mâle, le troisième rayon de la dorsale se prolonge en un filament relativement long. Les couleurs corporelles des mâles sont plus étincelantes.

PSEUDOCHROMIS DIADEMA
Pseudochromis à diadème

ORIGINE : mer des Antilles

• T. : 8 cm • Espèce solitaire • Aquarium : 200 litres • T° : 24 à 27 °C • Acclimatation facile

Comportement

Cette espèce devient grégaire dans un aquarium spacieux. Ses relations interspécifiques sont excellentes. Dans un bac trop petit, le *Pseudochromis diadema* devient belliqueux.

Exigences

Ce poisson aime se réfugier parmi les anfractuosités madréporiques.

Omnivore, il aime toutes les petites proies vivantes, les moules crues ou cuites et la chair de poisson.

Particularités

Sa reproduction reste inconnue en aquarium.

APOGON COMPRESSUS

ORIGINE : archipel indo-australien, Philippines
Syn. lat. : Amia compressa

• T. : 10 cm • Espèce nocturne • Aquarium : 300 litres • T° : 24 à 27 °C • Acclimatation facile

Comportement

Dans la nature, cette espèce se dissimule parmi les récifs coralliens, dans les eaux côtières peu profondes. Ce poisson vit au milieu de grands bancs. Il est capable de fréquenter les milieux dulçaquicoles.

Exigences

Il apprécie de nombreuses cachettes parmi les amas coralliens. De mœurs nocturnes, il reste caché au cours de la journée. Omnivore, il accepte volontiers toutes sortes d'aliments.

Particularités

C'est un incubateur buccal.

CALLOPLESIOPS ALTIVELIS
Poisson-comète, betta de mer

ORIGINE : *Afrique orientale, Zanzibar, Seychelles, Philippines*
Syn. lat. : Plesiops altivelis – Calloplesiops niveus – Barrosia barrosi

• T. : 16 cm   • Espèce solitaire, timide   • Aquarium : 300 litres   • T° : 24 à 27 °C
• Acclimatation difficile

Comportement

Dans la nature, il vit dissimulé dans les cavernes et les grottes du récif. Il est considéré comme rare, car en raison de son mode de vie très discret son prélèvement en mer reste difficile. C'est un poisson calme qui s'effraie facilement et qui redoute la concurrence alimentaire. Il doit donc être élevé en compagnie d'autres espèces calmes.

Exigences

Ce poisson aime se réfugier dans la journée parmi les anfractuosités madréporiques. Il devient actif la nuit. La principale difficulté d'acclimatation consiste à induire ce poisson à s'alimenter. Ensuite, omnivore, il aime toutes les petites proies vivantes, les moules crues ou cuites, la chair de poisson, les tubifex, les enchytrées, les néréis et les *Artemia* adultes.

Particularités

Sa longévité en aquarium ne dépasse pas trois ans. La coloration des juvéniles diffère légèrement de celle des adultes. Jusqu'en 1929, cette espèce ne fut connue que par un unique exemplaire.

Cette espèce est caractérisée par une ligne latérale interrompue. Le profil de la tête est arrondi et les nageoires ventrales sont fortement développées. La longue nageoire dorsale, unique, est en partie soutenue par des rayons durs auxquels succèdent des rayons mous. Le genre *Calloplesiops* est caractérisé par le fait que les rayons durs ne sont que partiellement reliés entre eux par une membrane. Leur langue est dépourvue de dents. La quantité de points blancs qui ponctuent l'ensemble du corps et des nageoires augmente nettement chez les sujets plus âgés. La coloration des nageoires impaires, très bleue chez les junéviles, devient verdâtre chez les adultes.

APOGON MACULATUS

ORIGINE : mer des Caraïbes
Syn. lat. : Apogon brasilianus

• T. : 10 cm   • Espèce nocturne   • Aquarium : 300 litres   • T. : 24 à 27 °C   • Acclimatation facile

▋ Comportement

La zone de vie de cette espèce est formée par les eaux côtières superficielles au-dessus des récifs coralliens. C'est une espèce crépusculaire qui se dissimule au cours de la journée. Timide, elle redoute la concurrence alimentaire.

▋ Exigences

Ce poisson apprécie toutes les anfractuosités et les cachettes aménagées parmi le décor corallien. Il consomme des petits poissons morts ou vifs, des crevettes et des morceaux de néréis.

▋ Particularités

C'est un incubateur buccal. C'est généralement le mâle qui s'occupe des œufs.

SPHAERAMIA NEMATOPTERA
Apogon-pyjama

ORIGINE : archipel indo-australien
Syn. lat. : Amia nematoptera

• T. : 8 cm   • Espèce diurne, grégaire   • Aquarium : 200 litres   • T° : 24 à 27 °C   • Acclimatation facile

▋ Comportement

Ce petit poisson vit en bancs, le plus souvent caché dans une anfractuosité. Ses relations intra et interspécifiques sont excellentes.

▋ Exigences

Il peut être élevé dans un aquarium destiné aux invertébrés, riche en plateaux coralliens et cachettes. Il craint lui aussi la concurrence alimentaire. C'est un planctonophage.

▋ Particularités

C'est un incubateur buccal qui pond facilement en aquarium. Les jeunes dépérissent par manque de nourriture adéquate.

MALACANTHUS LATOVITTATUS
Malacanthe bleu

ORIGINE : *océan indo-pacifique*
Syn. lat. : Labrus latovittatus – Malacanthus taeniatus

• T. : 20 cm   • Espèce solitaire   • Aquarium : 400 litres   • T° : 24 à 27 °C   • Acclimatation facile

Comportement

Cette espèce, rarement commercialisée, s'adapte bien aux conditions de vie en milieu fermé. S'il est effrayé, le malacanthe s'enfouit dans le sable. Ses relations intraspécifiques sont agressives, mais il ignore les autres espèces. Il ne convient pas dans un aquarium d'invertébrés.

Exigences

Ce bon nageur a besoin d'espace et de cachettes pour se dissimuler la nuit. Pendant la phase d'acclimatation, il consomme des crustacés morts ou vivants. Ensuite il s'alimente sans difficulté avec toutes sortes de nourritures.

Particularités

Atteint 45 cm dans l'océan.

GNATHONODON SPECIOSUS

ORIGINE : *mer Rouge, océan indo-pacifique*
Syn. lat. : Caranx edentulus – Caranx cives

• T. : 50 cm   • Espèce grégaire, prédatrice   • Aquarium : 1 000 litres   • T° : 24 à 27 °C
• Acclimatation facile

Comportement

Les jeunes sont particulièrement grégaires et nagent en bancs très serrés.

Exigences

Ce bon nageur a besoin de beaucoup d'espace. C'est un prédateur vorace qui chasse en bancs. En aquarium, il consomme surtout des poissons. Il s'alimente sans aucune difficulté.

Particularités

Atteint 90 cm dans l'océan. Les raies noires qui marquent les jeunes disparaissent presque complètement chez les adultes.

LUTJANUS SEBAE
Lutjan rouge

ORIGINE : mer Rouge, océan indo-pacifique
Syn. lat. : Diacope sebae – Diacope siamensis

• **T. : 30 cm**   • **Espèce solitaire**   • **Aquarium : 1 000 litres**   • **T° : 24 à 27 °C**
• **Acclimatation pas toujours facile**

▌ Comportement

Le lutjan rouge affectionne les eaux peu profondes proches du littoral. Il n'est pas inféodé aux massifs coralliens et se rencontre aussi sur les côtes rocheuses et dans les lagunes peu profondes. Les juvéniles sont presque grégaires, les adultes vivent seuls ou par couples. Les petites espèces sont dévorées. Cette espèce présente une agressivité intraspécifique assez marquée, même dans un aquarium volumineux.

▌ Exigences

Les jeunes sont parfois difficiles à alimenter au cours de la période d'acclimatation.
Ils aiment beaucoup les jeunes poissons. Une fois acclimatés, ils ont une croissance rapide, demandent un aquarium spacieux, et beaucoup d'aliments. Les guppys, xyphos, poissons rouges, moules, crevettes, vers, font leur régal. Des changements d'eau fréquents sont indispensables.
Les lutjans rouges se révèlent des poissons gourmands qui se jettent sur toutes les proies dès qu'elles leur sont distribuées. La proie saisie n'est pas immédiatement avalée, mais elle est machonnée avant d'être ingérée. Cette boulimie entraîne rapidement l'engraissement de certains organes internes provoquant la mort rapide des poissons.

▌ Particularités

Atteint 60 cm dans un aquarium supérieur à 1 000 litres et jusqu'à 1 m dans la nature. Les spécimens juvéniles ont un patron de coloration plus vif que celui des adultes. Leurs nageoires sont un peu plus développées que celles des spécimens plus âgés. Les bandes transversales brun-rouge deviennent plus pâles chez les adultes.
Il existe une espèce morphologiquement proche du lutjan rouge, il s'agit de *Lutjanus duodecimlineatus*. Cette famille très importante comprend environ 20 genres et plus de 250 espèces tropicales. Toutes sont d'actives prédatrices.

PLECTORHINCHUS CHAETODONOIDES
Gaterin-clown

ORIGINE : océan indo-pacifique central, Philippines
Syn. lat. : Chaetodon chaetodonoides – Diagramma pardalis

• T. : 20 cm • Espèce solitaire • Aquarium : 400 litres • T° : 24 à 27 °C
• Acclimatation relativement facile

Comportement
Les jeunes sont grégaires, les adultes deviennent solitaires. Leurs relations intra et interspécifiques sont excellentes. Leur croissance est rapide.

Exigences
Les adultes s'alimentent sans grande difficulté avec des distributions de crustacés et de vers. Au cours de l'acclimatation, les jeunes sont souvent réticents devant la nourriture proposée. Un certain nombre refuse de s'alimenter et meure. Des *Artemia* adultes et des mysis sont indiquées.

Particularités
La coloration est variable en fonction de l'âge. Les jeunes sont le plus ornés de larges bandes qui se réduisent progressivement à des points.

La caudale, arrondie chez les jeunes spécimens, devient tronquée chez l'adulte.

PLECTORHINCHUS GATERINUS
Sciène gatérine

ORIGINE : mer Rouge, océan Indien occidental
Syn. lat. : Sciaena gaterina – Holocentrus gaterinus

• T. : 20 cm • Espèce solitaire • Aquarium : 1 000 à 2 000 litres • T° : 24 à 27 °C
• Acclimatation relativement facile

Comportement
Les jeunes sont grégaires, les adultes deviennent solitaires. Dans la nature, ils fréquentent les récifs. Leurs relations intra et interspécifiques sont excellentes si l'aquarium est suffisamment grand. L'espèce est active de jour comme de nuit.

Exigences
Les juvéniles sont à l'aise en petits bancs dans un aquarium spacieux. Le décor est composé de blocs de corail et de grottes rocheuses. Durant les premières semaines d'acclimatation, ils s'alimentent avec des *Artemia* adultes.

Plus tard, ils acceptent des proies carnées et des feuilles de salade.

Particularités
Atteint 50 cm dans l'océan. Comme les espèces voisines, celle-ci présente des modifications de son patron de coloration au cours de son développement.

EQUETUS ACUMINATUS
Sciène rayé

ORIGINE : océan Atlantique tropical, mer des Caraïbes
Syn. lat. : Grammistes acuminatus – Eques lineatus

• T. : 16 cm • Espèce nocturne • Aquarium : 1 000 litres • T° : 24 à 27 °C • Acclimatation difficile

▌ Comportement
Cette espèce vit en petits groupes parmi les récifs à proximité de surplombs rocheux et de cachettes.

▌ Exigences
L'*Equetus acuminatus* est assez difficile à alimenter pendant la phase d'acclimatation. Il raffole de petites proies vivantes, crevettes, mysis, *Artemia*, néréis.
Ensuite, il acceptera d'autres aliments lyophilisés et inertes.

▌ Particularités
Ses relations intraspécifiques sont peu agres-sives s'il dispose de beaucoup d'espace et de cachettes parmi les anfractuosités rocheuses.

EQUETUS LANCEOLATUS
Sciène à ruban

ORIGINE : mer des Caraïbes, océan Atlantique tropical
Syn. lat. : Chaetodon lanceolatus

• T. : 16 cm • Espèce presque diurne • Aquarium : 2 000 litres • T° : 24 à 27 °C
• Acclimatation difficile

▌ Comportement
Dans la nature, ce poisson vit en petits bancs toujours à proximité des récifs où il se réfugie à la moindre alerte.

▌ Exigences
Voir les informations concernant ce chapitre chez *Equetus acuminatus*.

▌ Particularités
Poisson délicat à acclimater.

CHAETODON AURIGA
Chétodon-cocher

ORIGINE : mer Rouge, océan indo-pacifique
Syn. lat. : Chaetodon sebanus – Chaetodon setifer – Chaetodon lunaris –
Pomacentrus filamentosus

• T. : 14 à 15 cm • Espèce solitaire • Aquarium : 400 à 600 litres • T° : 26 à 28 °C
• Acclimatation et élevage faciles

▌ Comportement

Cette espèce vit en solitaire ou par couples dans son habitat naturel. Ce *Chaetodon* fréquente les massifs madréporiques du côté du ressac. Ses relations intraspécifiques sont agressives. Les autres espèces sont ignorées. Le *Chaetodon auriga* n'est pas conseillé aux aquariophiles néophytes, mais peut être élevé en aquarium sans difficulté. Sa longévité dans un bac bien entretenu peut atteindre six ans. Sa croissance est lente.

▌ Exigences

Ce poisson s'élève facilement dans un aquarium spacieux. Au cours de son acclimatation, il est heureux avec des distributions de tentacules d'anémones et de vers tubicoles. Ensuite il accepte sans trop de réticences toute une palette de proies vivantes, en particulier des néréis. Il ne craint pas la concurrence alimentaire.

▌ Particularités

Les adultes portent un long filament jaune et épais sur la partie supérieure de leur dorsale. C'est cette particularité anatomique qui leur vaut le nom commun de poisson-cocher. Deux autres espèces possèdent, à l'âge adulte, un fouet dorsal bien qu'elles ne soient pas proches de *Chaetodon auriga*, ce sont : *Chaetodon ephippium* et *Chaetodon semeion*.

CHAETODON CAPISTRATUS
Poisson-papillon à quatre yeux

ORIGINE : mer des Caraïbes
Syn. lat. : Chaetodon bricei

• T. : 10 cm   • Espèce solitaire   • Aquarium : 400 à 600 litres   • T° : 26 à 28 °C   • Acclimatation difficile

▮ **Comportement**
Cette espèce vit en solitaire ou par couples parmi les récifs coralliens. Elle est très commune dans son biotope naturel. Ses relations intraspécifiques sont agressives.

accepte avec réticence des distributions de mysis, de cyclops et d'*Artemia* adultes. Elle a besoin, comme tous les *Chaetodon*, d'un aquarium riche en végétation alguaire.

▮ **Exigences**
L'acclimatation de cette espèce est difficile en raison de sa spécificité alimentaire. Sa nourriture naturelle est composée de panaches branchiaux de vers tubicoles et de petites anémones tropicales. Elle

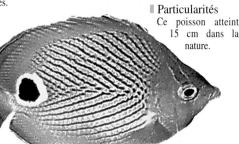

▮ **Particularités**
Ce poisson atteint 15 cm dans la nature.

CHAETODON COLLARE
Poisson-papillon à collier

ORIGINE : océan indo-pacifique
Syn. lat. : Chaetodon aureus – Chaetodon viridis

• T. : 17 cm   • Espèce solitaire   • Aquarium : 500 à 700 litres   • T° : 26 à 28 °C   • Acclimatation assez facile

▮ **Comportement**
Le *Chaetodon collare* fréquente les lagons autour des pâtés coralliens. En aquarium, c'est un nageur actif, peu timide. Il ne présente pas de robe de nuit particulière. Sa longévité est estimée à cinq ans.

▮ **Exigences**
Dans un aquarium spacieux, il s'alimente avec des distributions de néréis, moules, *Artemia* adultes, tubifex, larves de chironomes. Il aime brouter les algues. Il dévore les vers tubicoles et les petites anémones.

CHAETODON FASCIATUS
Chétodon rubané, chétodon à selle

ORIGINE : endémique de la mer Rouge
Syn. lat. : Chaetodon punctatus – Chaetodon nigripes

• T. : 18 cm • Espèce solitaire • Aquarium : 400 à 600 litres • T° : 28 à 30 °C
• Acclimatation relativement facile

▌ Comportement

Il développe une assez grande activité surtout en fin d'après-midi, le soir et la nuit. Il se cache fréquemment durant la journée. Les relations intraspécifiques sont acceptables dans un aquarium volumineux. Les relations interspécifiques sont excellentes. Il se prête volontiers aux déparasitages effectués par les *Labroides*.

▌ Exigences

Le *Chaetodon fasciatus* consomme sans trop de réticence des moules, tubifex, néréis et il adore brouter les algues.

▌ Particularités

En raison de leur isolement géographique, la mer Rouge, les espèces issues de ce biotope comptent parmi les plus belles. *Chaetodon fasciatus* est un proche parent du *Chaetodon lunula*.

CHAETODON LUNULA
Chétodon rayé

ORIGINE : mer Rouge, océan indo-pacifique
Syn. lat. : Pomacentrus lunula – Chaetodon lunulatus – Chaetodon fasciatus

• T. : 20 cm • Espèce solitaire • Aquarium : 400 à 600 litres • T° : 26 à 28 °C
• Acclimatation relativement facile

▌ Comportement

Dans la nature cette espèce fréquente les massifs madréporiques. Elle est agressive envers ses semblables et toutes les espèces qui lui ressemblent. Sa longévité en aquarium atteint cinq ans.

▌ Exigences

Cette espèce consomme assez facilement des néréis, tubifex, *Artemia*, de la chair de moule, des œufs de crevettes et des algues. Comme tous les *Chaetodon*, ce poisson adore dévorer des anémones et brouter les polypes coralliens.

▌ Particularités

Chaetodon lunula est un proche parent du *Chaetodon fasciatus*. Les juvéniles sont plus foncés que les adultes.

CHAETODON MELANOTUS
Poisson-papillon à dos noir
CHAÉTODONTIDÉS

ORIGINE : mer Rouge, océan indo-pacifique
Syn. lat. : Chaetodon dorsalis – Chaetodon marginatus – Chaetodon ocellicauda

• T. : 18 cm • Espèce solitaire • Aquarium : 400 à 600 litres • T° : 26 à 28 °C • Acclimatation difficile

▌Comportement
Le poisson-papillon à dos noir, ou à taches noires, est fortement inféodé aux récifs coralliens d'où il prélève une grande partie de sa nourriture. C'est un habile nageur qui déploie beaucoup d'activités diurnes et nocturnes. La nuit sa robe change de coloration.

▌Exigences
Son régime alimentaire spécialisé rend son acclimatation délicate. Pendant cette période, il ne consomme que des animaux planctoniques et de petites anémones. Ensuite, les *Artemia*, néréis et tubifex prennent le relais.

▌Particularités
Cette espèce paraît absente des îles Hawaii. La grande tache dorsale sombre qui caractérise les jeunes s'étend progressivement vers l'avant chez les adultes.

CHAETODON OCELLATUS
Chétodon ocellé
CHAÉTODONTIDÉS

ORIGINE : mer des Caraïbes
Syn. lat. : Chaetodon bimaculatus – Sarothrodus amplexicollis

• T. : 11 cm • Espèce solitaire • Aquarium : 400 à 600 litres • T° : 26 à 28 °C • Acclimatation assez facile

▌Comportement
Cette espèce est peu inféodée aux récifs coralliens. Elle fréquente aussi les plages sablonneuses. Dans son biotope naturel, le *Chaetodon ocellatus* vit en bancs. Il est assez tolérant avec les autres espèces proches.

▌Exigences
Bac volumineux fortement éclairé et brassé. Sa nourriture naturelle est composée d'invertébrés, notamment les panaches branchiaux de *Sabellastarte*. Ce poisson broute également les polypes coralliens. Les néréis, tubifex, *Artemia* et la chair de moule sont en principe bien acceptés.

▌Particularités
Cette espèce dépasse 20 cm dans la mer des Caraïbes.

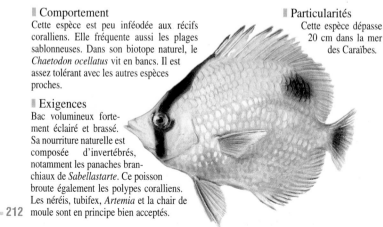

CHAETODON PLEBEIUS
Chétodon à deux taches

ORIGINE : *Philippines*
Syn. lat. : *Megaprotodon maculiceps*

• **T. : 12 cm**   • **Espèce solitaire**   • **Aquarium : 400 à 600 litres**   • **T° : 26 à 28 °C**   • **Acclimatation relativement facile**

Comportement
Cette espèce est bien inféodée aux récifs coralliens. Ce poisson ne supporte pas les autres poissons-papillons, surtout de couleur jaune.

Exigences
Bac volumineux fortement éclairé et brassé. Ce poisson broute les polypes coralliens. Les néréis, tubifex, *Artemia*, mysis et la chair de moule sont en principe bien acceptés.

Particularités
Les jeunes sujets présentent une tache bleue diffuse sur les flancs, qui devient nettement visible chez les adultes.

CHAETODON PUNCTATOFASCIATUS
Poisson-papillon à bandes ponctuées

ORIGINE : *atolls de l'océan indo-pacifique*

• **T. : 10 cm**   • **Espèce solitaire**   • **Aquarium : 400 à 600 litres**   • **T° : 26 à 28 °C**   • **Acclimatation difficile**

Comportement
Cette espèce est peu commercialisée en raison de son mode de vie en eau profonde.

Exigences
Malgré des distributions très variées de proies vivantes et d'anémones, ce poisson ne se conserve pas longtemps en aquarium. Il est très sensible aux affections cutanées.

Particularités
Il est très proche du *Chaetodon multicinctus*.

CHAETODON QUADRIMACULATUS
Poisson-papillon bordé de néon

CHAÉTODONTIDÉS

ORIGINE : océan indo-pacifique central

• T. : 15 cm • Espèce solitaire • Aquarium : 400 à 600 litres • T° : 26 à 28 °C
• Acclimatation relativement facile

▌Comportement
Cette espèce est très fréquente parmi les atolls coralliens. En aquarium elle est peu agressive.

▌Exigences
Aquarium volumineux bien brassé et fortement aéré. Ce poisson apprécie les invertébrés, petites anémones de mer, vers tubicoles, mais accepte aussi, après acclimatation, des *Artemia* et des tubifex. Il aime racler les algues présentes en abondance sur les squelettes coralliens.

CHAETODON SEMILARVATUS
Poisson masqué

CHAÉTODONTIDÉS

ORIGINE : endémique de la mer Rouge

• T. : 20 cm • Espèce solitaire • Aquarium : 400 à 600 litres • T° : 26 à 28 °C
• Acclimatation assez difficile

▌Comportement
Dans les récifs coralliens, les adultes vivent en couples. Cette espèce développe une intense activité. Elle nage souvent dans les anfractuosités du décor et broute le substrat. Elle ne redoute pas la concurrence alimentaire. Sa croissance est lente. Cette espèce présente une excellente résistance aux maladies.

▌Exigences
Le *Chaetodon semilarvatus* consomme des aliments variés sélectionnés parmi les néréis, crevettes, *Artemia* vivantes ou lyophilisées, larves de chironomes, tubifex et de la chair de moule.

▌Particularités
Le *Chaetodon semilarvatus* est un proche parent du *Chaetodon larvatus*.

CHAETODON STRIATUS
Poisson-papillon zébré

ORIGINE : mer des Caraïbes, océan Atlantique tropical

• T. : 15 cm • Espèce solitaire • Aquarium : 400 à 600 litres • T° : 26 à 28 °C
• Acclimatation assez facile

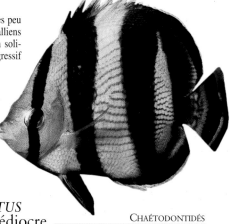

▌Comportement
Cette espèce fréquente plutôt des zones peu profondes parsemées de débris coralliens recouverts d'algues vertes. Elle vit en solitaire ou par couples. Ce poisson est agressif envers ses congénères.

▌Exigences
Dans la nature il consomme des tentacules d'anémones de mer et des vers tubicoles. En aquarium il accepte mysis, *Artemia*, cyclops, daphnies, crevettes, larves de chironomes et des fragments de chair de moule.

CHELMON ROSTRATUS
Chelmon à bec médiocre

ORIGINE : archipel indo-australien
Syn. lat. : Chaetodon rostratus

• T. : 17 cm • Espèce solitaire • Aquarium : 400 à 600 litres • T° : 26 à 28 °C • Acclimatation difficile

▌Comportement
Les relations intraspécifiques sont variables selon les individus. Cette espèce vive ne redoute pas la concurrence alimentaire.

permettant à ces poissons de prélever leur nourriture dans les anfractuosités du récif et parmi les branches de madrépores.

▌Exigences
L'acclimatation de cette espèce est jugée assez facile par les uns, très difficile par les autres. Le plus souvent ce poisson refuse de s'alimenter. Seuls quelques spécimens consomment immédiatement des tubifex, des enchytrées, des *Artemia* ou des larves de chironomes.
Après acclimatation, ils consomment aussi des fragments de néréis et de la chair de moule crue ou cuite.

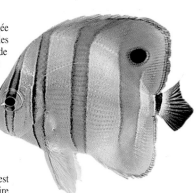

▌Particularités
L'allongement du museau de cette espèce est interprété comme une adaptation alimentaire

FORCIPIGER FLAVISSIMUS
Chelmon à long bec

CHAÉTODONTIDÉS

ORIGINE : océan indo-pacifique

• T. : 22 cm • Espèce solitaire • Aquarium : 500 à 700 litres • T° : 26 à 28 °C • Acclimatation facile

▌ Comportement

Ces poissons côtiers des mers tropicales et subtropicales, surtout indo-pacifiques, sont particulièrement inféodés aux récifs madréporiques dans lesquels ils recherchent nourriture et refuge. Leurs couleurs très voyantes et leur activité incessante leur ont fait donner le nom vernaculaire de papillons de mer. Ils se nourrissent de petites proies vivantes.

Cette espèce développe une grande activité. Elle nage constamment en pleine eau à la recherche de nourriture. Ses relations interspécifiques sont excellentes. Elle résiste bien aux attaques parasitaires et aux maladies.

▌ Exigences

L'acclimatation de cette espèce été jugée comme difficile. Pourtant c'est un gros mangeur qui s'alimente facilement. Les tubifex, fragments de moules, chair de poisson, morceaux de néréis, *Artemia* congelées ou vivantes et larves de chironomes sont vite engloutis. Malgré cette nourriture abondante, sa croissance reste lente.

Sa résistance aux maladies se révèle excellente. De rares affections cutanées seront traitées avec succès au sulfate de cuivre à la dose maximum de 10 cc pour 100 litres d'une solution mère à 16 g pour 1 000 g.

▌ Particularités

L'allongement du museau de cette espèce est interprété comme une adaptation alimentaire permettant à ces poissons de prélever leur nourriture dans les anfractuosités du récif et parmi les branches de madrépores. Cette évolution plus ou moins marquée chez les poissons-papillons s'affirme chez les genres *Chelmon* et *Forcipiger*. Deux autres espèces sont parfois confondues. Le *Forcipiger cyrano* et le *Forcipiger longirostris.* Cette seconde espèce, rarement commercialisée, possède un rostre plus allongé et dix à treize rayons dorsaux. Un liséré bleu souligne le bord vertical postérieur de la dorsale et de l'anale.

Une autre espèce, le *Forcipiger inornatus,* fut décrite par Randall en 1961. Cette espèce particulièrement mélanique fréquente les eaux plus profondes que la forme jaune. Sa commercialisation est extrêmement rare.

HENIOCHUS ACUMINATUS
Cocher

ORIGINE : mer Rouge, océan indo-pacifique
Syn. lat. : Chaetodon acuminatus – Chaetodon macrolepidotus –
Heniochus intermedius

• **T. : 25 cm** • **Espèce solitaire** • **Aquarium : 500 à 700 litres** • **T° : 26 à 28 °C** • **Acclimatation facile**

▌Comportement

Dans son habitat naturel, ce poisson vit de préférence dans les eaux côtières calmes, souvent à proximité d'herbiers. En aquarium cette espèce développe une grande activité. Elle nage constamment en pleine eau à la recherche de nourriture. Ses relations interspécifiques sont excellentes, et son agressivité intraspécifique est assez peu fréquente.

▌Exigences

Peu timide, le cocher ne redoute pas la concurrence alimentaire. Il consomme des moules crues ou cuites, des néréis, tubifex, enchytrées, larves de chironomes, *Artemia* vivantes ou lyophilisées, des fragments de crevettes, des algues, des épinards et de la salade. Les *Heniochus* adorent les tentacules des anémones, le panache des vers tubicoles, les éponges, les polypes coralliens, ce qui les écarte de tout aquarium contenant des invertébrés. Parfois, ils s'attaquent aux petites taches noires présentes sur le corps d'autres pensionnaires. Les *Diodon* souffrent particulièrement de ce comportement.

▌Particularités

En aquarium, les jeunes *Heniochus* pratiquent souvent le déparasitage des autres poissons. Les juvéniles, grégaires, se joignent souvent à d'autres espèces pour vivre au sein d'un groupe.
Le long filament issu des premiers rayons de la nageoire dorsale est parfois sectionné par un autre pensionnaire, mais il se régénère rapidement. Les balistes, les poissons-globes et les labres ont tous cette fâcheuse habitude.

Cette espèce se distingue des *Chaetodon* par la croissance exceptionnelle des premiers rayons de la dorsale dont le quatrième se prolonge par un fouet. Six espèces sont bien importées et conviennent parfaitement à la vie en aquarium : *Heniochus acuminatus, Heniochus permutatus, Heniochus monoceros, Heniochus singularis, Heniochus varius* et *Heniochus pleurotaenia.*

HENIOCHUS VARIUS
Taurichte varié

ORIGINE : archipel indo-australien
Syn. lat. : Taurichthys varius – Taurichthys viridis – Taurichthys bleekeri

- T. : 18 cm • Espèce solitaire • Aquarium : 500 à 700 litres • T° : 26 à 28 °C
- Acclimatation facile

▌Comportement

Dans la nature, cette espèce fréquente les lagons entourés d'atolls coralliens. Un aquarium spacieux peut accueillir plusieurs *Heniochus varius*. La nuit, seule la bande blanche postérieure de sa robe reste visible.

▌Exigences

Après un certain temps d'adaptation, ce poisson polyphage et macrophage accepte des morceaux de moules et des néréis.

▌Particularités

L'*Heniochus varius* appartient à un groupe de quatre espèces avec *Heniochus monoceros, Heniochus pleurotaenia, Heniochus singularius* chez lesquelles les adultes acquièrent une protubérance osseuse frontale.

ARUSETTA ASFUR
Holacanthe asfur

ORIGINE : mer Rouge
Syn. lat. : Pomacanthus asfur – Holacanthus asfur

- T. : 12 à 18 cm • Espèce solitaire, territoriale • Aquarium : 500 à 700 litres • T° : 26 à 30 °C
- Acclimatation assez facile

▌Comportement

Dans la nature, cette espèce fréquente les formations coralliennes garnies d'anfractuosités, à proximité des côtes. Elle se nourrit d'annélides et de petits mollusques. En aquarium ce poisson peu timide est actif toute la journée.

Il est extrêmement agressif envers les siens. Les relations interspécifiques sont bonnes avec des espèces très différentes.

▌Exigences

Un aquarium spacieux comportant de nombreuses cachettes, fortement éclairé, avec une eau énergiquement brassée, constitue des conditions de vie adéquates pour cette espèce. Après l'acclimatation, ce poisson se révèle résistant. Tous les aliments frais ou lyophilisés conviennent. Des algues et de la salade sont appréciées.

▌Particularités

Cette espèce atteint 25 cm dans la nature.

ORIGINE : *océan indo-pacifique central*

• T. : 18 cm   • Espèce solitaire, territoriale   • Aquarium : 1 000 à 2 000 litres   • T° : 26 à 28 °C
• Acclimatation difficile

Comportement

Dans la nature, cette espèce fréquente les massifs madréporiques. Elle vit en solitaire ou par couples. Son territoire est très étendu. Son alimentation naturelle est constituée d'éponges et de crustacés. En aquarium l'*Apolemichthys trimaculatus* est peu timide et nage très activement en pleine eau. Ses relations interspécifiques sont agressives.

Exigences

Les jeunes spécimens s'acclimatent relativement facilement à la vie en aquarium et sont moins réticents pour s'alimenter que les sujets subadultes et adultes. Ces derniers présentent le grave inconvénient d'être sensibles aux affections parasitaires cutanées. Lorsqu'ils sont décidés à manger, ils consomment des néréis, des moules crues ou ébouillantées, des *Artemia*, des crevettes et des larves de chironomes.

Particularités

Les poursuites, très rapides, n'occasionnent généralement pas de blessures. Le transport de cette espèce depuis les Philippines, où elle est assez présente, paraît délicat et nécessite un volume d'eau important. De nombreux spécimens sont arrivés morts à Paris, ou en mauvais état, mais depuis quelques années, de nombreux progrès ont été faits dans ce domaine.

Les qualités physico-chimiques de l'eau peuvent se résumer de la façon suivante : eau fortement filtrée et agitée, pH compris entre 7,6 et 8,1, densité de 1 020 à 1 024, la température est comprise entre 26 et 28 °C. Enfin, de fréquents renouvellements d'eau maintiennent cette espèce délicate en excellente forme.

L'*Apolemichthys trimaculatus*, ainsi que d'autres espèces de poissons-anges, se comportent comme des poissons déparasiteurs au cours de leur stade juvénile. Ces poissons conservent ce comportement tant qu'ils présentent leur patron de coloration juvénile.

CENTROPYGE ARGI
Poisson-ange nain

POMACANTHIDÉS

ORIGINE : mer des Caraïbes

- T. : 7 cm • Espèce territoriale et solitaire • Aquarium : 500 litres • T° : 26 à 28 °C
- Acclimatation assez facile

Comportement

Dans la nature, cette espèce fréquente les formations coralliennes garnies d'anfractuosités. Elle est commune en eau profonde. S'il dispose de suffisamment d'espace, ce poisson n'est pas trop agressif. Il redoute la concurrence alimentaire.

Exigences

Un aquarium spacieux comportant de nombreuses cachettes, fortement éclairé, où les algues filamenteuses sont exubérantes, constitue des conditions de vie adéquates pour ce poisson. Il accepte toutes les proies vivantes mais les algues et la laitue représentent des compléments indispensables.

Particularités

La teinte jaune qui orne la tête des juvéniles et des subadultes disparaît chez les spécimens adultes.

CENTROPYGE BICOLOR
Holacanthe bicolore

POMACANTHIDÉS

ORIGINE : archipel indo-australien
Syn. lat. : Chaetodon bicolor – Holacanthus bicolor – Holacanthus tenigab

- T. : 12 cm • Espèce territoriale • Aquarium : 400 à 600 litres • T° : 26 à 28 °C
- Acclimatation assez difficile

Comportement

Dans la nature, cette espèce fréquente les formations coralliennes garnies d'anfractuosités, à proximité des côtes. Elle vit parmi des communautés territoriales fortement hiérarchisées.

Exigences

Un aquarium spacieux comportant de nombreuses cachettes, fortement éclairé, où les algues filamenteuses sont exubérantes, constitue des conditions de vie adéquates pour cette espèce. La bouche relativement étroite des *Centropyge* leur fait préférer de petites proies, comme des

Artemia, tubifex, larves de chironomes et de la chair de moule. Les algues et la laitue sont des compléments indispensables.

Particularités

Cette espèce serait sensible aux traitements à base de sulfate de cuivre.

Les poissons d'eau de mer

CENTROPYGE BISPINOSUS
Poisson-ange sombre

ORIGINE : archipel indo-pacifique
Syn. lat. : Holacanthus bispinosus – Holacanthus diacanthus

• T. : 13 cm • Espèce territoriale • Aquarium : 600 litres • T° : 26 à 28 °C • Acclimatation facile

Comportement
Dans un aquarium spacieux, chaque poisson délimite son territoire et leurs relations deviennent peu agressives.

Particularités
Cette espèce est parfois commercialisée sous la fausse dénomination de *Centropyge kennedy* qui est en réalité une autre espèce.

Exigences
L'aquarium doit offrir de nombreuses cachettes coralliennes. Un fort éclairage doit permettre une croissance abondante de la végétation alguaire. Cette espèce aime toutes les petites proies carnées et les végétaux.

CENTROPYGE EIBLI
Poisson-ange d'Eibl

ORIGINE : archipel indo-australien

• T. : 12 cm • Espèce territoriale • Aquarium : 400 à 600 litres • T° : 26 à 28 °C • Acclimatation facile

Comportement
Dans la nature, cette espèce fréquente les formations coralliennes garnies d'anfractuosités, à proximité des côtes. Elle vit parmi des communautés territoriales. Ses relations intraspécifiques sont fortement hiérarchisées.

Particularités
Cette espèce est proche du *Centropyge bispinosus*.

Exigences
Ce grand consommateur d'algues apprécie un aquarium très fortement éclairé. Il s'habitue rapidement à consommer toutes sortes d'aliments carnés et de la salade ou des épinards. Il est peu sensible à la concurrence alimentaire.

CENTROPYGE FLAVISSIMUS
Poisson-ange peau de citron
POMACANTHIDÉS

ORIGINE : océan Pacifique central sud
Syn. lat. : Holacanthus flavissimus – Holacanthus luteolus –
Holacanthus cyanotis

• T. : 12 cm • Espèce territoriale, agressive • Aquarium : 400 à 600 litres • T° : 26 à 28 °C
• Acclimatation facile

▌ Comportement
Dans la nature, cette espèce fréquente les formations coralliennes garnies d'anfractuosités, dans les zones superficielles des lagons. Ce poisson timide est très agressif. Il réclame de nombreuses cachettes.

▌ Exigences
Cet herbivore consomme essentiellement des algues et des éponges. Après acclimatation, il accepte des petites proies vivantes.

▌ Particularités
Les jeunes de cette espèce sont très semblables aux juvéniles d'*Acanthurus pyroferus*.

CENTROPYGE LORICULUS
Poisson-ange flamboyant
POMACANTHIDÉS

ORIGINE : Philippines, Hawaii
Syn. lat. : Holacanthus loriculus – Centropyge flammeus

• T. : 7 cm • Espèce territoriale, agressive • Aquarium : 400 litres • T° : 26 à 28 °C • Acclimatation facile

▌ Comportement
Dans la nature, cette espèce fréquente les formations coralliennes garnies d'anfractuosités, dans les zones relativement profondes des lagons. Ce poisson est très agressif.
Il réclame de nombreuses cachettes.

coup d'algues. Il est très sensible à la concurrence alimentaire.

▌ Exigences
Dans un aquarium où les anfractuosités sont abondantes, ce *Centropyge* consomme essentiellement de petites proies vivantes telles que mysis, *Artemia*, daphnies, cyclops et beau-

CENTROPYGE POTTERI
Poisson-ange roux

ORIGINE : océan Pacifique central sud
Syn. lat. : Holacanthus potteri

• T. : 10 cm • Espèce territoriale, agressive • Aquarium : 400 à 600 litres • T° : 26 à 28 °C
• Acclimatation assez délicate

▌Comportement

Dans la nature, cette espèce fréquente les formations coralliennes garnies d'anfractuosités, dans les zones superficielles des lagons. Ce poisson est très agressif.

▌Particularités

Cette espèce réclame de nombreuses cachettes et une végétation alguaire très fournie.

▌Exigences

Son acclimatation en aquarium est relativement difficile. Il supporte mal la concurrence alimentaire. Toutes les petites proies vivantes ainsi que des végétaux sont acceptés.

CENTROPYGE VROLIKI
Poisson-ange à écailles

ORIGINE : archipel indo-australien
Syn. lat. : Holacanthus vroliki

• T. : 13 cm • Espèce territoriale, agressive • Aquarium : 400 à 600 litres • T° : 26 à 28 °C
• Acclimatation assez facile

▌Comportement

Dans la nature, cette espèce fréquente les dalles calcaires densément trouées. Ce poisson ne se réfugie jamais parmi les récifs coralliens. Sa longévité en aquarium atteint plusieurs années.

▌Exigences

Il réclame de nombreuses cachettes.
La présence d'abondantes algues vertes filamenteuses permet une excellente acclimatation ; en effet, le broutage des algues est la première manifestation de l'activité alimentaire.
Il est résistant aux infections parasitaires.

EUXIPHIPOPS XANTHOMETOPON
Holacanthe à front jaune

ORIGINE : archipel indo-australien
Syn. lat. : Holacanthus xanthometopon – Heteropyge xanthometopon

• T. : 30 à 40 cm • Espèce territoriale, solitaire • Aquarium : 600 à 800 litres • T° : 26 à 28 °C
• Acclimatation facile

▮ Comportement

Dans son habitat naturel, l'*Euxiphipops xanthometopon* affectionne les trous dans le corail et toutes les anfractuosités récifales. Il ne devient vraiment actif qu'au cours des distributions de nourriture. Timide et craintif, il est capable de déployer une forte agressivité. Ses relations interspécifiques sont acceptables.

▮ Exigences

Il réclame un aquarium spacieux, offrant de nombreuses cachettes. L'eau doit être fortement brassée et aérée. Une lampe germicide semble indispensable. De fréquents changements d'eau sont essentiels pour la mise en valeur de cette magnifique espèce. Omnivore et vorace, il apprécie des distributions végétales mais aussi de tubifex, moules, néréis, *Artemia*, larves de chironomes, enchytrées.

Les adultes peuvent toutefois refuser longtemps de s'alimenter s'ils sont élevés en compagnie d'espèces turbulentes. Dans leur biotope naturel, de gros fragments d'éponges et des algues ont principalement été trouvés dans leur estomac.

▮ Particularités

Cette espèce résistante supporte sans inconvénient l'usage du sulfate de cuivre aux doses habituelles.

Les spécimens mal acclimatés ou souffrant d'une montée du taux de nitrites se couvrent de parasites cutanés qui peuvent être assez denses et volumineux. Leurs contacts interspécifiques sont accompagnés de grognements et de rapides poursuites sans conséquences fâcheuses.

Cette espèce est morphologiquement proche de l'*Euxiphipops navarchus*.

GENICANTHUS LAMARCK
Poisson-ange de lamarck

ORIGINE : îles Moluques

• T. : 20 cm • Espèce territoriale, solitaire • Aquarium : 1 000 litres • T° : 26 à 28 °C
• Acclimatation facile

Comportement

Ce poisson-ange légèrement farouche, surtout au cours de la période d'acclimatation, devient un nageur actif par la suite. Dans la nature, à l'inverse des autres Pomacanthidés, les *Genicanthus* évoluent loin du substrat, dans des eaux relativement profondes. Ils ne deviennent abondants qu'à partir de 30 m de profondeur. Ils affectionnent les tombants verticaux au voisinage desquels ils chassent des proies planctoniques. Les relations intraspécifiques sont identiques à celles de tous les membres de cette famille, c'est-à-dire très agressives. Un couple peut cohabiter dans un bac spacieux. Il présente un excellent comportement avec les autres espèces.

Exigences

Dans la nature, cette espèce s'accommode de conditions très variées : eau trouble, fortes variations de température selon l'heure et la saison. Sa nourriture naturelle consiste essentiellement en éponges avec de petites quantités d'algues, quelques hydraires et des gorgoniaires. C'est un gros mangeur dont l'estomac est toujours rempli.

L'aquarium volumineux doit offrir un maximum de cachettes verticales. L'eau doit être fortement brassée et aérée. Il apprécie des distributions végétales mais aussi de tubifex, moules, néréis, *Artemia*, larves de chironomes, enchytrées, mysis.

Particularités

Le dichromatisme sexuel est nettement marqué. Le mâle possède des nageoires pelviennes noires, elles sont blanches chez la femelle.

Ce poisson ne présente aucune sensibilité particulière aux maladies ou à la qualité de l'eau.

HOLACANTHUS CILIARIS
Poisson-ange royal

ORIGINE : océan Atlantique tropical, mer des Caraïbes
Syn. lat. : Angelichthys ciliaris – Chaetodon ciliaris – Chaetodon parrae –
Chaetodon squamulosus – Holacanthus cornutus – Holacanthus lunatus

• T. : 20 cm • Espèce territoriale, solitaire • Aquarium : 1 000 litres • T° : 26 à 28 °C
• Acclimatation relativement facile

▌ Comportement

Dans son biotope naturel, ce poisson-ange fréquente les récifs coralliens. Il est solitaire ou évolue en couple. Même les sujets juvéniles sont territoriaux. Les jeunes pratiquent parfois le déparasitage des autres poissons. Il est agressif envers les siens et avec les poissons-papillons.

▌ Exigences

L'acclimatation d'un spécimen juvénile est assez facile. Les subadultes et les adultes ne s'habituent pas à la vie en aquarium. Ils doivent disposer de suffisamment de retraites. Les jeunes consomment rapidement des éponges, des mysis, des tubifex vivants ou lyophilisés, de la moule crue ou ébouillantée, des daphnies, des *Artemia*, des algues et des feuilles de laitue ou d'épinards ébouillantées.

Cette espèce se montre très sensible à la qualité physio-chimique de l'eau et surtout aux brusques changements de la composition de celle-ci.

▌ Particularités

Atteint 45 cm dans la nature. Les jeunes ont une livrée corporelle totalement différente de celle des adultes. Les juvéniles présentent des bandes verticales transversales bleues sur les flancs. Les adultes ne présentent plus qu'une seule tache operculaire bleue ainsi qu'une coloration bleutée située autour des yeux et de la bouche. Ils paraissent très sensibles à la qualité de l'eau qui doit être fréquemment renouvelée.

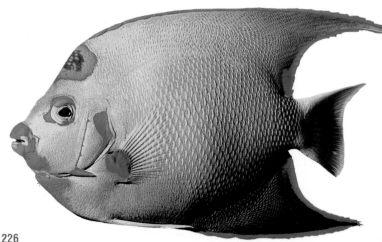

POMACANTHUS ANNULARIS
Poisson-ange à anneaux

ORIGINE : *océan indo-pacifique*
Syn. lat. : Chaetodon annularis – Chaetodon verticosus –
Holacanthus pseudannularis – Holacanthus septentrionalis

• T. : 25 cm   • Espèce territoriale, solitaire   • Aquarium : 1 000 litres   • T° : 26 à 28 °C
• Acclimatation assez facile avec des juvéniles

Comportement

Le *Pomacanthus annularis* fréquente les zones rocheuses à végétation alguaire abondante. Il est moins courant dans les récifs madréporiques. Il est agressif avec ses congénères. Certains spécimens se montrent plus tolérants.
C'est une espèce territoriale assez casanière. Son régime alimentaire naturel est composé d'éponges et de spongiaires de couleur rouge. Ce régime est complété par de petits crustacés, de polychètes, de bryozoaires et d'algues. Sa spécialisation alimentaire paraît moins poussée que chez d'autres espèces de poissons-anges.

Exigences

Aquarium volumineux offrant un grand nombre de cachettes. L'eau doit être fortement brassée, aérée et renouvelée. Il apprécie des distributions végétales composées de salade, d'algues et d'épinards, mais aussi de tubifex, moules, néréis, *Artemia*, larves de chironomes, enchytrées, mysis. Les juvéniles, comme les adultes, semblent victimes de la concurrence alimentaire s'ils sont élevés en compagnie d'autres espèces trop vives. Leur alimentation naturelle est essentiellement composée d'éponges, de petits crustacés et d'algues.

Particularités

Cette espèce dépasse 60 cm dans son biotope naturel. La livrée des jeunes est étonnamment différente de celle des adultes. Ils acquièrent leur livrée d'adulte lorsqu'ils atteignent 7 à 8 cm. Ils ressemblent à *Pomacanthus semicirculatus*.

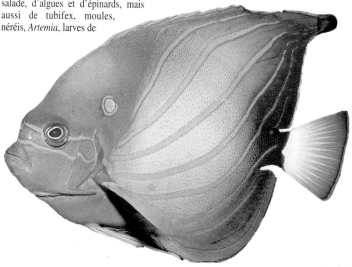

POMACANTHUS CHRYSURUS
Poisson-ange à queue jaune

ORIGINE : océan Indien occidental
Syn. lat. : Holacanthus chrysurus

• T. : 20 cm   • Espèce territoriale, solitaire   • Aquarium : 1 000 litres   • T° : 26 à 28 °C
• Acclimatation relativement facile

▮ Comportement

Le poisson-ange à queue jaune fréquente les zones rocheuses à végétation alguaire abondante. Il est très agressif avec ses congénères. C'est un nageur particulièrement actif. Les adultes s'acclimatent plus difficilement aux conditions de vie en aquarium que les juvéniles.

▮ Exigences

Un aquarium très spacieux offrant un grand nombre de cachettes parmi le décor corallien lui convient bien. L'eau doit être fortement brassée, aérée et renouvelée. Il apprécie des distributions végétales composées de salade, d'algues et d'épinards, mais aussi de tubifex, moules crues ou cuites, néréis, *Artemia*, larves de chironomes, enchytrées, mysis, vers de terre, chair de poisson, crevettes.

▮ Particularités

Cette espèce atteint 30 cm dans son biotope naturel. La livrée des jeunes est étonnamment différente de celle des adultes. Chez ces derniers, elle se caractérise par six à sept bandes étroites, verticales, blanc jaunâtre, renforcées par quelques lignes bleues sur la tête et un anneau orange sur l'opercule. La caudale est jaune à jaune orangé.

POMACANTHUS PARU
Poisson-ange français

ORIGINE : océan Atlantique tropical, mer des Caraïbes
Syn. lat. : Chaetodon paru – Pomacanthus cingulatus

• T. : 25 cm • Espèce territoriale, par couples • Aquarium : 1 000 litres • T° : 26 à 28 °C
• Acclimatation facile avec des juvéniles

Comportement

Le *Pomacanthus paru* vit en couple dans des eaux assez profondes jusqu'à 60 m environ. Il est agressif avec ses congénères et défend âprement son territoire. Il apprécie la présence de poissons déparasiteurs.

Exigences

Aquarium très volumineux offrant un grand nombre d'anfractuosités et de grottes. L'eau doit être fortement brassée, aérée et fréquemment renouvelée. Dans la nature, il consomme des invertébrés, des petits crustacés, des vers et beaucoup d'algues. En aquarium, les jeunes s'alimentent facilement avec toutes les nourritures usuelles. Les adultes apprécient les moules et les néréis.

Spécimen adulte de Pomacanthus paru.

Particularités

Cette espèce dépasse 40 cm dans son biotope naturel. Le patron de coloration présente trois phases différentes entre les jeunes de moins de 5 cm, les subadultes et les adultes. Le *Pomacanthus paru* est très proche du *Pomacanthus arcuatus*.

Jeune sujet de Pomacanthus paru.

POMACANTHUS SEMICIRCULATUS
Holacanthe à demi-cercles

ORIGINE : océan indo-pacifique, mer Rouge
Syn. lat. : Holacanthus semicirculatus – Holacanthus alternans

• T. : 20 à 25 cm   • Espèce territoriale, solitaire   • Aquarium : 1 000 litres   • T° : 26 à 28 °C
• Acclimatation difficile

Comportement

Ce superbe poisson-ange nage rarement en pleine eau. Il ne quitte son abri territoire que pour s'alimenter et y retourne aussitôt. Plusieurs *Pomacanthus semicirculatus* ne se tolèrent absolument pas. Les relations intra-spécifiques sont bonnes.

Exigences

Aquarium volumineux offrant un grand nombre de cachettes. L'eau doit être fortement brassée, aérée et renouvelée. Cette espèce omnivore apprécie les néréis, moules crues ou cuites, fragments de poissons, bou-lettes de tubifex, les algues vertes ou les lentilles d'eau (riccia) sont aussi recherchées. Les grosses proies sont déchiquetées.

Particularités

Cette espèce dépasse 40 cm dans son habitat naturel. La robe des adultes de *Pomacanthus semicirculatus* est totalement différente de celle des juvéniles. Cette dernière passe en effet par une série de stades intermédiaires avant d'acquérir la livrée des adultes.

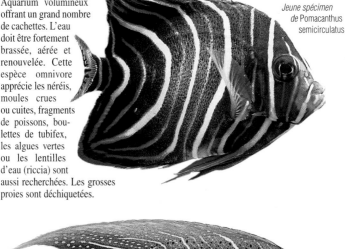

*Jeune spécimen
de* Pomacanthus
semicirculatus

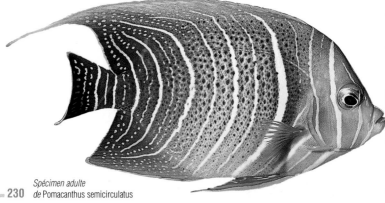

*Spécimen adulte
de* Pomacanthus semicirculatus

PYGOPLITES DIACANTHUS
Holacanthe duc

ORIGINE : océan indo-pacifique, mer Rouge
Syn. lat. : Chaetodon diacanthus – Holacanthus dux – Holacanthus diacanthus

• T. : 20 à 25 cm   • Espèce territoriale, solitaire   • Aquarium : 800 litres   • T° : 26 à 28 °C
• Acclimatation très difficile, spécialisation alimentaire

▍Comportement

Il développe une activité exclusivement diurne. Nage en pleine eau. Il est sensible à tous gestes brusques devant l'aquarium. Dans la nature, son alimentation préférée est composée de spongiaires.

▍Exigences

Dans la littérature, cette espèce est citée comme extrêmement difficile à acclimater. Cette difficulté est liée à une haute spécialisation alimentaire. Certains auteurs précisent que leur spécimen s'alimente avec des algues filamenteuses, des enchytrées, des fragments de moules, des larves blanches de chironomes et des *Artemia* adultes. Microphage, cette espèce difficile consomme, quand elle est décidée, un assortiment à base de moules crues de préférence, de tubifex, d'*Artemia* et de poisson râpé. Les néréis sont refusés. Les algues encroûtantes et filamenteuses ainsi que les *Caulerpa* sont parfois broutées.

▍Particularités

Ses relations intraspécifiques, liées à un comportement territorial très marqué, sont agressives.

CIRRHITICHTHYS FALCO
Poisson-faucon de mer

ORIGINE : archipel indo-australien, Philippines, Grande Barrière australienne

• T. : 6 cm   • Espèce territoriale, résistante   • Aquarium : 300 litres   • T° : 26 à 28 °C
• Acclimatation facile

▊ Comportement
Cette espèce se montre assez agressive envers les siens. Les autres espèces sont générale-ment ignorées. Cette agressivité intraspéci-fique diminue dans un aquarium spacieux.

▊ Exigences
Le poisson-faucon de mer recherche lui aussi de nombreuses cachettes où il se tient en appui sur ses nageoires pectorales. Il accepte rapidement des distributions de mysis, larves de chironomes, *Artemia* adultes, tubifex, morceaux de moules, frag-ments de poissons et des crevettes.

▊ Particularités
Cette espèce robuste est très curieuse.

CIRRHITICHTHYS OXYCEPHALUS
Poisson-faucon à taches dorées

ORIGINE : océan indo-pacifique, mer Rouge
Syn. lat. : Cirrhites oxycephalus – Cirrhitichthys corallicola

• T. : 10 cm   • Espèce territoriale, résistante   • Aquarium : 400 litres   • T° : 26 à 28 °C
• Acclimatation facile

▊ Comportement
Cette espèce se montre très agressive envers les siens. Ses pectorales de grandes dimensions sont caractérisées par des rayons simples, épaissis et allongés. Ses nageoires jouent le rôle de béquilles lorsque le poisson est posé sur le substrat.

Certains sont très belliqueux, d'autres plus tolérants.

▊ Exigences
Acclimatation et élevage faciles. Ce pois-son s'alimente sans difficulté avec des dis-tributions de petites proies vivantes ou mortes, tubifex, mysis, morceaux de néréis, moules crues ou cuites et du poisson fine-ment découpé.

▊ Particularités
L'agressivité varie d'un individu à l'autre.

OXYCIRRHITES TYPUS
Poisson-bécasse à carreaux

ORIGINE : Philippines, Sumatra, Hawaii
Syn. lat. : Oxycirrhites morrisi – Oxycirrhites seftoni

• T. : 10 à 15 cm • Espèce territoriale, résistante • Aquarium : 400 litres • T° : 26 à 28 °C
• Acclimatation assez facile

Comportement
Cette espèce à museau pointu se dissimule parmi les rameaux madréporiques à la moindre alerte. Très agile, sa capture dans son habitat naturel et en aquarium est particulièrement difficile.

Exigences
Cette espèce, qui vit dans les profondeurs du récif, est rarement capturée. Elle s'observe à des profondeurs d'une trentaine de mètres. Seulement deux spécimens étaient connus en 1940. Leur prix de vente reste très élevé. Des larves de chironomes et des *Artemia* adultes font son régal. Plus tard, il consomme aussi des moules.

Particularités
Cette espèce devient particulièrement familière. Elle ne redoute pas la concurrence alimentaire.

ABUDEFDUF SAXATILIS
Sergent-major

ORIGINE : mers tropicales
Syn. lat. : Chaetodon saxatilis – Glyphisodon rathi

• T. : 17 cm • Espèce grégaire, résistante • Aquarium : 400 litres • T° : 26 à 28 °C
• Acclimatation très facile

Comportement
Les adultes fréquentent la zone exposée aux courants à proximité des pâtés coralliens. Les jeunes préfèrent les eaux calmes des lagunes. L'acclimatation et la maintenance dans un bac assez spacieux ne présentent pas de difficulté. Sa longévité atteint environ huit ans.

Exigences
En aquarium bien garni de cachettes, le sergent-major s'alimente avec tout un assortiment de proies vivantes ou lyophilisées.

Particularités
Ce poisson fraie facilement, mais actuellement l'élevage des jeunes n'est pas encore à la portée de l'amateur.

AMPHIPRION BICINCTUS
Poisson-clown à deux bandes
POMACENTRIDÉS

ORIGINE : océan indo-pacifique
Syn. lat. : Amphiprion chrysopterus

• T. : 12 à 15 cm   • Espèce territoriale, résistante   • Aquarium : 200 litres   • T° : 24 à 28 °C
• Acclimatation très facile

▌ **Comportement**
Territorial et agressif avec toutes les espèces qui se rapprochent un peu trop de son anémone symbiotique. Voir les informations complémentaires chez *Amphiprion clarkii*.

▌ **Exigences**
Au cours de sa période d'acclimatation, ce poisson-clown s'alimente volontiers avec des distributions de petits crustacés. Voir les informations complémentaires chez *Amphiprion clarkii*.

▌ **Particularités**
Les jeunes présentent une robe différente de celle des adultes. Voir les informations concernant la reproduction des poissons-clowns chez *Amphiprion ocellaris*.

AMPHIPRION EPHIPPIUM
Poisson-clown à selle de cheval
POMACENTRIDÉS

ORIGINE : océan indo-pacifique tropical
Syn. lat. : Lutjanus ephippium

• T. : 12 cm   • Espèce grégaire, résistante   • Aquarium : 200 litres   • T° : 24 à 28 °C
• Acclimatation très facile

▌ **Comportement**
Territorial et agressif avec toutes les espèces qui se rapprochent un peu trop de son anémone symbiotique, de préférence *Physobranchia douglasi*. Voir les informations complémentaires chez *Amphiprion clarkii*.

▌ **Exigences**
Au cours de sa période d'acclimatation, ce poisson-clown s'alimente volontiers avec des distributions de petits crustacés. Dès qu'il est formé, le couple chasse les autres espèces. Voir les informations complémentaires chez *Amphiprion clarkii*.

▌ **Particularités**
Les jeunes présentent une robe différente de celle des adultes.

AMPHIPRION CLARKII
Poisson-clown noir à queue jaune

ORIGINE : *océan Indien*
Syn. lat. : Anthias clarkii – Amphiprion xanthurus –
Amphiprion melanostolus

• T. : 15 cm   • Espèce territoriale, résistante   • Aquarium : 200 litres   • T° : 24 à 28 °C
• Acclimatation très facile

▌ Comportement

Les représentants de ce genre sont nommés poissons-d'anémones en raison de leur vie symbiotique avec de grandes anémones de mer. Pour les autres poissons, les actinies représentent un danger mortel, mais les poissons-d'anémones peuvent évoluer parmi les tentacules urticants sans risque. Leur corps est recouvert d'un mucus protecteur. L'avantage de cette symbiose revient surtout au poisson qui se protège des prédateurs. L'anémone peut vivre seule, sans son hôte habituel. Les adultes défendent violemment leur territoire formé par leur anémone et son environnement immédiat. Plusieurs jeunes peuvent cohabiter dans une même anémone mais s'installe alors une hiérarchie. Les plus anciens finissent par chasser les jeunes.

▌ Exigences

Les *Amphiprion* s'acclimatent rapidement à la vie en aquarium, pourvu qu'ils disposent d'une ou de plusieurs anémones. Le décor est composé de blocs de corail et de squelettes de gorgones qui limitent des territoires. De fréquents changements d'eau sont toujours bénéfiques et incitent les poissons à frayer. La première nourriture est composée de proies planctoniques, copépodes, mysis, *Artemia* et des algues. Ensuite toutes les nourritures sont acceptées.

▌ Particularités

Comme tous les Pomacentridés, les *Amphiprion* ne possèdent qu'un seul orifice nasal de chaque côté, caractère qui les rapproche des Cichlidés. Leur bouche est garnie d'une seule rangée de dents petites et coniques. Les écailles sont relativement grandes. Toutes les espèces sont de piètres nageuses dotées d'une caudale arrondie.

AMPHIPRION FRENATUS
Poisson-clown rouge

ORIGINE : *récifs du sud de la mer de Chine, Philippines*
Syn. lat. : Lutjanus ephippium – Prochilus polylepis –
Amphiprion macrostoma – Amphiprion ephippium

• T. : 12 cm   • Espèce grégaire, résistante   • Aquarium : 200 litres   • T° : 24 à 28 °C
• Acclimatation très facile

▌Comportement

Assez pacifique, il supporte bien la cohabitation avec d'autres espèces d'*Amphiprion* à condition de disposer de suffisamment d'anémones. Les jeunes poissons-clowns ont un comportement grégaire. Dès qu'ils atteignent la maturité sexuelle, vers 12 mois, des couples se forment et chassent parfois violemment les jeunes immatures de leur territoire. Si l'aquarium est trop petit, les jeunes, qui sont dans l'impossibilité de créer leur propre territoire, peuvent être tués par les adultes.

▌Exigences

Au cours de sa période d'acclimatation, ce poisson-clown s'alimente volontiers avec des distributions de tubifex, *Artemia*, cyclops, daphnies et autres petits crustacés. Cette espèce très facile à élever s'acclimate rapidement aux conditions de vie en aquarium et se révèle peu sensible aux infections cutanées. Dès qu'il est formé, le couple chasse les autres espèces qui se rapprochent un peu trop de son anémone symbiotique. Voir les informations complémentaires chez *Amphiprion clarkii.*

▌Reproduction

Ces reproductions sont probablement possibles avec du plancton naturel distribué au cours des deux à trois premières semaines.

▌Particularités

Les jeunes arborent une robe différente de celle des adultes. D'une taille inférieure à 4 cm, ils présentent une seconde bande blanche transversale qui disparaît au cours de la croissance. L'*Amphiprion frenatus* pond très facilement en aquarium, déposant ses œufs au pied de son anémone. Cette espèce est parfois confondue avec une autre espèce de poisson-clown, l'*Amphiprion ephippium,* qui ne présente jamais de bande blanche transversale en arrière de l'œil. Voir les informations concernant la reproduction des poissons-clowns chez *Amphiprion ocellaris.*

Depuis plusieurs années, les *Amphiprion ocellaris* et *Amphiprion ephippium* sont couramment reproduits à des fins commerciales. L'élevage des alevins est facilité grâce au plancton naturel distribué au cours des 2 à 3 premières semaines.

AMPHIPRION NIGRIPES
Poisson-clown des Maldives

ORIGINE : récifs des îles Maldives et des Philippines

• T. : 10 cm • Espèce grégaire, symbiotique • Aquarium : 200 litres • T° : 24 à 28 °C
• Acclimatation assez difficile

Comportement
Cette espèce est fortement liée à une anémone symbiotique. Sa longévité atteint huit ans en aquarium. Voir les informations complémentaires chez *Amphiprion ocellaris*.

Exigences
Ce poisson-clown s'alimente assez facilement avec des distributions de tubifex, *Artemia*, cyclops, daphnies et autres petits crustacés. Dès qu'il est formé, le couple chasse les autres espèces qui s'approchent de son anémone. Voir les informations complémentaires chez *Amphiprion clarkii*.

Particularités
Ce poisson est proche de l'*Amphiprion melanopus*.

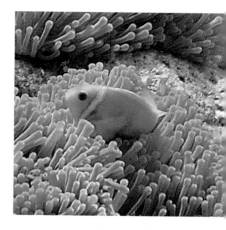

AMPHIPRION PERCULA
Poisson-clown noir à trois bandes

ORIGINE : Australie, Micronésie
Syn. lat. : Lutjanus percula – Amphiprion tunicatus

• T. : 6,5 cm pour le mâle, 8 cm pour la femelle • Espèce grégaire, résistante • Aquarium : 200 litres
• T° : 24 à 28 °C • Acclimatation facile

Comportement
Assez pacifique, il supporte bien la cohabitation avec d'autres espèces d'*Amphiprion* à condition de disposer de suffisamment d'anémones. Voir les informations complémentaires chez *Amphiprion clarkii*.

Exigences
Au cours de sa période d'acclimatation, ce poisson-clown s'alimente volontiers avec des distributions de tubifex, *Artemia*, cyclops, daphnies et autres petits crustacés. Dès qu'il est formé, le couple chasse les autres espèces. Voir les informations complémentaires chez *Amphiprion ocellaris*.

Particularités
Cette espèce, peu fréquente dans les aquariums, a longtemps été confondue avec son homologue l'*Amphiprion ocellaris* qui lui ressemble énormément.

AMPHIPRION OCELLARIS
Poisson-clown ocellé

Les poissons d'eau de mer

ORIGINE : archipel indo-australien, Philippines, îles Ryukyu, sud du Japon, mer de Chine méridionale, Sumatra
Syn. lat. : Anthias polymnus –
Amphiprion bicolor – Amphiprion melanurus –
Prochilus percula – Amphiprion percula –
Actinicola percula

- T. : 8 cm pour le mâle, 11 à 12 cm pour la femelle
- Espèce grégaire, résistante • Aquarium : 200 litres
- T° : 24 à 28 °C • Acclimatation facile avec des réserves

▌ Comportement

En aquarium, *Amphiprion ocellaris* manifeste certaines préférences, mais il semble s'accommoder de nombreuses espèces d'anémones qui ne sont pas déterminées avec précision en raison de la grande confusion qui règne au niveau de la systématique des anémones tropicales. Cette espèce très populaire peut vivre et frayer sans anémone. Il est cependant vivement recommandé de faire cohabiter ce poisson avec une ou plusieurs anémones ; son acclimatation est alors beaucoup plus facile. Au fur et à mesure qu'ils grandissent, les poissons-clowns constituent une colonie hiérarchisée, les plus faibles étant éloignés de l'anémone principale.

▌ Exigences

Elle concerne surtout la nourriture. Celle-ci, très variée, est composée de proies vivantes ou lyophilisées : fragments de néréis, tubifex, moules crues ou ébouillantées, *Artemia* adultes vivantes ou congelées, larves de chironomes, huîtres crues présentées dans une demi-valve, œufs de crevettes, paillettes et flocons, aliments préparés.

▌ Reproduction

L'*Amphiprion ocellaris* pond très régulièrement en aquarium, déposant ses œufs au pied de son anémone. Les pontes se déroulent environ tous les quinze jours. Au cours du frai, l'agressivité intraspécifique augmente considérablement. Cette parade d'intimidation ne provoque aucune blessure chez l'individu trop curieux. Il est simplement éloigné du lieu de ponte. Celle-ci se déroule en fin d'après-midi. Sa durée moyenne est de 30 à 60 minutes. Les 300 à 400 œufs jaune orangé

incubent sous la surveillance étroite des parents pendant neuf jours à une température de 26 °C. Ils adhèrent fortement au substrat par un court pédoncule brunâtre. L'éclosion a lieu dans la nuit du 8e au 9e jour. En général, un intervalle de quatre jours sépare la fin de l'éclosion d'une nouvelle activité de ponte des parents. Actuellement, seuls les éleveurs professionnels disposent de nourriture capable de subvenir aux besoins spécifiques des alevins d'*Amphiprion*. Quelques rares amateurs signalent des réussites d'élevage.

Particularités

Le complexe « Percula » ne renferme que deux espèces. *Amphiprion percula*, qui en est une forme orientale originaire d'Australie et de Mélanésie, peu fréquente en aquarium, et *Amphiprion ocellaris,* qui a longtemps été confondu avec le *percula.* Les caractères morphologiques de *Amphiprion ocellaris* sont les suivants : dorsale soutenue par quatorze ou seize rayons avec une profonde échancrure à la limite des portions épineuses et molles. La caudale est arrondie. L'extension de la couleur noire entre les bandes claires représente le caractère le plus visible pour séparer le vrai *Amphiprion percula* de l'*ocellaris.*

AMPHIPRION PERIDERAION
Amphiprion à collier

ORIGINE : Japon méridional, îles de Ryukyu
Syn. lat. : Prochilus rosenbergi – Amphiprion rosenbergi – Amphiprion perideraeus

• T. : 7,5 cm • Espèce grégaire, résistante • Aquarium : 200 litres • T° : 24 à 28 °C
• Acclimatation facile

▌Comportement
Assez pacifique, il supporte bien la cohabitation avec d'autres espèces d'*Amphiprion* à condition de disposer de suffisamment d'anémones. Voir les informations complémentaires chez *Amphiprion clarkii*.

▌Exigences
Au cours de sa période d'acclimatation, ce poisson-clown peut être atteint par des attaques cutanées, comme de nombreuses espèces d'*Amphiprion*. La présence d'anémone symbiotique facilite l'acclimatation en procurant à ces poissons un refuge naturel qui diminue le stress. Voir les informations complémentaires chez *Amphiprion ocellaris*.

▌Particularités
Cette espèce pond facilement en aquarium. Voir les informations de reproduction chez *Amphiprion ocellaris*.

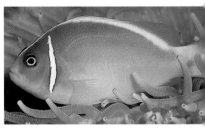

AMPHIPRION SEBAE
Poisson-clown

ORIGINE : Inde, Pakistan, Sumatra, Java, îles de Maldives

• T. : 12 cm • Espèce résistante • Aquarium : 200 litres • T° : 24 à 28 °C • Acclimatation assez facile

▌Comportement
Bien qu'elle soit très robuste, cette espèce a besoin d'une anémone symbiotique. L'acclimatation de ces poissons est beaucoup plus facile en présence d'une anémone dans laquelle ils peuvent se réfugier lorsqu'ils sont attaqués ou malades. Dans la nature, l'alimentation de base est composée de petits crustacés et d'algues.

▌Exigences
Comme la plupart des autres espèces d'*Amphiprion*, l'acclimatation est parfois ponctuée d'accidents cutanés. La présence d'anémones procure aux animaux un refuge naturel qui diminue nettement le stress. La première nourriture est d'origine planctonique.

▌Particularités
Les pontes sont fréquentes, mais l'élevage des alevins reste très problématique. Voir les informations de reproduction chez *Amphiprion ocellaris*.

CHROMIS CAERULEA
Demoiselle bleue

ORIGINE : mer Rouge, océan indo-pacifique
Syn. lat. : Heliastes dimidiatus – Heliastes caeruleus – Heliases lepisurus –
Heliases frenatus – Glyphisodon bandanensis

• T. : 8 cm • Espèce résistante • Aquarium : 200 litres • T° : 24 à 26 °C • Acclimatation très facile

▌Comportement
Les adultes vivent en bancs en compagnie des juvéniles. Dans un aquarium trop petit, les relations intraspécifiques deviennent agressives.

▌Exigences
Dans un aquarium bien garni de cachettes, la demoiselle bleue s'alimente avec tout un assortiment de proies vivantes ou lyophilisées.

▌Particularités
Ce poisson convient parfaitement à l'aquarium d'invertébrés peuplé d'autres petites espèces calmes. Cette espèce pond fréquemment en aquarium. Sa longévité atteint six ans.

CHROMIS VIRIDIS
Chromis vert

ORIGINE : mer Rouge, océan indo-pacifique
Syn. lat. : Heliastes viridis

• T. : 8 cm • Espèce résistante • Aquarium : 200 litres • T° : 24 à 26 °C
• Acclimatation très facile

▌Comportement
Ce petit poisson actif est un bon nageur qui anime joliment un aquarium marin peuplé de petites espèces. Il aime la présence de ses semblables.

▌Particularités
Ce poisson convient parfaitement à l'aquarium d'invertébrés où il pond fréquemment.

▌Exigences
Cette espèce, peu exigeante, apprécie des retraites où elle se replie en cas de danger.
Des tubifex, *Artemia*, daphnies et autres petits crustacés forment ses repas.

CHRYSIPTERA CYANEUS
Demoiselle bleue, diable bleu

ORIGINE : archipel indo-australien
Syn. lat. : Glyphisodon cyaneus – Glyphisodon azureus –
Glyphidodontops cyaneus – Abudefduf sapphirus – Glyphisodon uniocellatus
– Glyphisodon assimilis – Glyphisodon hedleyi – Abudefduf elizabethae –
Abudefduf tau pou – Abudefduf turchesius

• T. : 8 cm   • Espèce grégaire, résistante   • Aquarium : 200 litres   • T° : 24 à 26 °C
• Acclimatation très facile

Comportement

Cette espèce, très populaire et robuste, fréquente les massifs coralliens depuis la surface jusqu'à une dizaine de mètres de profondeur. Ses relations intra et interspécifiques sont excellentes. Elle est légèrement territoriale. Si l'aquarium est trop exigu, il arrive que les mâles se battent violemment au cours de conflits territoriaux. La demoiselle bleue peut cohabiter sans problème avec des invertébrés ou avec d'autres petites espèces de poissons. Toutefois, les poissons de grande taille intimident cette espèce de petite dimension qui refuse alors de s'alimenter.

Exigences

Dans un aquarium offrant de nombreuses possibilités de retraites, son acclimatation ne pose

aucun problème. Le *Chrysiptera cyaneus* s'alimente facilement avec des tubifex et des *Artemia*. Des distributions de végétaux sont bénéfiques et indispensables si l'aquarium est dépourvu d'algues vertes filamenteuses.

▌Particularités
La classification de ces poissons est assez complexe en raison des modifications de patron qui varient selon le sexe et l'origine des individus. Certains sont entièrement bleus, d'autres présentent une dominante bleue avec un ventre jaune. En principe, les mâles adultes montrent une caudale orange brillant et une partie ventrale jaune orangé plus brillante que celle des femelles. Parfois les femelles arborent une tache noire à la base de leur dorsale tandis que leur caudale est transparente.

Les *Chrysiptera* pondent facilement en aquarium parmi les ramifications de corail fourchu. L'incubation deux à trois jours à une température de 24 à 26 °C. C'est le mâle qui protège et soigne les œufs.

DASCYLLUS ARUANUS
Demoiselle à queue blanche   POMACENTRIDÉS

ORIGINE : mer Rouge, océan indo-pacifique
Syn. lat. : Chaetodon aruanus – Pomacentrus emano

• T. : 8 cm   • Espèce grégaire, résistante   • Aquarium : 300 litres   • T° : 24 à 26 °C
• Acclimatation très facile

▌Comportement
Cette espèce, commune dans les récifs coralliens, vit en bancs importants dans cet habitat naturel, dans les eaux peu profondes. Elle se dissimule très rapidement dans les ramifications coralliennes en cas de danger. Les récolteurs profitent de ce comportement pour les capturer facilement. Lorsque tout le banc s'est réfugié à l'intérieur du bloc de corail, ce dernier est décroché de son support et l'ensemble, corail plus animaux, est emballé sous l'eau, dans un sac en plastique. Les relations intra et interspécifiques de cette espèce sont excellentes dans un aquarium assez spacieux de 300 litres environ. Sa cohabitation avec des *Amphiprion* et des invertébrés convient parfaitement. Quel que soit le type d'aquarium retenu, ce dernier doit offrir un maximum de cachettes et d'abris parmi les anfractuosités rocheuses.

▌Exigences
Cette espèce peut très bien cohabiter avec des *Amphiprion* dans un aquarium d'invertébrés. Dans un bac suffisamment spacieux,

la demoiselle à queue blanche s'élève en petits groupes hiérarchisés. Son acclimatation ne présente aucune difficulté avec des distributions de petits crustacés vivants, puis avec d'autres petites proies vivantes ou lyophilisées.

▌Particularités
Il fraie facilement en aquarium, mais les caractères sexuels externes ne sont pas apparents. L'incubation dure environ trois jours à une température de 24 à 26 °C.

DASCYLLUS TRIMACULATUS
Dascylle à trois taches

ORIGINE : mer Rouge, océan Indien, océan Pacifique occidental
Syn. lat. : Pomacentrus trimaculatus – Pomacentrus nuchalis –
Dascyllus unicolor – Dascyllus niger – Dascyllus axillaris

• T. : 11 cm   • Espèce très résistante   • Aquarium : 300 litres   • T° : 24 à 26 °C
• Acclimatation très facile

▌ Comportement

Les *Dascyllus* adultes fréquentent les lagons et les environs du récif exposés aux vagues depuis la surface jusqu'à plus de 50 m de profondeur. Ils vivent en bancs dans les zones rocheuses ou coralliennes. Les juvéniles évoluent toujours à proximité de coraux branchus ou s'associent avec de grandes anémones. Les adultes sont indépendants des anémones. Il n'apparaît aucun dimorphisme sexuel. L'agressivité, faible chez les jeunes qui sont grégaires, augmente avec l'âge. Leur longévité moyenne en aquarium est de dix ans.

▌ Exigences

Un aquarium de 100 litres peut accueillir un couple. Des repas légers, mais fréquents, sont souhaitables. Un éclairage puissant doit permettre un développement vigoureux des algues. Cette espèce, comme tous les *Dascyllus*, se nourrit avec des copépodes et autres petits crustacés et des algues.

▌ Reproduction

Les pontes sont fréquentes en aquarium. Un mâle peut s'accoupler avec plusieurs femelles. Les pontes comptent plusieurs milliers d'œufs minuscules, entre 20 000 et 25 000. Le mâle soigne et protège la ponte. L'incubation dure trois à quatre jours à une température de 24 à 29 °C. L'élevage des larves pélagiques échoue faute de nourriture adéquate. L'intervalle moyen entre deux pontes est d'environ dix jours. Un couple bien alimenté peut produire une vingtaine de pontes par an.

▌ Particularités

Les *Dascyllus* comptent neuf espèces : *albisella* des îles Hawaii, *aruanus* de l'océan indo-pacifique, *carneus* de l'océan Indien, *margarinatus* de la mer Rouge, *melanurus* de l'archipel indo-australien, *reticulatus* de l'océan Indien oriental, *trimaculatus*, *strasburgi* des îles Marquises et *flavicaudus* de Micronésie. Seules les sept premières sont couramment commercialisées.

PREMNAS BIACULEATUS
Poisson-clown épineux

ORIGINE : océan indo-pacifique
*Syn. lat. : Chaetodon biaculeatus – Lutjanus trifasciatus – Scorpaena aculeata
– Holocentrus sonnerat – Holacanthus biaculeatus – Premnas gibbosus*

• T. : 15 cm   • Espèce résistante   • Aquarium : 300 litres   • T° : 26 à 28 °C   • Acclimatation très facile

Comportement
Ce poisson, proche des *Amphiprion*, vit en symbiose avec de grandes anémones du genre *Radianthus*. Il évolue en couple à proximité d'un massif madréporique. Dans un aquarium suffisamment spacieux, ses relations intra et interspécifiques sont excellentes. Son territoire se limite à son anémone.

Exigences
Pendant son acclimatation, il apprécie des distributions de petits crustacés planctoniques et d'algues. Ensuite, toutes les petites proies, vivantes, congelées ou lyophilisées sont vite englouties. La présence d'anémones symbiotiques n'est pas indispensable, mais elle évite le stress et, par voie de conséquence, le poisson supporte mieux les attaques parasitaires.

Particularités
Les spécimens juvéniles sont caractérisés par trois larges bandes blanches transversales bordées d'un liseré noir. En grandissant, les bandes diminuent en largeur, et, chez l'adulte, il ne subsiste que deux à trois fines bandes transversales.

Le genre *Premnas* est considéré comme un sous-genre d'*Amphiprion*. Il ne comporte qu'une seule espèce, le *biaculeatus*. Ces poissons sédentaires ont une forte tendance à former des races étroitement localisées.
Le poisson-clown épineux présente un corps de forme ovale, légèrement comprimé latéralement, couvert d'écailles de petites dimensions qui constituent la différence la plus marquée avec le genre *Amphiprion*.
Il doit son nom commun à la présence de deux épines en dessous des yeux. L'épine supérieure est la plus grande. Sa bouche est garnie d'une seule rangée de petites dents coniques. Sa ligne latérale est incomplète. Enfin, comme tous les Pomacentridés, ce poisson ne possède qu'un seul orifice nasal de chaque côté, caractère qui le rapproche des Cichlidés. Ce poisson pond facilement en aquarium selon le même schéma que les poissons-clowns. Pour l'instant, faute de nourriture adéquate, l'élevage des larves est impossible.

ANAMPSES CHRYSOCEPHALUS
Labre à queue rouge

ORIGINE : Hawaii, Philippines
Syn. lat. : Anampses rubrocaudatus

- T. : 17 à 20 cm • Espèce résistante, solitaire • Aquarium : 500 litres • T° : 26 à 28 °C
- Acclimatation très facile avec des juvéniles

▌Comportement

Le labre à queue rouge est un nageur actif qui recherche inlassablement des particules alimentaires parmi le substrat. S'il est effrayé ou malade, il s'ensable. Les jeunes fréquentent les eaux superficielles tandis que les adultes s'enfoncent davantage dans les profondeurs. Ses relations intraspécifiques sont agressives.

▌Exigences

L'acclimatation des jeunes est assez facile dans un aquarium pourvu d'une épaisse couche de sable corallien. Ils aiment les petits crustacés et la chair de moule.

▌Particularités

Il existe de grandes variations de livrée corporelle entre les jeunes et les adultes.

BODIANUS AXILLARIS
Tamarin

ORIGINE : Hawaii, Philippines
Syn. lat. : Labrus axillaris – Lepidaplois albomaculatus

- T. : 20 cm • Espèce résistante, solitaire • Aquarium : 500 litres • T° : 26 à 28 °C
- Acclimatation facile

▌Comportement

Dans son biotope naturel, ce poisson vit en solitaire parmi les pâtés coralliens et les côtes rocheuses.

▌Exigences

Peu timide, le tamarin apprécie de grands espaces libres pour nager et de nombreuses retraites pour se dissimuler. Il accepte sans réticence des *Artemia*, des crevettes, des tubifex et de la chair de moule. Il aime aussi les épinards et les feuilles de laitue.

▌Particularités

Il existe de grandes variations de livrée corporelle entre les jeunes et les adultes. Les mâles juvéniles et les mâles adultes présentent un patron de coloration totalement différent. Les adultes ont la moitié avant du corps colorée de rouge-pourpre tandis que la partie postérieure est jaune orangé. Les femelles et les juvéniles ont un corps brun-rouge ponctué de taches blanches, avec des ocelles noirs sur les nageoires. C'est ce stade qui est représenté sur cette photo.

BODIANUS DIANA
Labre de Diane

ORIGINE : mer Rouge, océan indo-pacifique
Syn. lat. : Labrus diana

• T. : 20 cm • Espèce résistante, solitaire • Aquarium : 500 litres • T° : 26 à 28 °C
• Acclimatation facile

Comportement
Dans son biotope naturel, ce poisson vit en solitaire parmi les pâtés coralliens et les côtes rocheuses. Ses relations intraspécifiques sont belliqueuses, les autres espèces étant ignorées.

Particularités
Les adultes sont caractérisés par une raie noire qui traverse les nageoires ventrales.

Exigences
Ce poisson apprécie de grands espaces libres pour nager et de nombreuses retraites pour se dissimuler.
Il consomme facilement de petits crustacés et d'autres aliments carnés.

BODIANUS MESOTHORAX
Cossyphe amiral

ORIGINE : océan indo-pacifique tropical
Syn. lat. : Labrus mesothorax – Lepidaplois mesothorax

• T. : 20 cm • Espèce résistante, solitaire • Aquarium : 700 litres • T° : 26 à 28 °C
• Acclimatation facile

Comportement
Poisson très peu timide qui nage énormément du matin jusqu'à l'extinction de l'éclairage. Ses relations interspécifiques sont excellentes. En revanche, il ne tolère pas un congénère en aquarium.

Particularités
Les couleurs, très brillantes, jouent probablement un rôle déterminant dans les relations intra et interspécifiques.

Exigences
Cette espèce particulièrement robuste s'élève facilement dans un aquarium spacieux doté de nombreuses retraites. Son alimentation est composée de mysis, d'épinards, de chair de poisson et de moule, de crevettes fraîches ou lyophilisées.

BODIANUS PULCHELLUS
Cossyphe de Cuba ————————————

ORIGINE : océan indo-pacifique tropical
Syn. lat. : Harpe pulchellus

• **T. : 23 cm** • **Espèce résistante, solitaire** • **Aquarium : 700 litres** • **T° : 26 à 28 °C**
• **Acclimatation facile**

▮ Comportement
Dans son biotope naturel, cette espèce évolue dans des eaux profondes au-delà de 20 m. Elle est peu agressive.

▮ Exigences
Bien que son acclimatation soit sans problème, ce poisson est rarement commercialisé. Il consomme des proies vivantes ou inertes. Les aliments lyophilisés sont bien acceptés.

▮ Particularités
Pendant la journée, il s'enfouit fréquemment dans l'épaisseur de la couche de sable.

CORIS FREREI

ORIGINE : océan indo-pacifique
Syn. lat. : Labrus formosus – Coris formosa

• **T. : 20 cm** • **Espèce résistante, solitaire** • **Aquarium : 400 à 600 litres** • **T° : 26 à 28 °C**
• **Acclimatation facile**

▮ Comportement
Les adultes fréquentent les anfractuosités coralliennes tandis que les jeunes préfèrent les zones superficielles à substrat sablonneux où la végétation est très abondante. En cas de danger, ou s'ils sont pourchassés par un prédateur, les juvéniles disparaissent dans la couche de sable où ils progressent un peu. On ne les retrouve jamais à l'endroit où ils ont disparu. Les subadultes et les adultes mènent une vie solitaire. Leurs relations intraspécifiques sont agressives. Les jeunes sujets vivent en petits groupes. Leurs relations sont excellentes s'ils disposent d'un aquarium suffisamment spacieux, d'un volume supérieur à 500 litres. Après l'acquisition de la livrée d'adulte, ces poissons deviennent belliqueux.

Exigences

Comme tous les Labridés, cette espèce abonde autour des récifs côtiers, nageant sans cesse à la recherche de nourriture qui consiste principalement en crustacés, mollusques et autres poissons. La couche de sable doit atteindre plusieurs centimètres d'épaisseur pour que les poissons puissent s'enfouir en cas de frayeur.

Particularités

Cette espèce atteint 40 cm dans la nature. Les jeunes *Coris gaimard* sont très proches, morphologiquement, des jeunes *Coris frerei*.

Ils en diffèrent par une tache blanche en forme de selle et bordée de noir sur le museau, une tache ovale noire sur la nageoire dorsale et par la présence sur le pédoncule caudal d'une tache blanche transversale.

Chez beaucoup d'espèces de *Coris*, on observe de grandes différences du patron de coloration entre les juvéniles et les adultes. Des changements de sexes, au cours desquels la femelle adulte se métamorphose en mâle ardent et fonctionnel sont très fréquents.

CORIS JULIS
Girelle, labre arc-en-ciel

LABRIDÉS

ORIGINE : mer Adriatique et mer Méditerranée
Syn. lat. : Labrus formosus – Coris formosa

• T. : 25 cm   • Espèce résistante, solitaire   • Aquarium : 400 à 600 litres   • T° : 26 à 28 °C
• Acclimatation facile

Comportement

Cette espèce hermaphrodite, d'abord femelle, se transforme ensuite en mâle. La couche de sable doit atteindre plusieurs centimètres d'épaisseur pour que ce poisson puisse s'enfouir en cas de frayeur.

Exigences

Comme tous les Labridés, cette espèce abonde autour des récifs côtiers, nageant sans cesse à la recherche de nourriture qui consiste principalement en crustacés, mollusques et autres poissons.

Particularités

La livrée des juvéniles diffère totalement de celle des adultes.

Le labre arc-en-ciel porte sur ses flancs une rayure longitudinale orange, son dos est vert bleuté avec des stries violettes sur l'avant de son corps. Les jeunes femelles sont brunes ou brun-olive avec une rayure jaune et deux rayures bleu foncé, rouges ou noires sur les flancs. Il est amusant de noter que les mâles qui sortent juste de leur période transitoire sont sexuellement les plus actifs. Dès qu'ils ont revêtu leur superbe livrée de mâles, ils deviennent sexuellement séniles. On se demande donc si les mâles vieillissant participent encore à la reproduction de l'espèce.

GOMPHOSUS VARIUS
Labre-oiseau

LABRIDÉS

ORIGINE : *île Maurice, mer Rouge, océan indo-pacifique*
Syn. lat. : Gomphosus pectoralis – Gomphosus caeruleus –
Gomphosus ornatus – Gomphosus vigidis – Gomphosus fuscus –
Gomphosus melanotus – Gomphosus notostigma – Gomphosus undulatus –
Acarauna longirostris

- **T. : 25 à 30 cm pour le mâle, 15 à 22 cm pour la femelle** • **Espèce résistante, solitaire**
- **Aquarium : 400 à 600 litres** • **T° : 26 à 28 °C** • **Acclimatation facile**

▍Comportement

Ce poisson robuste et très agile est un nageur à grande activité diurne. La nuit, il se dissimule dans une anfractuosité rocheuse et reste immobile. Ses relations interspécifiques sont excellentes. En dehors des juvéniles qui vivent bien en communauté, il y a lieu d'isoler les adultes et les subadultes en livrée transitoire sous peine de combats incessants.

▍Exigences

Comme tous les Labridés, cette espèce abonde autour des récifs côtiers, nageant sans cesse à la recherche de nourriture qui consiste principalement en crustacés, mollusques et algues.

C'est une espèce résistante, très décorative en aquarium. Ce poisson s'alimente très facilement avec tous les aliments habituels, y compris de la salade. Sa résistance aux maladies et aux parasites est excellente. Il adore les crevettes vivantes et cette gourmandise l'exclut des aquariums d'invertébrés. Des alevins de guppys constituent également des proies très recherchées.

▍Particularités

L'existence de deux phases de couleur est à l'origine d'une synonymie compliquée. Sans rentrer dans les détails, on distingue les phases « vertes » avec deux espèces : *Gomphosus caeruleus* et *Gomphosus caeruleus klunzingeri*, originaires de la mer Rouge. Les phases « brunes » des deux espèces diffèrent par l'ornementation de l'anale.

D'autres caractères distinguent les juvéniles. Leur museau est relativement plus court, la caudale est arrondie, puis tronquée, mais les rayons externes ne s'allongent que chez les mâles âgés de l'espèce *Caeruleus*.

Gomphosus varius *femelle.*

Gomphosus varius *mâle.*

Les poissons d'eau de mer

HEMIPTERONOTUS TAENIURUS
Labre masqué

ORIGINE : océan indo-pacifique, Madagascar
Syn. lat. : Labrus taeniurus – Labrus hemisphaerium – Julis vanikorensis –
Novacula cephalotaenia – Novacula kallosoma – Julis bifer –
Xyrichthys vanicolensis – Novacula hoedti

- **T. : 18 cm**   • **Espèce résistante, solitaire**   • **Aquarium : 600 litres**   • **T° : 26 à 28 °C**
- **Acclimatation facile avec des jeunes**

▌ Comportement

Les adultes et les jeunes fréquentent les prairies composées de végétaux marins. Ils sont particulièrement mimétiques. La nage entraîne de lents mouvements ondulatoires. En aquarium, le labre masqué passe une grande partie de son temps à déplacer continuellement des cailloux et des fragments de corail pour rechercher les petits animaux qui se dissimulent en dessous. Les jeunes sujets se cachent souvent sous des coquillages vides ou parmi des amas de corail mort. Les adultes vivent en solitaires.

▌ Exigences

L'acclimatation de juvéniles se révèle beaucoup plus facile que celle des adultes. Les jeunes s'alimentent sans difficulté avec des distributions de petits crustacés et de tubifex. Ensuite, ils consomment toutes sortes d'aliments carnés inertes ou vivants.

Le labre masqué apprécie aussi les matières végétales présentes sous forme d'algues. Lorsqu'il est correctement soigné et alimenté, sa croissance est relativement rapide. Les jeunes redoutent la concurrence alimentaire pendant les premiers jours de l'acclimatation. Les relations intraspécifiques des labres sont parfois belliqueuses, surtout s'ils manquent d'espace vital.

▌ Particularités

Cette espèce atteint 30 cm dans la nature. La dorsale est étonnamment longue et ses deux premiers rayons sont dressés comme des fanions. La nuit, ou s'il a peur, ce poisson s'ensable complètement. La coloration des jeunes diffère complètement de celle des adultes.

Les juvéniles diffèrent énormément des adultes par leur morphologie mais aussi par leur patron de coloration. Chez les jeunes, d'une longueur inférieure à 10 cm, les deux premiers rayons de leur nageoire dorsale sont souples, flexibles et fortement allongés. Au cours de leur croissance, ces rayons deviennent plus courts. Le poisson photographié ici est un adulte.

LABROIDES DIMIDIATUS
Cossyphe partagé ─────────── LABRIDÉS

ORIGINE : *mer Rouge, océan indo-pacifique*
Syn. lat. : Labrus latovittatus – Labroides paradiseus – Labroides caeruleolineatus

• T. : 10 cm • Espèce résistante, solitaire • Aquarium : 600 litres • T° : 26 à 28 °C
• Acclimatation facile avec des réserves

▌ Comportement

Ce petit Labridé très populaire développe une intense activité pendant la journée. La nuit, il « s'enroule » dans un cocon muqueux protecteur qu'il produit tous les jours. Ce poisson nettoyeur inspecte inlassablement les téguments externes, la bouche et les branchies des autres poissons. Pour exécuter correctement ce déparasitage, il se tient toujours à la même place et les poissons parasités se rassemblent à proximité de ce lieu et attendent leur tour. Les relations intraspécifiques sont presque impossibles en aquarium, à moins qu'un couple ne se forme. Les relations interspécifiques sont bonnes dans l'ensemble. Il y a quelques réserves à propos des Tétraodontidés qui sont parfois martyrisés par les *Labroides* aux dents acérées. Les *Pterois* les avalent comme une gourmandise.

▌ Exigences

L'acclimatation et l'élevage des *Labroides* sont considérés comme faciles, pourtant les échecs sont courants. Une moule présentée dans sa valve permet de les « démarrer ». Les poissons arrachent facilement de petits fragments de chair. Leur régime alimentaire naturel est évidemment composé de petits ectoparasites qu'ils prélèvent direc-

tement sur les téguments des autres poissons. Après l'acclimatation à la vie en aquarium, ils acceptent des *Artemia*, des tubifex et d'autres nourritures congelées ou lyophilisées.

▌ Particularités

Des pontes ont été observées en aquarium.

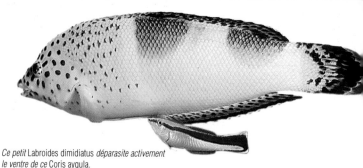

Ce petit Labroides dimidiatus *déparasite activement le ventre de ce* Coris aygula.

LABROIDES PHTHIROPHAGUS
Labre masqué
LABRIDÉS

ORIGINE : endémique de l'archipel Hawaii

• T. : 18 cm • Espèce résistante, solitaire • Aquarium : 600 litres • T° : 26 à 28 °C
• Acclimatation très difficile

Comportement
Voir les informations chez l'espèce proche, *Labroides dimidiatus*.

Exigences
Cette espèce est considérée comme très difficile à alimenter pendant sa phase d'acclimatation. Des larves rouges de chironomes, de la chair de moule, des tubifex et des *Artemia* peuvent être tentés.

Particularités
Cette espèce atteint 30 cm dans la nature. La dorsale est étonnamment longue et ses deux premiers rayons sont dressés comme des fanions. La nuit, ou s'il a peur, ce poisson s'ensable complètement. La coloration des jeunes diffère complètement de celle des adultes.

THALASSOMA DUPERREYI
Girelle-paon à selle
LABRIDÉS

ORIGINE : Hawaii, Philippines
Syn. lat. : Julis duperreyi

• T. : 20 cm • Espèce résistante, solitaire • Aquarium : 600 litres • T° : 26 à 28 °C
• Acclimatation facile

Comportement
Dans un aquarium spacieux, ses relations intraspécifiques sont bonnes. Les autres espèces sont ignorées.

Exigences
Il recherche de nombreuses cachettes parmi les éléments coralliens. Il accepte assez facilement de se nourrir avec des larves rouges de chironomes, de la chair de moule, des tubifex et des *Artemia*.

Particularités
Cette espèce atteint 30 cm dans la nature. Ce poisson ne peut pas être élevé en compagnie d'invertébrés. Les jeunes sujets portent une marque noire au milieu des flancs.

XYRICHTHYS NOVACULA
Poisson-rasoir perlé

ORIGINE : océan Atlantique tropical
Syn. lat. : Hemipteronotus novacula

• T. : 20 cm   • Espèce résistante, territoriale   • Aquarium : 600 litres   • T° : 26 à 28 °C
• Acclimatation facile

▌ Comportement
Ses relations intraspécifiques sont plutôt belliqueuses. Les autres espèces sont ignorées. Cette espèce aime s'ensabler complètement en cas de danger.

▌ Exigences
Il apprécie une forte épaisseur de sable dans lequel il s'enfouit.

Cette espèce s'alimente sans difficulté avec des distributions de proies vivantes.

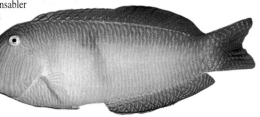

SYNCHIROPUS PICTURATUS
Mandarin bariolé

ORIGINE : îles Philippines
Syn. lat. : Callionymus picturatus

• T. : 5 cm   • Espèce territoriale   • Aquarium : 200 litres   • T° : 24 à 26 °C   • Acclimatation assez facile

▌ Comportement
Cette espèce vit en contact étroit avec le substrat des côtes rocheuses et dans les herbiers de posidonies. Les mâles se battent très volontiers. Les autres espèces sont totalement ignorées.

▌ Exigences
Son acclimatation dans un aquarium marin nettement pourvu en retraites et en anfractuosités rocheuses ne pose aucun problème. Cette espèce trouve sa place dans un bac d'invertébrés. La nuit, ou en cas de dan-

ger, elle s'enfonce dans le sable. Ce poisson, doté d'une petite bouche, redoute la concurrence alimentaire. Il fouille le sol à la recherche de nourriture composée de chair de moule, de poissons et d'algues.

SYNCHIROPUS SPLENDIDUS
Mandarin, dragonnet

ORIGINE : archipel indo-australien, Philippines
Syn. lat. : Callionymus splendidus – Synchiropus leopoldi

• T. : 7 à 8 cm   • Espèce territoriale   • Aquarium : 200 litres   • T° : 24 à 26 °C
• Acclimatation assez délicate

Comportement

Dans son biotope naturel, le dragonnet vit à faible profondeur, picorant du plancton à proximité des oursins *Diadema*. Sa capture est extrêmement difficile. Il nage très rarement en pleine eau. Ils sont très agressifs entre eux. Les mâles se battent jusqu'à la mort de l'un des antagonistes. Les relations interspécifiques sont excellentes. Ils trouvent leur place dans un bac d'invertébrés.

Exigences

Son acclimatation dans un aquarium marin bien entretenu reste problématique. Cette difficulté concerne principalement l'alimentation et la qualité de l'eau. Il affectionne les algues filamenteuses et les petites proies qu'il saisit uniquement sur le substrat. Les moules crues ou cuites, tubifex, *Artemia*, fragments de néréis sont bien acceptés.

Particularités

Proches des *Callionymus*, les *Synchiropus* s'en distinguent par la tête et la partie antérieure du corps qui sont peu déprimées et par les orifices branchiaux situés sur les côtés de la tête et non sur le dessus. Ce petit poisson côtier, répandu dans tout l'indo-pacifique, présente une systématique embrouillée et de nombreuses espèces restent encore à découvrir. Actuellement trois espèces sont recensées : *ocellatus,* aux couleurs peu attrayantes, *picturatus* et *splendidus,* ces deux dernières étant étincelantes.

Les dragonnets, ainsi nommés en raison de leur aspect étrange, ont un corps allongé, presque cylindrique et couvert d'une peau sans écailles. La tête paraît triangulaire vue par le dessus. Les yeux, grands et rapprochés, sont situés au-dessus de la bouche. Ce sont des poissons fouisseurs, c'est la raison pour laquelle les yeux sont situés au-dessus de la tête. Cette dernière, petite et protractile, est dotée de plusieurs rangées de petites dents. Les ouvertures branchiales sont réduites à un orifice arrondi de chaque côté. Les deux nageoires dorsales sont relativement allongées mais leurs épines sont faibles.

Les mâles sont normalement plus brillamment colorés que les femelles, surtout au cours de la période de reproduction. Ils sont en outre plus grands que les femelles.

Ils se différencient encore par la forme du museau et la longueur des rayons de leur première nageoire dorsale. Les œufs et les larves de cette espèce sont pélagiques.

NEMATELEOTRIS MAGNIFICA
Poisson de feu

ORIGINE : mer de Chine méridionale
Syn. lat. : Ptereleotris splendidum (dénomination commerciale)

• T. : 10 cm • Espèce territoriale, solitaire • Aquarium : 200 litres • T° : 24 à 26 °C
• Acclimatation assez facile

Comportement

Cette espèce est inféodée aux récifs coralliens et aux parois rocheuses offrant de nombreuses anfractuosités. Ce poisson s'abrite dans de petites galeries qu'il creuse dans le sable corallien.

Exigences

Son acclimatation dans un aquarium d'invertébrés bien entretenu reste simple. Dans un bac trop petit les relations intraspécifiques sont houleuses. Cette agressivité diminue dans un aquarium plus spacieux où chacun délimite son territoire. Ce poisson se nourrit sans difficulté avec des distributions de mysis, daphnies, *Artemia*, cyclops, tubifex, chair de moule.

Particularités

Les Éléotridés sont très apparentés aux Gobiidés. Leurs nageoires ventrales sont séparées l'une de l'autre, elles sont parfois soudées à leur base, alors qu'elles sont toujours soudées chez les Gobiidés. Ces poissons vivent dans toutes les eaux tropicales, subtropicales et tempérées. Ils sont très abondants dans les eaux tropicales côtières. Les espèces pélagiques sont peu nombreuses.

PTERELEOTRIS ZEBRA
Gobie-zèbre

ORIGINE : océan indo-pacifique

• T. : 12 cm • Espèce territoriale, solitaire • Aquarium : 200 litres • T° : 24 à 26 °C
• Acclimatation assez facile

Comportement

Cette espèce est inféodée aux récifs coralliens et aux parois rocheuses offrant de nombreuses anfractuosités. Elle se rencontre aussi près des lagunes sablonneuses.

Les gobies-zèbres vivent par couples dans des galeries creusées dans le sable sous les massifs madréporiques. Certains spécimens vivent en pleine eau et se réfugient simplement parmi les multiples ramifications coralliennes.

Exigences

Un aquarium d'invertébrés constitue un bon choix. Ce poisson redoute la concurrence alimentaire. Il se nourrit sans difficulté avec des distributions de mysis, daphnies, *Artemia*, cyclops, tubifex, chair de moule.

Particularités

Voir espèce précédente.

PLATAX ORBICULARIS
Poisson-chauve-souris

ÉPHIPPIDÉS

ORIGINE : mer Rouge, océan indo-pacifique
Syn. lat. : Chaetodon orbicularis – Chaetodon vespertilio – Chaetodon pentacanthus – Platax guttulatus

• T. : 40 cm • Espèce solitaire, très résistante • Aquarium : 2 000 litres • T° : 22 à 30 °C
• Acclimatation facile

Comportement

Les jeunes de cette espèce vivent en bancs dans les lagunes saumâtres et les mangroves. Les adultes deviennent plutôt solitaires. En aquarium, leurs relations intraspécifiques sont bonnes s'ils disposent de beaucoup d'espace. Les relations interspécifiques sont excellentes, les autres espèces sont totalement ignorées.

Exigences

Dans un aquarium très spacieux, l'acclimatation se déroule sans difficulté. Il est peu sensible aux qualités de l'eau et aux variations de température. Sa croissance très rapide, s'il est bien nourri, constitue son seul défaut. Cet animal vorace consomme toute une palette de nourriture. Dans la nature, il suit les bateaux qui rentrent au port et absorbe à peu près tout ce qui est rejeté par-dessus bord.

Particularités

Cette espèce atteint 60 cm dans la nature. Les juvéniles ont absolument besoin d'une grande quantité de nourriture et produisent beaucoup d'excréments. De nombreux changements d'eau sont indispensables. Certains balistes s'attaquent aux yeux des *Platax*, la cohabitation est donc à éviter.

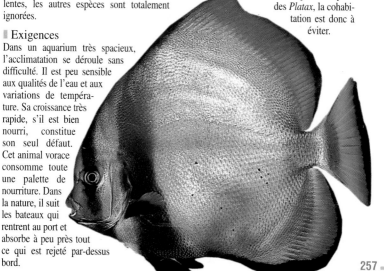

PLATAX PINNATUS
Poisson-chauve-souris

ORIGINE : mer Rouge, océan indo-pacifique
Syn. lat. : Chaetodon pinnatus – Chaetodon setosus – Platax melanosoma – Platax gampret

• T. : 50 cm   • Espèce solitaire, très résistante   • Aquarium : 2 000 litres   • T° : 22 à 30 °C
• Acclimatation facile

Comportement
La coloration des *Platax* varie en fonction de l'âge et de l'état physiologique. Ce sont tous des poissons très résistants à croissance rapide. Leur activité en aquarium est moyenne. Elle augmente nettement pendant les distributions de nourriture. Ils se laissent facilement caresser. Les relations intra et interspécifiques sont excellentes. Seuls les trop petites espèces risquent d'être dévorées.

Exigences
Dans un aquarium très spacieux, contenant une bonne hauteur d'eau, l'acclimatation est sans problème. Les *Platax* sont peu sensibles aux qualités de l'eau et aux variations de température. Ils consomment de tout : *Artemia* adultes vivantes, congelées ou lyophilisées, des aliments préparés, des moules, des petits poissons morts ou vifs, des néréis, de la salade, des fruits, des crevettes, des pastilles.

Particularités
Cette espèce approche les 75 cm dans la nature pour un poids atteignant les 25 kg. Les jeunes présentent la particularité de nager en oblique, se laissant transporter par les courants.

PLATAX TEIRA
Poisson-chauve-souris

ORIGINE : mer Rouge, océan indo-pacifique
Syn. lat. : Chaetodon teira – Platax albipunctatus – Platax gaimardi – Platax xanthopus

• T. : 60 cm   • Espèce solitaire, très résistante   • Aquarium : 2 000 litres   • T° : 22 à 30 °C
• Acclimatation assez facile

Comportement
Cette espèce, très répandue, fréquente les mangroves et les ports. On la trouve fréquemment à la sortie des égouts où elle prélève sa nourriture.

Le *Platax teira*, comme les autres espèces de *Platax*, est un poisson curieux qui devient très vite familier au point de saisir directement son alimentation entre vos doigts. Il préfère les proies vivantes et les petits poissons comme les guppys. S'il est bien nourri, son développement est rapide.

▌ Exigences
Pour plus d'informations, voir le texte concernant *Platax orbicularis.*

▌ Particularités
Cette espèce ressemble à *Platax orbicularis.* Un genre apparenté, le *Chaetodipterus,* vit dans les océans Atlantique et Pacifique. Le *Chaetodipterus faber,* qui atteint 1 m de long, vit dans l'océan Atlantique, depuis le sud du Cap Cod

jusqu'aux côtes de Rio de Janeiro. Sa chair, comestible, est très estimée.

LO VULPINUS
Tête-de-renard
SIGANIDÉS

ORIGINE : Philippines, Samoa, mers du Sud
Syn. lat. : Amphacanthus vulpinus – Teuthis vulpinus – Siganus vulpinus

• T. : 15 cm • **Espèce phytophage** • **Aquarium : 1 000 litres** • **T° : 26 à 28 °C**
• **Acclimatation assez facile, avec des réserves**

▌ Comportement
Cette espèce dotée d'une fine bouche explore incessamment les anfractuosités coralliennes à la recherche de fines particules alimentaires. Ses relations intraspécifiques sont un peu agressives en aquarium. Les autres espèces sont parfaitement tolérées. Sa longévité en aquarium atteint cinq ans.

▌ Exigences
Bien qu'il consomme des petites proies vivantes, il marque une nette prédilection pour les algues épiphytes, qui croissent sur les coraux, et les broyats d'épinards. À condition de respecter cette spécialisation alimentaire, le *Lo vulpinus* se révèle relativement résistant. Il réclame un bac très spacieux, si possible supérieur à 1 000 litres, doté de nombreuses anfractuosités coral-

liennes et rocheuses. Il supporte assez facilement la concurrence alimentaire et convient bien à l'aquarium d'invertébrés. Sa longévité en aquarium atteint cinq ans.

Une autre espèce peu connue, *Lo unimaculatus*, possède aussi cette tache noire située sous la nageoire dorsale, mais elle est dépourvue de la tache cunéiforme placée à l'avant des nageoires pectorales.

▌ Particularités
Cette espèce atteint 25 cm dans la nature. Sa chair est délicate et parfumée.

SIGANUS VIRGATUS
Amphacanthe vergeté

ORIGINE : océan indo-pacifique tropical
Syn. lat. : Amphacanthus virgatus – Teuthis virgatus

• T. : 15 cm   • Espèce phytophage   • Aquarium : 1 000 litres   • T° : 26 à 28 °C
• Acclimatation facile

▌ Comportement

Dans son biotope naturel, cette superbe espèce fréquente les récifs madréporiques et les prairies alguaires. La manipulation de ce poisson requiert des précautions, car, comme le *Lo vulpinus*, ses épines dorsales contiennent des glandes venimeuses non mortelles mais qui provoquent une vive douleur. Ses relations interspécifiques sont excellentes. Sa longévité atteint sept ans en aquarium.

▌ Exigences

Excellent nageur, le *Siganus virgatus* réclame beaucoup d'espace pour évoluer librement. Son acclimatation est facile à condition de lui fournir une alimentation variée composée d'algues et de végétaux supérieurs. Les dents des Siganidés sont rapprochées et présentent un bord dentelé ou denté, la denture entière étant ainsi bien adaptée pour racler les algues. Ces poissons herbivores des récifs ont un long intestin enroulé et passent leur temps à gratter les surfaces coralliennes ou rocheuses. Ensuite il accepte sans réticence toutes sortes de petites proies vivantes ou lyophilisées.

▌ Particularités

Cette espèce atteint 28 à 30 cm dans la nature.

Les Siganidés, communément appelés cordonniers ou poissons-lapins, constituent une petite famille de poissons marins tropicaux. La bouche, terminale, petite, est non protractile. Les écailles sont minuscules. Le principal caractère externe qui distingue ces poissons est la présence d'une épine à l'avant et à l'arrière de chaque nageoire ventrale. Ces épines sont donc situées, fait unique chez les poissons, en position antérieure et en position postérieure.

Lorsque le poisson est effrayé ou pourchassé par un autre pensionnaire, la livrée est totalement différente. Cette coloration cryptique se révèle particulièrement efficace. Certaines espèces pénètrent en eau saumâtre et même en eau douce.

ORIGINE : mer Rouge, océan indo-pacifique
Syn. lat. : Chaetodon cornutus – Chaetodon canescens – Zanclus centrognathus

• T. : 25 cm   • Espèce phytophage   • Aquarium : 1 000 litres   • T° : 26 à 28 °C   • Acclimatation très difficile

Comportement

Cette espèce développe une grande activité. Peu craintive, elle recherche en permanence sa nourriture en picorant la paroi rocheuse et parmi les blocs coralliens.

Dans la nature, les *Zanclus* vivent en bancs, mais en aquarium les relations intraspécifiques sont agressives. Les autres espèces sont ignorées.

Exigences

Les *Zanclus* ont la réputation d'être extrêmement difficiles à élever en aquarium. L'idéal étant de leur réserver un spacieux bac spécifique. L'alimentation est un facteur essentiel qui conditionne l'acclimatation de ces poissons capricieux. La seule technique possible consiste à leur offrir un large éventail de proies parmi lesquelles ils voudront peut-être en choisir une. En général, de la chair de moule et des *Artemia* sont acceptées. Ensuite, des tubifex, néréis, algues et feuilles de salade ébouillantées complètent et diversifient les menus. Ces poissons délicats redoutent, au moins au début, la concurrence alimentaire.

Particularités

Pendant de nombreuses années, on a considéré que le genre *Zanclus* comportait deux espèces distinctes : *Zanclus cornutus* et *Zanclus canescens*. Mais *Zanclus canescens* n'est que la forme juvénile du *cornutus*. La population locale adore la chair de ce poisson qui serait excellente.

ACANTHURUS ACHILLES
Chirurgien à queue rouge

ACANTHURIDÉS

ORIGINE : océan Indien
Syn. lat. : Acanthurus aterrimus – Acronurus formosus

• T. : 18 cm • Espèce phytophage • Aquarium : 600 litres • T° : 26 à 28 °C • Acclimatation relativement facile

▌ Comportement

Les *Acanthurus* sont des poissons extrêmement mobiles, qui nagent très rapidement parmi les obstacles. Les grands spécimens doivent être manipulés avec précautions, en raison des épines tranchantes de leur pédoncule caudal. Ils sont très agressifs entre eux. Les combats se soldent par des blessures, parfois graves, dues au scalpel présent sur le pédoncule caudal.

▌ Exigences

Ces poissons à croissance relativement rapide exigent un aquarium spacieux, fortement filtré et aéré. Dans la nature, les *Acanthurus* fré-

quentent des eaux extrêmement brassées par les courants et les vagues. La nourriture est composée d'algues, de salade, d'épinards et de proies vivantes : *Artemia*, néréis, tubifex, larves de chironomes.

▌ Particularités

Cette espèce est proche de l'*Acanthurus glaucopareius*.

ACANTHURUS CAERULEUS
Chirurgien bleu

ACANTHURIDÉS

FAMILLE : Acanthuridés – ORIGINE : Caraïbes, ouest de l'océan Atlantique tropical, depuis les Bermudes jusqu'aux côtes de Rio de Janeiro. L'été il remonte jusqu'à New York
Syn. lat. : Acanthurus brousonnettii – Acanthurus violaceus – Acanthurus brevis – Acanthurus nigricans – Acronorus caeruleatus – Teuthis heloides – Hepatus pawne

• T. : 20 cm • Espèce phytophage • Aquarium : 600 litres • T° : 26 à 28 °C • Acclimatation relativement facile

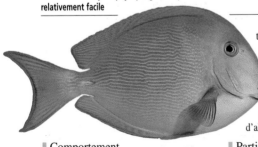

trop difficile pour un Acanthuridé. Il aime se dissimuler parmi le décor composé de blocs coralliens.

▌ Exigences

Le chirurgien bleu est une espèce végétarienne qui se nourrit pratiquement exclusivement d'algues et d'animalcules.

▌ Comportement

Ses relations intraspécifiques se révèlent être extrêmement agressives, même dans un aquarium spacieux. S'il dispose de beaucoup d'algues vertes, son acclimatation n'est pas

▌ Particularités

Les juvéniles d'une taille inférieure à 10 cm sont jaunes avec un liseré bleu sur les nageoires dorsale et anale. Dans la nature, ce poisson atteint 75 cm de long.

ACANTHURUS GLAUCOPAREIUS
Acanthure à joue blanche

ORIGINE : océan indo-pacifique
Syn. lat. : Acanthurus kaber – Acanthurus blochi – Teuthis lydiae –
Teuthis glaucopareius

• **T. : 18 cm**   • **Espèce phytophage**   • **Aquarium : 600 litres**   • **T° : 26 à 28 °C**   • **Acclimatation assez facile**

▌Comportement
Dans la nature, ce poisson fréquente les eaux peu profondes, mais très agitées, des récifs exposés à la houle. Ses relations intraspécifiques sont combatives. Tout se passe bien avec les espèces présentant un patron de coloration différent du sien.

▌Exigences
Cette espèce résistante s'adapte bien aux conditions de vie en aquarium si ce dernier est suffisamment spacieux. Végétarien comme la plupart des chirurgiens, il broute sans arrêt les éléments du décor. Il convient de favoriser une forte croissance des algues en assurant un éclairage puissant. Sa résistance aux affections cutanées est excellente.

▌Particularités
Il est étroitement apparenté à *Acanthurus achilles*. Les deux espèces seraient interfécondes.

ACANTHURUS HEPATUS
Chirurgien bleu

ORIGINE : océan Indien et océan Pacifique tropical
Syn. lat : Teuthis hepatus _ Paracanthurus hepatus – Alanthurus teuthis –
Alanthurus triangulus – Colocopus lambdurus

• **T. : 18 cm**   • **Espèce phytophage**   • **Aquarium : 600 litres**   • **T° : 26 à 28 °C**   • **Acclimatation assez facile**

▌Comportement
Dans les récifs, cette espèce vit par bancs très importants. Elle se nourrit surtout avec des algues. Paisible, elle accepte bien la présence d'autres pensionnaires pas trop vifs. Les relations intraspécifiques sont excellentes entre juvéniles. En revanche, les adultes se livrent à de violents combats.

▌Exigences
Un aquarium spacieux, fortement éclairé et doté de nombreuses retraites, permet d'acclimater assez facilement ce chirurgien bleu. La présence d'algues très abondantes est essentielle. Par la suite, il acceptera des aliments à dominante végétale mélangés avec de la nourriture d'origine animale.

ACANTHURUS JAPONICUS
Acanthure à joue blanche du Japon

ORIGINE : océan indo-pacifique, Philippines
Syn. lat. : Acanthurus glaucopareius japonicus

• T. : 18 cm   • Espèce phytophage   • Aquarium : 600 litres   • T° : 26 à 28 °C   • Acclimatation assez difficile

▌Comportement

Cette espèce est très agressive envers ses congénères et toutes les espèces proches. Dans la nature elle forme pourtant des bancs en étroite association avec une autre espèce, *Acanthurus glaucopareius*.

▌Exigences

Les besoins aquariologiques de ce poisson sont identiques à ceux de l'*Acanthurus glaucopareius*. Il se révèle très sensible aux brusques variations de la composition physico-chimique de son milieu. Des précautions s'imposent lors des changements d'eau. Des distributions à base de nourriture végétale sont indispensables.

C'est un infatigable mangeur d'algues, aussi l'aquarium doit être équipé d'un éclairage puissant.

Dans son biotope naturel, cet *Acanthurus,* comme tous les Acanthuridés, joue un rôle biologique très important. Grand consommateur d'algues, il empêche ainsi celles-ci de recouvrir et d'étouffer complètement le récif. C'est pour cette raison que, dans les récifs coralliens fréquentés par des poissons essentiellement végétariens, les algues ne dépassent jamais quelques millimètres de haut, alors que dans d'autres zones, elles forment une épaisse couche. L'insuffisance d'algues peut être compensée par des distributions d'algues filamenteuses cultivées dans un autre aquarium exposé au soleil. Les caulerpes, les épinards ébouillantés et le riccia sont de bons aliments de substitution.

L'*Acanthurus japonicus* accepte aussi, après acclimatation, toutes sortes de nourritures d'origine animale : moules crues ou cuites, néréis, morceaux de crevettes, larves de chironomes et tubifex.

▌Particularités

L'*Acanthurus japonicus* ressemble beaucoup à *Acanthurus glaucopareius*. Comme ce dernier, sa résistance aux maladies cutanées est excellente. Sa reproduction en aquarium est inconnue. Les dents des *Acanthurus* sont en forme de spatules, dont les bords constituent des outils très efficaces pour extirper les minces couches d'algues. Ce régime herbivore est caractérisé par la présence d'un intestin très long.

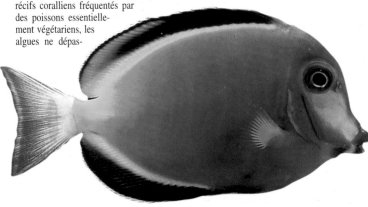

ACANTHURUS LEUCOSTERNON
Acanthure à poitrine blanche

ORIGINE : océan indo-pacifique
Syn. lat. : Acanthurus kaber – Acanthurus blochi – Teuthis lydiae –
Teuthis glaucopareius

• T. : 25 à 30 cm • Espèce phytophage • Aquarium : 600 litres • T° : 26 à 28 °C • Acclimatation difficile

▌ Comportement

Dans la nature, ce poisson fréquente les eaux peu profondes et agitées, toujours à proximité des récifs coralliens recouverts d'algues. En aquarium, ses relations intraspécifiques donnent lieu à de violents combats souvent mortels. Ses relations interspécifiques sont excellentes sauf à l'égard de poissons nouvellement introduits dans l'aquarium. L'agressivité est nulle à l'égard des hôtes habituels. Il faut quand même signaler l'antagonisme violent d'*Acanthurus leucosternon* vis-à-vis d'autres chirurgiens de couleur bleue, tels que le *Paracanthurus hepatus*. Il développe une grande activité, nageant près du sol ou le long des parois de l'aquarium, mais également en pleine eau. Il se prête très volontiers aux séances de déparasitage par les *Labroides*.

▌ Exigences

Ses conditions d'élevage peuvent se résumer de la façon suivante : densité de 1 020 à 1 030, optimum 1 026, température de 25 à 30 °C, optimum 27 °C et pH optimum supérieur à 8. Forte aération de l'eau. De fréquents renouvellements intensifient les teintes de ce poisson, signe d'un bon état de santé. Sa spécialisation alimentaire rend son acclimatation difficile en aquarium. Il a besoin d'une grande quantité de nourriture végétale sous forme d'algues filamenteuses. Pour conserver ce poisson en bonne santé, la salade et les épinards, sources de vitamine A, sont un complément indispensable à son régime constitué également de morceaux de néréis, de chair de poisson et de crevettes, de moules, de tubifex, larves de chironomes, *Artemia* vivantes ou congelées. Sa croissance est lente.

▌ Particularités

Les *Acanthurus* présentent une caractéristique remarquable : une épine tranchante, le plus souvent érectile, située à la base du pédoncule caudal. Ce stylet, tranchant comme un scalpel, est à l'origine du nom de chirurgien. Plusieurs espèces de chirurgiens sont comestibles, mais certaines d'entre elles provoquent une intoxication connue sous le nom de « Ciguatera ».

ACANTHURUS LINEATUS
Chirurgien rayé

ORIGINE : océan indo-pacifique tropical
Syn. lat. : Chaetodon lineatus – Acanthurus vittatus – Teuthis lineatus –
Hepatus lineatus

• T. : 18 à 25 cm • Espèce phytophage • Aquarium : 600 litres • T° : 26 à 28 °C • Acclimatation difficile

▌ Comportement

Ce nageur actif, très rapide et agile, possède des épines tranchantes qui sont recouvertes d'un mucus toxique. Les blessures qu'elles occasionnent sont très douloureuses.

▌ Exigences

Cette espèce apprécie un vaste aquarium contenant une eau bien filtrée, claire et très agitée. Un bon éclairage doit favoriser la croissance des algues. Végétarien et microphage dans la nature, ce chirurgien consomme des algues, de la salade, des petits crustacés, des néréis, de la chair de moule mais il accepte aussi les aliments congelés ou lyophilisés.

▌ Particularités

Cette espèce dépasse probablement 30 cm dans la nature. Elle est apparentée à *Acanthurus sohal,* originaire de la mer Rouge.

ACANTHURUS PYROFERUS
Poisson-chirurgien

ORIGINE : océan indo-pacifique tropical
Syn. lat. : Acanthurus fuscus – Acanthurus armiger

• T. : 18 à 25 cm • Espèce phytophage • Aquarium : 600 litres • T° : 26 à 28 °C • Acclimatation difficile

▌ Comportement

Dans son biotope naturel, cette espèce vit dans la zone récifale exposée aux courants. Elle est très agressive envers les espèces apparentées.

▌ Exigences

Sa réticence envers les aliments proposés fait que cette espèce s'adapte difficilement aux conditions de vie en aquarium. Les nourritures végétales forment l'essentiel de ses repas. Après acclimatation, il accepte plus volontiers de petites proies vivantes et de la salade.

▌ Particularités

Le patron de coloration de la forme juvénile d'*Acanthurus pyroferus* ressemble beaucoup à *Centropyge flavissimus.*

ACANTHURUS SOHAL
Acanthure sohal

ORIGINE : *endémique de la mer Rouge*
Syn. lat. : *Chaetodon sohal – Acanthurus carinatus – Ctenodon rüppelli –
Aspisurus somal*

• **T. : 25 cm** • **Espèce phytophage** • **Aquarium : 1 000 litres** • **T° : 26 à 28 °C** • **Acclimatation difficile**

Comportement

Son biotope naturel se situe toujours à proximité des récifs madréporiques complètement recouverts d'une fine couche d'algues vertes. Il passe tout son temps à picorer ces végétaux. Ses relations intraspécifiques sont agressives, même s'il dispose de beaucoup d'espace vital. Pourtant, dans la nature, il vit au sein de bancs importants toujours à proximité de récifs tabulaires, proches de la surface comme les *Acropora corymbosa* et *Acropora pharaonis*. Les autres espèces sont totalement ignorées.

Exigences

Son régime alimentaire naturel comprend essentiellement des algues et des micro-organismes. Cette spécialisation rend son acclimatation délicate.

En aquarium, il consomme des algues, de la salade, des tubifex, des enchytrées, mais aussi des moules crues ou ébouillantées et des morceaux de néréis. Après acclimatation, il ne refusera pas les aliments lyophilisés et les paillettes. Comme tous les *Acanthurus*, ce poisson préfère nettement une alimentation végétale. De toute façon, essayez de diversifier au maximum les distributions de nourriture.

L'*Acanthurus sohal* est un nageur particulièrement mobile et actif, qui réclame la mise en eau d'un aquarium long et volumineux. Sa capture dans la nature comme en aquarium est particulièrement difficile.

Particularités

Cette espèce dépasse 40 cm dans la nature. Ce poisson est très proche d'*Acanthurus lineatus,* ou chirurgien rayé, natif de l'océan indo-pacifique.

Il est conseillé d'élever cette espèce en compagnie d'autres poissons plus petits que lui, pour éviter les rivalités territoriales qui peuvent se solder par de violents combats et des blessures occasionnées par les couteaux tranchants situés de chaque côté du pédoncule caudal. Son corps, fortement comprimé latéralement, est magnifiquement rehaussé par cette série de rayures longitudinales bleutées. Les joues, la gorge et le ventre sont blancs, contrairement aux nageoires dorsale et anale qui sont noir profond.

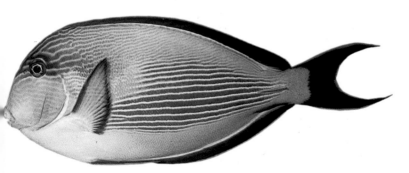

ACANTHURUS TRIOSTEGUS

ORIGINE : océan indo-pacifique
Syn. lat. : Chaetodon triostegus – Acanthurus hirundo – Harpurus fasciatus

• T. : 17 cm • Espèce phytophage • Aquarium : 600 litres • T° : 26 à 28 °C • Acclimatation très difficile

■ Comportement

Son biotope naturel se situe toujours à proximité des récifs madréporiques recouverts de végétaux alguaires. Il est agressif envers ses congénères. Les jeunes vivent en bancs dans les eaux peu profondes.

■ Exigences

Son régime alimentaire naturel comprend essentiellement des algues et des micro-organismes. Cette spécialisation rend son acclimatation délicate, voire très difficile.

■ Particularités

Cette espèce atteint 25 cm dans la nature.

ACANTHURUS XANTHOPTERUS
Poisson-chirurgien à queue blanche

ORIGINE : océan indo-pacifique tropical
Syn. lat. : Acanthurus matoides – Acanthurus blochii

• T. : 25 cm • Espèce phytophage • Aquarium : 800 litres • T° : 26 à 28 °C • Acclimatation assez facile

■ Comportement

Dans son biotope naturel, cette espèce vit dans la zone récifale exposée aux courants. Elle est très agressive envers les espèces apparentées.

■ Exigences

Sa croissance rapide impose la mise en eau d'un aquarium spacieux. Il mange les algues vertes qui croissent sur le décor. Il apprécie aussi les *Caulerpa* et la salade. Les moules crues ou ébouillantées, les *Artemia*, les tubifex et les larves de chironomes complètent ses repas.

■ Particularités

Cette espèce dépasse 50 cm dans la nature.

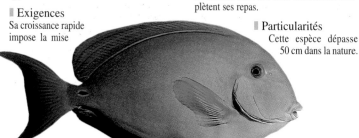

NASO BREVIROSTRIS
Nasique

ORIGINE : mer Rouge, océan indo-pacifique
Syn. lat. : Naseus brevirostris – Naseus hoedtii

• T. : 25 cm • Espèce herbivore • Aquarium : 800 litres • T° : 26 à 28 °C • Acclimatation assez difficile, élevage facile

Comportement

Le nasique est un nageur puissant qui s'élève bien après acclimatation dans un vaste aquarium. Ses relations intraspécifiques sont bonnes dans la nature où il vit en bancs, mais deviennent parfois agressives en aquarium. Les contacts avec les autres espèces sont excellents.

Exigences

Ce poisson, essentiellement herbivore, consomme des algues filamenteuses mais aussi des *Caulerpa*. La salade, les épinards, la chair de moule, des *Artemia* et des vers constituent ses repas en aquarium.

Particularités

Cette espèce mesure jusqu'à 60 cm dans la nature. Sa chair est excellente. Les mâles adultes sont pourvus d'une corne située près de la lèvre supérieure.

NASO VLAMINGI
Nasique de Vlaming

ORIGINE : océan indo-pacifique
Syn. lat. : Naseus vlamingi

• T. : Peut atteindre 75 cm • Espèce herbivore • Aquarium : 1 000 litres • T° : 26 à 28 °C • Acclimatation assez difficile, élevage facile

Comportement

Ce nasique est un nageur puissant qui s'élève bien après acclimatation dans un aquarium spacieux. Ses relations intra et interspécifiques sont peu connues puisque cette espèce est rarement commercialisée.

Exigences

Ce poisson, essentiellement herbivore dans sa jeunesse, consomme des algues filamenteuses mais aussi des *Caulerpa*. En vieillissant, il accepte des proies carnées.

Particularités

Ce poisson reste rare dans son biotope naturel.

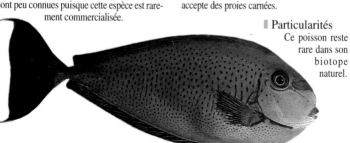

ZEBRASOMA FLAVESCENS
Chirurgien jaune

ACANTHURIDÉS

ORIGINE : océan indo-pacifique, Hawaii
Syn. lat. : *Acanthurus flavescens – Acanthurus virgatus – Zebrasoma agana – Acanthurus rhombeus*

• **T. : 20 cm** • **Espèce végétarienne** • **Aquarium : 600 litres** • **T° : 25 à 30 °C** • **Acclimatation assez facile avec des juvéniles**

▌ Comportement

Cette espèce, très résistante après acclimatation, passe son temps à brouter tous les éléments qui l'entourent. C'est un nageur actif, peu timide. Ses relations intraspécifiques sont hiérarchisées et les interspécifiques sont excellentes.

▌ Exigences

Ce poisson se contente d'un espace relativement restreint. Sa coloration reflète fidèlement les conditions du milieu. La qualité de l'eau, densité et température, sont des paramètres secondaires pour l'acclimatation. Omnivore à prédominance herbivore, comme la plupart des chirurgiens, il mange paisiblement les algues vertes qui croissent sur le décor. Il apprécie aussi les *Caulerpa* et la salade. Les moules crues ou ébouillantées, les *Artemia*, tubifex, larves de chironomes complètent ses repas. Malgré un bon appétit, sa croissance reste lente.

▌ Particularités

Le *Zebrasoma flavescens* est très proche du *Zebrasoma scopas,* ou chirurgien à brosses, espèce très répandue dans son habitat naturel.

La forme générale de cette espèce, avec sa nageoire dorsale bien développée, son fin museau et le profil incurvé de sa tête, représente les caractéristiques essentielles du genre auquel il appartient. Son patron de coloration varie considérablement d'une région à l'autre de son lieu de capture.

Sa couleur va d'un jaune éclatant presque uniforme à un fond brun-vert ou brun-noir avec quelques minces lignes longitudinales irrégulières. La forme sombre est facilement confondue avec le *Zebrasoma scopas*.

ZEBRASOMA GEMMATUM
Acanthure à pierreries

ORIGINE : océan Indien occidental, île Maurice
Syn. lat. : Acanthurus gemmatum – Harpurus gemmatum

• **T. : 17 cm** • **Espèce végétarienne** • **Aquarium : 800 litres** • **T° : 25 à 27 °C** • **Acclimatation assez facile avec des juvéniles**

Comportement

Au cours de la journée, il développe une assez grande activité et parcourt inlassablement l'aquarium à la recherche de particules alimentaires. La nuit, ses sorties se limitent à de brèves incursions autour de son point de repos, toujours le même. C'est une espèce territoriale qui devient agressive lorsqu'un congénère pénètre sur son domaine.

Exigences

À l'île Maurice, la température des eaux superficielles est de 22 °C en hiver et de 27 °C en été. En aquarium, il accepte des flocons, des algues, des larves de chironomes et des *Artemia* vivantes ou congelées.

Particularités

Malgré la maigreur impressionnante de certains individus importés, celle-ci n'est pas irréversible et, élevée dans de bonnes conditions, cette espèce se révèle une excellente mangeuse.

Zebrasoma est un genre qui regroupe six ou sept espèces d'aspect assez homogène, mais dont les patrons de coloration permettent en principe une détermination plutôt facile. Certains auteurs regroupent ces espèces par affinités : *Zebrasoma veliferum* et *Zebrasoma desjardinii*, espèces vicariantes ; *Zebrasoma flavescens* et *Zebrasoma scopas*, espèces très proches, différenciées par la couleur de leur robe ; *Zebrasoma rostratum*, espèce proche des deux précédentes, mais rarement importée ; *Zebrasoma xanthurum*, proche morphologiquement de l'espèce *scopas-flavescens*, mais de couleurs différentes et *Zebrasoma gemmatum* qui semble assez isolée.

Cette superbe espèce est malheureusement très rarement disponible dans le commerce aquariophile.

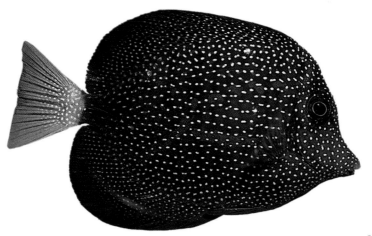

ZEBRASOMA SCOPAS
Chirurgien à brosses, chirurgien brun

ORIGINE : océan indo-pacifique
Syn. lat. : Acanthurus scopas – Acanthurus rhombeus – Acanthurus altivelis –
Zebrasoma rostratum – Zebrasoma supra-alba

• **T. : 18 cm** • **Espèce végétarienne** • **Aquarium : 800 litres** • **T° : 25 à 27 °C** • **Acclimatation assez facile avec des juvéniles**

Comportement

Dans leur biotope naturel, les jeunes vivent en petits groupes, tandis que les subadultes et les adultes évoluent par paires ou en solitaires. Les *Zebrasoma scopas* fréquentent habituellement tous les récifs coralliens ainsi que les lagunes à faible densité corallienne. Ils se nourrissent essentiellement d'algues. Leurs relations intraspécifiques deviennent agressives en aquarium. Ce sont des nageurs très rapides et habiles dont la capture est très difficile.

Exigences

Un aquarium fortement éclairé où les algues vertes se développent en abondance.
De nombreuses cachettes parmi le décor composé de blocs de corail permettent au poisson dominé de trouver un abri. Les jeunes sont sensibles à la concurrence alimentaire. Les végétaux constituent l'essentiel de leur alimentation.

Particularités

Cette espèce est une proche parente du *Zebrasoma flavescens,* ou chirurgien jaune. Les juvéniles présentent des nageoires dorsale et anale extrêmement bien développées ainsi que de fines rayures transversales. En vieillissant le *Zebrasoma scopas* devient presque entièrement brun et ses nageoires se réduisent.

ZEBRASOMA VELIFERUM
Chirurgien-voilier

ORIGINE : mer Rouge, océan indo-pacifique
Syn. lat. : Acanthurus veliferum – Acanthurus desjardinii – Acanthurus rüelli – Acanthurus blochii – Acanthurus suillus – Acanthurus hypselopterus – Acanthurus maristarum – Acanthurus kipas – Acanthurus virgatus – Acanthurus fasciatus – Hepatus coccinatus

• **T. : 30 cm**   • **Espèce végétarienne**   • **Aquarium : 800 à 1 000 litres**   • **T° : 26 à 28 °C**
• **Acclimatation assez facile avec des juvéniles**

▌Comportement

Dans la nature, cette espèce fréquente les herbiers. C'est un poisson très rapide, habile nageur. La nuit il se repose dans une cachette, toujours au même endroit. Ses relations intraspécifiques sont agressives. Les attaques interspécifiques sont rares et peu graves. En acclimatant de jeunes spécimens, leur croissance est rapide.

▌Exigences

Un aquarium fortement éclairé où les algues vertes se développent en abondance. Les jeunes sont sensibles à la concurrence alimentaire. Les végétaux constituent l'essentiel de leur alimentation. Cette espèce, qui devient familière, consomme aussi des aliments congelés ou lyophilisés.

▌Particularités

Il est possible que le *Zebrasoma veliferum* ne soit qu'un stade intermédiaire du *Zebrasoma desjardinii*. Les principaux points de divergence entre les adultes de *Zebrasoma veliferum* et ceux de *Zebrasoma desjardinii* sont les suivants :
• 28 ou 29 rayons mous à la dorsale au lieu de 31 ou 32 pour le *desjardinii*.
• 23 rayons mous à l'anale au lieu de 24 ou 25 pour le *desjardinii*.
La description originale de *Zebrasoma veliferum* (sous le nom d'*Acanthurus velifer*) est due à Bloch en 1796. Depuis, plusieurs spécialistes tentent de mettre de l'ordre dans ce genre compliqué. La liste des synonymes latins en témoigne. Cependant, J.-E. Randall a mentionné les différences méristiques et celles du patron de coloration entre les sujets adultes provenant de l'océan Indien et de la mer Rouge d'une part et ceux de l'océan Pacifique d'autre part, en suggérant qu'on pourrait les considérer comme des sous-espèces distinctes.

ZEBRASOMA XANTHURUM
Acanthure à queue jaune

ORIGINE : mer Rouge, océan Indien occidental
Syn. lat. : Acanthurus xanthurus – Acanthurus xanthopterus

• T. : 40 cm • Espèce végétarienne • Aquarium : 1 000 litres • T° : 25 à 30 °C • Acclimatation facile avec des juvéniles

▌Comportement

Ce poisson, très actif au cours de la journée, a besoin de beaucoup d'espace et de cachettes pour se réfugier la nuit. Ses relations intraspécifiques sont parfois agressives et la présence des deux scalpels tranchants sur le pédoncule caudal peut provoquer des blessures plus ou moins graves. On note de grandes différences d'agressivité d'un individu à l'autre.

▌Exigences

Aquarium fortement éclairé avec un développement abondant d'algues vertes. Remplacez les tubes fluorescents tous les six mois. Les jeunes sont sensibles à la concurrence alimentaire. Les végétaux constituent l'essentiel de leur alimentation. Ils s'adaptent cependant assez facilement à des nourritures d'origine animale, néréis, tubifex, moules, larves de chironomes, *Artemia*. Ce type de nourriture doit être distribué avec parcimonie pour éviter les problèmes digestifs (entérites ou constipation). Les poissons végétariens ont un intestin très long qui s'accommode assez mal d'une nourriture carnée trop abondante. Variez au maximum les distributions de nourriture. Des feuilles de salade et d'épinards ébouillantées sont très appréciées. Ils s'attaquent aussi aux invertébrés. Leur croissance est lente.

▌Particularités

De fréquentes confusions littéraires citent cette espèce au lieu d'*Acanthurus xanthopterus* qui est pourtant tout à fait différent.

Le genre *Zebrasoma* compte les plus grands spécimens de la famille des Acanthuridés. La nageoire dorsale est souvent bien développée, atteignant une taille maximum chez *Zebrasoma veliferum*. La partie supérieure du museau est particulièrement concave. C'est le caractère externe le plus remarquable de ce genre.

Le corps entièrement bleu nuit profond et ponctué de points rougeâtres à violet très foncé au niveau de la tête. Les spécimens originaires de l'océan Indien seraient moins bleus et plus bruns que ceux de la mer Rouge. La coloration nocturne diffère par des flancs bleu pâle terne.

BALISTAPUS UNDULATUS
Baliste ondulé

ORIGINE : mer Rouge, océan indo-pacifique
Syn. lat. : Balistes undulatus – Balistes porcatus – Balistes lamourouxii –
Balistes sexquilineatus – Balistes zeylanicus

• T. : 20 cm • Espèce territoriale, très vorace • Aquarium : 800 litres • T. : 26 à 28 °C
• Acclimatation facile

▌Comportement

Dans la nature, les balistes fréquentent les eaux calmes peu profondes à proximité d'un récif, mais ils se rencontrent aussi parmi les algues et les prairies alguaires. Les adultes sont solitaires, les juvéniles vivant en petits bancs. Dans la journée, les balistes développent de grandes activités de terrassement, déplaçant entre leurs mâchoires les blocs de corail ou creusant des cuvettes dans le substrat.

Comme les autres balistes, le *Balistapus undulatus* est un poisson vigoureux et robuste, sous réserve de l'élever dans une eau de bonne qualité, fréquemment remplacée. C'est un pensionnaire familier de l'aquarium marin tropical. Ses relations intraspécifiques sont très agressives et les petites espèces sont rapidement avalées.

▌Exigences

Aquarium spacieux d'un volume supérieur à 800 litres. Malgré sa corpulence massive et son agressivité, cette espèce a absolument besoin d'un aquarium bien garni en cachettes dans lesquelles il aime se réfugier. La nourriture naturelle des balistes est composée de crevettes, crabes, homards, oursins, étoiles de mer, et de morceaux de

corail qu'ils broient dans leur puissante mâchoire. En aquarium, ils ne sont pas difficiles à nourrir avec des distributions de néréis, guppys, moules, planorbes, limnées, morceaux de viande. Ce sont des poissons très voraces qui mangent toute la journée.

▌Particularités

Les jeunes ont un patron de coloration légèrement différent de celui des adultes. Les lignes obliques orange jaune qui strient obliquement le corps de ce poisson sont moins nombreuses chez les spécimens juvéniles.

BALISTES VETULA
Baliste royal

ORIGINE : mer des Caraïbes, océan Atlantique tropical, y compris les côtes ouest de l'Afrique. Cette espèce est plus rarement signalée sur la côte est africaine, dans la région de Madagascar, les côtes de l'Inde, de la Chine et de l'île d'Amboine
Syn. lat. : Balistes equestris – Balistes bellus

• **T. : 30 cm** • **Espèce territoriale, très vorace** • **Aquarium : 800 litres** • **T° : 26 à 28 °C**
• **Acclimatation facile**

▌ Comportement

Dans la nature, les balistes fréquentent les eaux calmes peu profondes à proximité d'un récif, mais ils se rencontrent aussi parmi les algues et les prairies de zostères. Les adultes sont solitaires, les juvéniles vivant parfois en petits nombres. Leurs relations intraspécifiques sont agressives. Leurs relations avec les autres espèces sont bonnes à condition que les cohabitants soient d'une taille respectable. Leur croissance est rapide. La longévité de cette espèce peut atteindre une dizaine d'années en aquarium.

▌ Exigences

Aquarium spacieux. Il apprécie une eau de bonne qualité, fréquemment renouvelée. Cette espèce facile à acclimater apprécie un aquarium d'un volume égal ou supérieur à 800 litres, fortement filtré et aéré.

▌ Particularités

Cette espèce dépasse 50 cm dans son habitat naturel. Les juvéniles d'une taille inférieure à 7 cm ont un patron de coloration uniforme, simplement strié obliquement par quelques lignes noires. La forme de la nageoire caudale est également différente selon le stade des spécimens. Chez les jeunes, elle est plus courte et nettement moins concave que chez les adultes.

Adultes et juvéniles sont capables d'adapter leur livrée corporelle en fonction de l'environnement dans lequel ils évoluent. Leur longévité en aquarium peut atteindre huit à dix ans. Des pontes ont déjà été observées dans de grands aquariums publics.

Pour d'autres informations, voir le chapitre concernant *Balistapus undulatus*.

BALISTOIDES CONSPICILLUM
Baliste-clown, baliste-léopard

ORIGINE : océan indo-pacifique, absent de la mer Rouge
Syn. lat. : Balistes conspicillum – Balistapus conspicillum

• T. : 30 cm   • Espèce territoriale, très vorace   • Aquarium : 1 000 litres   • T° : 28 à 30 °C
• Acclimatation relativement facile

Comportement

Dans la nature, le superbe *Balistoides conspicillum* fréquente essentiellement les côtes rocheuses. Il est assez rare dans son biotope naturel. Ses relations interspécifiques sont plutôt houleuses, cette espèce ayant un caractère vraiment belliqueux. Mais cette information est à moduler, certains individus étant plus sociables que d'autres. Sa croissance est lente.

Exigences

Bien qu'il supporte des bacs assez peu volumineux, de l'ordre de 200 à 300 litres, il est préférable de l'élever dans un aquarium spacieux où il se livrera à ses activités de terrassement. Les qualités physico-chimiques de l'eau sont celles habituellement enregistrées dans ce type d'aquarium. Le *Balistoides conspicillum* se montre peu sensible aux variations de salinité et de pH. Vorace, comme tous les Balistidés, ce poisson consomme une large palette de proies comprenant également des poissons vivants ou morts, et de la viande. Des moules crues ou cuites, des néréis entiers, de grosses crevettes, du poisson séché sont des aliments déchirés entre les puissantes mâchoires. Ce poisson mange toute la journée. Il préfère des températures élevées, mais supporte sans dommage des baisses ponctuelles de température.

Particularités

Cette espèce dépasse 50 cm dans son habitat naturel. Cette perle de la nature figure en bonne place dans tous les aquariums publics et suscite l'envie de nombreux aquariophiles. Pourtant il reste encore hors de portée pour la plupart des amateurs et ce pour deux raisons majeures : il est très agressif, mais surtout, étant peu abondant dans son biotope naturel, son prix est très élevé. Pour plus d'informations, voir *Balistapus undulatus*.

BALISTOIDES VIRIDESCENS
Baliste olivâtre

ORIGINE : *mer Rouge, océan indo-pacifique*
Syn. lat. : Balistes viridescens – Balistes aculeatus major

• T. : 30 cm   • Espèce territoriale, très vorace   • Aquarium : 1 000 litres   • T° : 28 à 30 °C
• Acclimatation facile

▌ Comportement

Dans la nature, le *Balistoides viridescens* fréquente essentiellement les côtes rocheuses, mais il se rencontre également à proximité des massifs madréporiques. Les juvéniles mènent parfois une vie pélagique. Leur croissance est lente. Cette espèce est peu agressive.

▌ Exigences

Bac très volumineux. Un large territoire est octroyé parmi le décor corallien. Sa nourriture est essentiellement composée de proies à carapace dure, crabes, crevettes, langoustes, échinodermes tels que des oursins et des étoiles de mer. Il apprécie aussi les moules, les petits poissons, les algues et les éponges.

▌ Particularités

Cette espèce dépasse 75 cm dans son habitat naturel. Les yeux des balistes présentent l'avantage de pouvoir se mouvoir indépendamment l'un de l'autre. Les juvéniles diffèrent par leur coloration des spécimens adultes. Pour plus d'informations, voir *Balistapus undulatus*.

MELICHTHYS INDICUS
Baliste à nageoires noires

ORIGINE : mer Rouge, océan Indien, archipel indonésien occidental

• T. : 24 cm • Espèce territoriale, très vorace • Aquarium : 800 litres • T° : 26 à 28 °C
• Acclimatation facile

▊ Comportement

Comme tous les Balistidés, le *Melichthys indicus* fréquente surtout les récifs coralliens et les prairies alguaires. Ses relations intraspécifiques ne sont pas testées en aquarium mais il est probable qu'elles sont agressives. Il peut être élevé en compagnie d'autres espèces de balistes sans trop de problèmes, dans un aquarium suffisamment volumineux.

▊ Exigences

Dans son biotope naturel, cette espèce consomme de grandes quantités d'éponges et d'échinodermes. Les algues font aussi partie de ses repas. En aquarium, il aime la salade, les épinards et beaucoup de proies carnées. Il est important de lui fournir de temps en temps des proies à carapace dure, comme des crabes, des moules, des huîtres, des crevettes, de façon à permettre une usure normale et naturelle de ses dents, dont la croissance est rapide. Si la nourriture est trop tendre, les dents atteignent une taille excessive et peuvent entraver la fermeture de la bouche. Excellent et puissant nageur, le *Melichthys indicus* aime évoluer en pleine eau. Il apprécie de nombreuses retraites parmi le décor composé de blocs coralliens, mais il a besoin également de larges zones dégagées.

▊ Particularités

Ce poisson est confondu avec son homologue le *Melichthys niger* dont il diffère par sa caudale arrondie et par cette bande bleu plus ou moins foncé qui traverse sa joue.
Le baliste à nageoires noires se remarque par son corps gris-brun plus ou moins clair, selon l'humeur du poisson. Les nageoires noir profond à verdâtre foncé sont enjolivées par un liseré blanc bleuté situé à la base de la dorsale et de l'anale. Ce liseré est placé sur la frange extérieure de la nageoire caudale. On remarque également huit lignes bleutées qui démarrent toutes de l'œil. Une fine bande souligne agréablement la base de la joue. Le baliste à nageoires noires, comme beaucoup de balistes, dort sur le flanc.

ODONUS NIGER
Baliste bleu

ORIGINE : mer Rouge, océan indo-pacifique
Syn. lat. : Balistes erythrodon – Xenodon niger

- T. : 20 cm • Espèce territoriale, très vorace • Aquarium : 800 litres • T° : 26 à 28 °C
- Acclimatation facile

▌ Comportement

Ce poisson robuste présente des relations intraspécifiques relativement peu agressives. Les autres espèces sont ignorées mais parfois mordues lors des distributions de nourritures. Cette espèce est certainement l'une des moins belliqueuses de cette famille. Dans un aquarium de grande capacité, plusieurs *Odonus niger* sont même capables de vivre en bonne intelligence. Il se forme alors du groupe une structure hiérarchisée. Peu active, cette espèce reste timide.

▌ Exigences

Dans son biotope naturel, ce poisson consomme des algues, des crabes et des rameaux de corail et des éponges. En aquarium, il accepte sans difficulté toutes les nourritures proposées. Toutefois, la nourriture d'origine végétale, comme les algues, la salade ou les épinards, est peu recherchée.

▌ Particularités

Ce poisson dépasse 50 cm dans la nature. Cette espèce se reproduit parfois en aqua-

rium si les conditions d'élevage lui conviennent. Au cours de cette période, le mâle creuse une cuvette dans le substrat sablonneux, dans laquelle la femelle dépose ses œufs. Pour assurer la fécondation, le mâle entoure la région abdominale de la femelle avec sa nageoire anale. L'incubation dure 24 heures à une température d'environ 27 °C. Mâle et femelle surveillent et soignent très attentivement les œufs. Le mâle défend activement les alentours du nid et chasse tout intrus. Au cours de cette période, sa tête devient beaucoup plus claire tandis que sa gorge, habituellement jaune verdâtre, se colore de rouge-pourpre. De temps en temps, le mâle seconde sa compagne et ventile à son tour les œufs avec les battements de ses nageoires pectorales. Cette espèce peut vivre environ dix-sept à dix-huit ans en aquarium.

Pour plus d'informations, voir le chapitre concernant *Balistapus undulatus*.

ORIGINE : mer Rouge, océan indo-pacifique
Syn. lat. : Balistes flavimarginatus – Balistes papuensis – Balistes beeri

• T. : 20 cm • Espèce territoriale, très vorace • Aquarium : 800 litres • T° : 26 à 28 °C
• Acclimatation facile

▌ Comportement

Ce poisson robuste s'acclimate sans problème dans un aquarium spacieux. Ses relations intraspécifiques sont agressives. Peu active, cette espèce reste timide.

▌ Exigences

Dans son biotope naturel, cette espèce consomme des algues, des crabes et des rameaux de corail. En aquarium, il accepte sans difficulté toutes les nourritures proposées. La puissante mâchoire des balistes, dotée de huit dents très résistantes, leur permet de casser des branches de corail, des moules et d'autres invertébrés ou mollusques à coquille dure. Ces poissons font d'énormes ravages dans les cultures d'huîtres perlières. Cette espèce, comme beaucoup d'autres, a l'habitude de rechercher ses proies dans le sable en provoquant un fort courant d'eau avec sa bouche. Ce jet d'eau disperse le sable et découvre les animaux qui y sont dissimulés.

▌ Particularités

Ce poisson dépasse 60 cm dans la nature. Les yeux des balistes se meuvent indépendamment l'un de l'autre, comme chez les caméléons. Leur implantation située très en hauteur sur la tête leur procure un champ visuel très étendu. Les nageoires ventrales sont absentes. Elles sont remplacées par une seule épine résistante, mobile, susceptible de pivoter avec le bassin. La nageoire dorsale est divisée en deux parties. La seconde ne comprend que des rayons mous. C'est par l'ondulation simultanée de ces deux nageoires que le poisson se propulse, la nageoire caudale servant de gouvernail.

Pour plus d'informations, voir le chapitre concernant *Balistapus undulatus*.

RHINECANTHUS ACULEATUS
Baliste-Picasso

ORIGINE : océan indo-pacifique
Syn. lat. : Balistes aculeatus – Balistes ornatissimus – Monacanthus cheverti

• T. : 20 cm   • Espèce territoriale, très vorace   • Aquarium : 800 litres   • T° : 26 à 28 °C
• Acclimatation facile

▌Comportement

Ce poisson robuste s'acclimate sans problème dans un aquarium spacieux. Dans la nature il vit en solitaire. Il fréquente de préférence les massifs madréporiques. Les juvéniles préfèrent les zones sablonneuses peu profondes à faible densité corallienne et les prairies de zostères. Ses relations intraspécifiques sont agressives. D'un tempérament assez timide, il reste dissimulé dans un petit bac et devient plus hardi s'il dispose de beaucoup d'espace. Il vit longtemps en aquarium.

▌Exigences

Dans son biotope naturel, ce baliste défend un vaste territoire parmi les pâtés coralliens. Il consomme des algues, des crabes, des oursins et des rameaux de corail. Bien qu'il se contente d'un aquarium assez petit, il est souhaitable de l'élever dans un bac volumineux. En aquarium il accepte sans difficulté toutes les nourritures proposées, avec de la salade comme complément. La nourriture est happée en pleine eau et sur le sol. Les néréis, les crabes, les oursins, les crevettes ou les moules crues ou ébouillantées ne sont jamais refusés par ce gros mangeur.

▌Particularités

Ce poisson dépasse 30 cm dans la nature. Quand il défend son territoire et au cours des combats de rivalités, cette espèce, comme de nombreuses espèces appartenant à cette famille, est capable d'émettre des sons très audibles. Ces grincements sont obtenus par le frottement des mâchoires supérieure et inférieure. Pratiquement toutes les espèces sont capables de produire des tambourinements à l'aide de la vessie natatoire et de la ceinture scapulaire.

Derrière les ouvertures operculaires se trouve une zone mince recouverte de larges écailles osseuses. Un petit os allongé relié à la ceinture scapulaire et animé de mouvements rythmiques produit un son martelé qui est amplifié par la vessie natatoire, comme dans une caisse de résonance.

Le *Rhinecanthus aculeatus* présente un corps ovale, très comprimé latéralement, terminé à l'avant par un museau allongé. La puissante mâchoire est capable de broyer des crabes ou des oursins. *Rhinecanthus assasi* est très proche morphologiquement de cette espèce.

Pour plus d'informations, voir le chapitre concernant *Balistapus undulatus*.

RHINECANTHUS RECTANGULUS
Baliste-écharpe

ORIGINE : mer Rouge, océan indo-pacifique
Syn. lat. : Balistes aculeatus – Balistes echarpe – Balistes medinilla –
Balistes cinctus – Rhinecanthus echarpe

• T. : 20 cm • Espèce territoriale, très vorace • Aquarium : 800 litres • T° : 26 à 28 °C
• Acclimatation facile

Comportement

Ce poisson robuste s'acclimate sans difficulté dans un aquarium spacieux. Dans la nature il vit en solitaire. C'est un piètre nageur qui se laisse dériver par les courants sur de longues distances. Ses relations intraspécifiques sont agressives. Il vit longtemps en aquarium. Ce baliste timide développe une activité moyenne. Lorsqu'il est effrayé, il se réfugie précipitamment soit dans une anfractuosité rocheuse où il s'ancre à l'aide de son épine érectile, soit il se couche immobile sur le côté. Ses activités de terrassement ne sont pas négligeables et il est nécessaire d'en tenir compte au moment de la conception du décor.

Exigences

Rhinecanthus rectangulus semble peu sensible aux variations progressives de densité et de pH. Il est également résistant aux différentes affections cutanées ainsi qu'à la pollution du milieu.

Cette espèce essentiellement carnivore apprécie les moules crues ou ébouillantées, les crevettes, les néréis, les morceaux de viande et de poisson.

Particularités

Cette espèce est moins courante que l'espèce précédente.
Comme tous les balistes, cette espèce raffole des oursins. Elle arrache minutieusement et avec beaucoup de patience toutes les épines et retourne ensuite l'échinoderme de façon à pouvoir atteindre la bouche non protégée et dévorer sa proie par cet endroit.
Parfois, les balistes saisissent l'oursin par ses piquants, atteignent la surface avec cette gourmandise si convoitée, et le laisse retomber jusqu'à ce que la coque se brise. Ce comportement se remarque parfois en aquarium. Pour plus d'informations, voir le chapitre concernant *Balistapus undulatus*.

RHINECANTHUS VERRUCOSUS
Baliste-Picasso à tache noire

ORIGINE : océan indo-pacifique
Syn. lat. : Balistes verrucosus – Balistes cinereus – Balistes viridis – Balistes praslinoides – Balistes aculeatus – Balistes ornatissimus – Monacanthus cheverti

• **T. : 25 cm**   • **Espèce territoriale, très vorace**   • **Aquarium : 1 000 litres**   • **T° : 26 à 28 °C**
• **Acclimatation assez facile**

▌Comportement

Dans la nature, les adultes vivent en solitaires. Les juvéniles et les subadultes fréquentent de préférence les eaux superficielles des plages sablonneuses. Leurs relations intraspécifiques sont agressives. Ce baliste a une longue durée de vie en aquarium.

▌Exigences

Ce poisson robuste s'acclimate sans trop de difficulté dans un aquarium spacieux. Il s'alimente avec des distributions de crustacés et de mollusques ainsi que des oursins. Après acclimatation, ce poisson vorace accepte d'autres aliments comprenant de la chair de poisson, des moules et des proies carnées.

▌Particularités

Les balistes sont caractérisés par un corps haut, assez fortement comprimé latéralement. La peau est protégée par de petites plaques osseuses. La tête paraît énorme et cette impression de grandeur est encore accentuée par la position des yeux implantés loin en arrière, à proximité de la première nageoire dorsale. La bouche située en position terminale est dotée de huit dents très solides, implantées sur chaque mâchoire. La mâchoire supérieure possède une série de six plaques internes supplémentaires implantées derrière la première rangée. Toutes ces dents sont soudées ensemble.

La nageoire dorsale des Balistidés est composée de trois épines. Lorsque cette nageoire est relevée, le premier rayon, épineux, très puissant et à bord denté, est bloqué par le second rayon, plus petit et mince, mais dont la base est fortement renflée. Ce système de verrouillage remarquable est libéré quand on rabat le troisième rayon. Cette possibilité d'ancrage permet au poisson de se reposer parmi les blocs coralliens sans être emporté par les courants. Les nageoires ventrales sont absentes.

CANTHERINES MACROCEROS
Poisson-lime à taches blanches

ORIGINE : mer des Caraïbes
Syn. lat. : Monacanthus macroceros – Monacanthus stratus

• T. : 42 cm • Espèce paisible • Aquarium : 1 000 litres • T° : 26 à 28 °C • Acclimatation assez facile

▌Comportement
Ce poisson qui vit en couple fréquente de préférence les massifs coralliens.

▌Exigences
Il réclame beaucoup d'espace pour nager librement. Le *Cantherines macroceros* s'alimente avec des proies vivantes telles que des néréis, mysis, ou de la chair de moule et de poisson. Il aime aussi les algues, la salade et les épinards.

▌Particularités
Il est très sensible à la concurrence alimentaire.

OXYMONACANTHUS LONGIROSTRIS
Poisson-lime à taches orange

ORIGINE : océan indo-pacifique
Syn. lat. : Balistes hispidus var. longirostris – Monacanthus longirostris

• T. : 10 cm • Espèce territoriale • Aquarium : 600 litres • T° : 26 à 28 °C • Acclimatation difficile

▌Comportement
Cette espèce fréquente les récifs coralliens où elle vit en petits groupes. Elle ne vit pas longtemps en aquarium.

▌Exigences
Ce poisson à nage lente redoute la concurrence alimentaire. Sa nourriture naturelle est probablement composée de polypes madréporiques. Cette spécialisation alimentaire rend évidemment son acclimatation délicate. Les *Artemia*, morceaux de néréis, chair de moule peuvent « démarrer » un individu récalcitrant. Les petites anémones font son régal.

▌Particularités
Les poissons-limes ressemblent morphologiquement aux balistes. Pour plus d'informations, voir le chapitre concernant *Balistapus undulatus*.

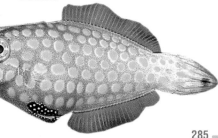

LACTORIA CORNUTA
Poisson-vache

OSTRACIIDÉS

ORIGINE : *mer Rouge, océan indo-pacifique*
Syn. lat. : Ostracion cornutus – Ostracion arcus

• T. : 30 cm • Espèce solitaire • Aquarium : 500 litres • T° : 26 à 28 °C • Acclimatation facile

▌ Comportement
Le poisson-vache fréquente les récifs madréporiques, les prairies de zostères. Les juvéniles se rencontrent dans les eaux peu salées des lagunes et dans les estuaires. Les adultes mènent une vie solitaire tandis que les jeunes vivent en bancs sécurisants. Leurs relations intraspécifiques sont agressives.

▌ Exigences
Cette espèce calme et paisible redoute la concurrence alimentaire et la présence d'autres espèces trop remuantes. Elle ne convient pas pour l'aquarium d'invertébrés car elle ne supporte pas les contacts urticants des tentacules des anémones de mer. Familière,

elle vient chercher la nourriture entre vos doigts. Son alimentation naturelle se compose essentiellement de petits invertébrés, de crevettes et de mollusques. En aquarium elle accepte facilement de la chair de moules, des morceaux de néréis, des tubifex, des *Artemia*, de la salade et des épinards.

▌ Particularités
S'ils sont stressés, ou s'ils meurent, ces poissons émettent une toxine dangereuse pour tous les occupants du bac.

OSTRACION CUBICUS
Poisson-coffre jaune

OSTRACIIDÉS

ORIGINE : *mer Rouge, océan indo-pacifique*
Syn. lat. : Ostracion tuberculatus – Ostracion argus

• T. : 20 cm • Espèce solitaire • Aquarium : 500 litres • T° : 26 à 28 °C • Acclimatation assez facile

▌ Comportement
Le poisson-coffre jaune fréquente les récifs madréporiques, les prairies alguaires. Les adultes mènent une vie solitaire. Leurs relations intraspécifiques sont agressives.

▌ Exigences
La période d'acclimatation est parfois délicate sur le plan alimentaire. Au cours de cette

phase, le poisson-coffre jaune recherche des petits crustacés type *Artemia* et broute les algues. Ensuite, il accepte des tubifex et de la chair de moule. Comme le *Lactoria cornuta*, cette espèce redoute la présence de poissons trop vifs.

▌ Particularités
Cet *Ostracion* atteint 45 cm dans la nature. S'ils sont stressés, ou s'ils meurent, ces poissons émettent une toxine dangereuse pour tous les occupants du bac. La robe des jeunes est légèrement différente de celle des adultes.

OSTRACION MELEAGRIS
Poisson-coffre noir

ORIGINE : *océan indo-pacifique*
Syn. lat. : Ostracion lentiginosum – Ostracion sebae

• T. : 15 cm   • Espèce solitaire   • Aquarium : 500 litres   • T° : 26 à 28 °C   • Acclimatation assez facile

▌Comportement

Le poisson-coffre noir vit en solitaire dans la zone abritée des récifs. Ses relations intra-spécifiques sont agressives. Les autres espèces sont ignorées. Les poissons-coffres se propulsent par des mouvements ondula-toires des nageoires dorsale et anale, la cau-dale servant de gouvernail. Ce ne sont pas des poissons rapides, mais ils sont très mobiles et capables de tourner sur eux-mêmes. Leurs dents sont soudées en une très solide plaque dentaire. Comme les balistes, leurs yeux se meuvent indépendamment l'un de l'autre.

▌Exigences

La période d'acclimatation est parfois déli-cate sur le plan alimentaire. Au cours de cette phase, le poisson-coffre noir recherche des petits crustacés type *Artemia*, broute les algues et apprécie les éponges. Ensuite, il accepte des tubifex, de la chair de moule et des paillettes.

Comme le *Lactoria cornuta*, cette espèce redoute la concurrence alimentaire provo-quée par la présence d'autres pensionnaires trop vifs.

▌Particularités

Cet *Ostracion* atteint 45 cm dans la nature. S'il est stressé, ou s'il meure, ce poisson émet une toxine dangereuse pour tous les occupants du bac. Le dichromatisme sexuel est bien marqué.

Le mâle porte des taches orange sur les flancs et des taches blanches arrondies sur le dos, sur la partie supérieure du pédoncule caudal ainsi qu'à la base de la nageoire dor-sale.

Le dos et les flancs sont nettement délimités par une ligne irrégulière. La couleur fonda-mentale des femelles est noire, ponctuée par une multitude de petites taches blanches.

*Tout le corps de la femelle
est entièrement ponctué de petites
taches blanches.*

*Cette photo représente le mâle. Il est beaucoup
plus vivement coloré que la femelle.*

AROTHRON CITRINELLUS
Poisson-ballon jaune
TÉTRAODONTIDÉS

ORIGINE : mer Rouge, océan indo-pacifique

• **T. : 25 cm** • **Espèce solitaire** • **Aquarium : 200 à 300 litres** • **T° : 26 à 28 °C** • **Acclimatation très facile**

▌Comportement
Cette espèce développe peu d'activités. Bien qu'il ne soit pas timide ni craintif, ce poisson adopte parfois des attitudes curieuses et renfrognées. Il se dissimule derrière un angle de l'aquarium ou derrière le décor. Il développe beaucoup plus d'activités pendant les distributions de nourriture, nageant dans tous les sens, éclaboussant l'aquariophile pour bien se faire remar-

quer. Les proies qui tombent à la surface de l'eau sont immédiatement englouties d'une seule bouchée. C'est un poisson très sociable qui s'apprivoise facilement et se laisse caresser. Des gonflements spectaculaires mais de courte durée sont parfois observés en aquarium.

▌Exigences
Espèce peu sensible aux variations de salinité ou de pH, très résistante et qui peut se contenter d'un petit volume.

▌Particularités
La présence d'un bec puissant est l'une de ses caractéristiques les plus spectaculaires. Les dents soudées entre elles forment un bec qui reste visible même lorsque la bouche est fermée.

AROTHRON HISPIDUS
Poisson-ballon
TÉTRAODONTIDÉS

ORIGINE : mer Rouge, océan indo-pacifique
Syn. lat. : Ostracion lentiginosum – Ostracion sebae

• **T. : 30 cm** • **Espèce solitaire** • **Aquarium : 200 à 300 litres** • **T° : 26 à 28 °C** • **Acclimatation très facile**

imposante, il se contente d'un aquarium de faible volume de l'ordre de 200 litres pour un individu de 25 à 30 cm. C'est un gros mangeur pas difficile à alimenter

▌Comportement
Le poisson-ballon développe peu d'activités en aquarium, mais il n'est pas timide. Ses relations interspécifiques sont excellentes même en compagnie de petites espèces. En période de repos ou de stress, il se dissimule derrière une cachette en repliant sa nageoire caudale. Sa longévité en aquarium atteint sept ans.

▌Exigences
Il ne convient pas pour l'aquarium d'invertébrés mais, malgré une taille relativement

▌Particularités
Cet *Arothron* atteint 53 cm dans la nature. Doté d'un bec puissant composé de dents soudées, ce poisson est capable de sectionner les tuyaux d'aération et parfois même les résistances en verre. Sa chair est vénéneuse. Le nombre de taches qui ponctuent tout le corps varie en fonction de l'âge des individus. Les jeunes et les subadultes présentent moins de taches que leurs aînés.

AROTHRON DIADEMATUS
Poisson-ballon masqué

ORIGINE : endémique de la mer Rouge
Syn. lat. : Tetraodon diadematus – Amblyrhynchotes diadematus –
Ovoides nigropunctatus – Tetraodon nigropunctatus

• T. : 12 à 15 cm   • Espèce solitaire   • Aquarium : 200 à 300 litres   • T° : 26 à 28 °C   • Acclimatation très facile

Comportement
Cette espèce assez active nage souvent en pleine eau. Elle est capable de modifier rapidement son patron de coloration en fonction de son humeur ou des circonstances. Ses relations interspécifiques sont excellentes.

Exigences
L'*Arothron diadematus* ne demande aucune exigence particulière. Toutes les proies proposées sont goulûment avalées sans aucune réticence. La seule difficulté consiste à éviter la suralimentation toujours préjudiciable à sa santé.

Particularités
Voir le chapitre concernant *Arothron citrinellus.*

AROTHRON NIGROPUNCTATUS
Poisson-ballon jaune à taches noires

ORIGINE : mer Rouge, océan indo-pacifique
Syn. lat. : Tetraodon nigropunctatus – Tetraodon trichoderma – Tetraodon aurantius

• T. : 25 cm   • Espèce solitaire   • Aquarium : 200 à 300 litres   • T° : 26 à 28 °C   • Acclimatation très facile

Comportement
Le bec des *Tetraodon* représente l'une des caractéristiques anatomiques les plus remarquables. Chez cette espèce, il reste visible même lorsque la bouche est fermée. Ce bec peut émettre des grincements. Bien qu'il soit peu timide, il est parfois craintif et replie alors sa caudale tout en se dissimulant derrière un obstacle. Il devient très actif pendant les distributions de nourriture, crachant de l'eau au-dessus de la surface. Il s'apprivoise facilement et vient chercher la nourriture entre les doigts. Attention aux coups de bec douloureux. Il aime les caresses. Sa croissance est assez rapide en aquarium.

Exigences
Malgré une taille relativement imposante, il se contente d'un aquarium de faible volume de l'ordre de 200 litres pour un individu de 25 à 30 cm. Il est peu sensible aux qualités physico-chimiques du milieu. C'est un gros mangeur pas difficile à alimenter. Moules crues ou ébouillantées, crevettes, morceaux de poissons, néréis sont goulûment engloutis. La salade est appréciée par certains sujets.

Particularités
Cette espèce est parfois classée dans le genre *Tetraodon*. Ce terme signifie « pourvu de quatre dents ». Sa chair est vénéneuse. Une espèce proche se nomme *Arothron citrinellus*, ou poisson-ballon jaune.

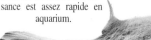

AROTHRON RETICULARIS
Poisson-ballon réticulé

ORIGINE : archipel indo-australien
Syn. lat. : Tetraodon reticularis – Tetraodon testudineus

• T. : 25 cm   • Espèce solitaire   • Aquarium : 200 à 300 litres   • T° : 26 à 28 °C   • Acclimatation très facile

▌ Comportement
Plus actif que les autres espèces apparentées, cet *Arothron* peu timide nage fréquemment en pleine eau. Le bec, cassé accidentellement, repousse en quelques semaines. Pour plus d'informations, voir l'espèce précédente, *Arothron nigropunctatus.*

▌ Exigences
Un aquarium de 200 litres paraît suffisant pour élever cette espèce très goulue et résistante. Toutes les nourritures sont bien acceptées, les plus grosses étant déchiquetées dans le bec puissant.

▌ Particularités
Sa longévité atteint huit ans en aquarium.

CANTHIGASTER MARGARITATA
Canthigaster-paon

ORIGINE : mer Rouge, océan indo-pacifique
Syn. lat. : Tetraodon margaritatus – Tetraodon solandri – Tetraodon ocellatus

• T. : 12 cm   • Espèce solitaire   • Aquarium : 200 litres   • T° : 26 à 28 °C   • Acclimatation facile

▌ Comportement
Dans la nature ce poisson vit seul ou en couple. Il s'alimente avec des fragments de polypes coralliens, de mollusques et d'éponges. Ses relations intraspécifiques sont belliqueuses.

▌ Exigences
Son acclimatation est simple à condition de lui offrir une alimentation variée composée de petites proies vivantes et d'algues. Ce poisson timide redoute la concurrence alimentaire.

▌ Particularités
S'il est mal nourri, ce poisson attaque les nageoires des autres habitants de l'aquarium.

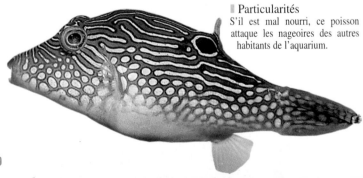

AROTHRON STELLATUS
Poisson-ballon constellé

ORIGINE : océan indo-pacifique
Syn. lat. : Tetraodon stellatus – Tetraodon lagocephalus –
Tetraodon commersoni – Tetraodon calamara – Tetraodon cinctus –
Tetraodon lineatus – Tetraodon astrotaenia

• **T. : 35 cm**   • **Espèce solitaire**   • **Aquarium : 500 litres**   • **T° : 26 à 28 °C**   • **Acclimatation très facile**

Comportement

Cette espèce développe beaucoup d'activités pendant les distributions de nourriture. Pas agressive, elle est quand même capable d'infliger des morsures involontaires aux cohabitants de l'aquarium. Elle se laisse très facilement apprivoiser, mais attention aux coups de bec maladroits. Comme tous les *Arothron*, ce poisson se gonfle sous forme d'une sphère en avalant de l'eau dans sa poche stomacale, annexe de l'estomac. En aquarium, ce gonflement n'a pas de raison apparente. Non gonflée, cette espèce a un aspect plutôt laid, le ventre étant flasque, la bouche et les yeux paraissant démesurés par rapport à la tête. Ce poisson se laisse apprivoiser très facilement. Il ne développe aucune agressivité envers les hôtes de l'aquarium.

Exigences

Bien qu'il puisse s'acclimater dans un bac de 250 litres pour une taille de 35 cm, il convient d'offrir un aquarium plus spacieux à ce poisson, dont la croissance est rapide. C'est un mangeur vorace, pas difficile à nourrir. Il absorbe avec le même plaisir des moules crues ou cuites, des néréis, des morceaux de chair de poisson, des crevettes ou de petits poissons.

Particularités

Cette espèce, la plus grande du genre, atteint 90 cm dans la nature. Elle est très proche de l'*Arothron astrotaenia,* ces deux espèces ayant une position systématique controversée.

CANTHIGASTER VALENTINI
Canthigaster à selle

ORIGINE : océan indo-pacifique
Syn. lat. : Tetraodon gronovii – Holacanthus balistaeformis – Tetraodon valentini – Canthigaster cinctus

• **T. : 10 cm** • **Espèce solitaire** • **Aquarium : 200 litres** • **T° : 26 à 28 °C** • **Acclimatation facile**

▌ Comportement
Dans la nature ce poisson vit seul ou en couple. Les jeunes vivent en bancs. Ils s'alimentent avec des fragments de polypes coralliens, de mollusques, d'éponges, d'algues, de petits oursins et de petits crabes. Leurs relations intraspécifiques sont parfois belliqueuses.

▌ Exigences
Son acclimatation est simple à condition de lui offrir une alimentation variée composée de petites proies vivantes et d'algues. Ce poisson timide redoute la concurrence alimentaire. Il a besoin de nombreuses retraites parmi le décor corallien.

▌ Particularités
Ce poisson atteint 20 cm dans la nature.

DIODON HOLACANTHUS
Poisson-porc-épic, poisson-hérisson

ORIGINE : océan indo-pacifique tropical
Syn. lat. : Diodon liturosus – Diodon spinosissimus – Diodon novemmaculatus – Diodon maculifer

• **T. : 40 cm** • **Espèce solitaire** • **Aquarium : 200 litres** • **T° : 26 à 28 °C** • **Acclimatation très facile**

▌ Comportement
Dans la nature ce poisson vit seul ou en couple. En aquarium il s'apprivoise très facilement. Sa croissance est rapide jusqu'à une vingtaine de centimètres. Pendant les distributions de nourriture, il crache fréquemment de l'eau. Ses relations interspécifiques sont excellentes même en compagnie de petites espèces. Ses relations intraspécifiques sont hiérarchisées, l'individu dominé refusant généralement de s'alimenter. Le gonflement de son corps s'obtient facilement en plongeant la main dans l'eau.

▌ Exigences
Il se contente d'un faible volume d'eau par rapport à sa taille. Cette espèce est très peu exigeante pour les qualités de l'eau. C'est un mangeur vorace qui consomme des oursins, des crabes, des pagures, des mollusques qu'il brise aisément dans sa puissante mâchoire.

▌ Particularités
Ce poisson atteint 50 cm dans la nature. Il existe une espèce proche nommée *Diodon maculifer.* Chez cette dernière, les épines présentes entre les yeux sont nettement plus longues que celles du dos. Elle ne possède pas de bande sous le menton.

DIODON HYSTRIX
Poisson-porc-épic, poisson-hérisson tacheté

ORIGINE : toutes les mers tropicales
Syn. lat. : Diodon atinga – Diodon punctatus – Diodon echinus

• T. : 50 cm • Espèce solitaire • Aquarium : 800 litres • T° : 26 à 28 °C • Acclimatation très facile

▌ Comportement
En aquarium, il s'apprivoise très facilement et vient chercher sa nourriture entre les doigts. Il devient plus actif à l'aube et au crépuscule. Pendant les périodes diurnes, il se dissimule dans une anfractuosité corallienne ou rocheuse. Ses relations interspécifiques sont excellentes. En revanche, il se montre très agressif envers les siens.

▌ Exigences
Il adore toutes les proies à coque dure, oursins, mollusques, bernard-l'hermite, crabes, homards, crevettes. Piètre nageur, le *Diodon hystrix* redoute la présence de poissons trop vifs. Bien alimenté, sa croissance est rapide.

▌ Particularités
Ce poisson dépasse 90 cm dans la nature. Les Diodontidés sont caractérisés par la présence d'une seule dent sur chaque mâchoire, l'ensemble formant un bec puissant. Les dents, cassées accidentellement, repoussent très vite.

Le gonflement des poissons-porcs-épics

Dans la nature, le gonflement est un moyen de défense contre la voracité d'un prédateur, ou de transport par flottaison lorsque le sac stomacal est rempli d'air. En aquarium, ces poissons se gonflent sans raison apparente. Ce gonflement spectaculaire est possible grâce à la présence d'une poche stomacale que le poisson remplit d'air ou d'eau par déglutition et qu'il vide par contraction des muscles abdominaux. Lorsqu'il est gonflé, le corps devient pratiquement sphérique, les nageoires dorsale et anale étant le plus souvent complètement rétractées sous la peau enflée.

LES PLANTES

ACORUS GRAMINEUS
Acore graminé

ORIGINE : Asie centrale, Japon
Syn. lat. : Acorus intermedius

• T. : 30 cm • pH : 6,5 à 7,5 • T° : 10 à 22 °C • Éclairage : intense • Substrat : sable

▌ Caractéristiques et exigences

Cette plante, issue de régions froides, supporte mal les températures élevées des aquariums tropicaux. Elle convient bien aux aquaterrariums, plantée dans un sol pauvre. Sa croissance est lente. Elle supporte assez mal la transplantation et elle est donc commercialisée en godet.

▌ Multiplication

Elle s'effectue facilement par division du rhizome.

▌ Particularités

Les *Acorus* végètent sur un rhizome horizontal. Ils vivent spontanément dans les marécages et conviennent donc parfaitement aux paludariums.

BACOPA CAROLINIANA
Gratiole

ORIGINE : Amérique du Nord
Syn. lat. : Obolaria caroliniana

• T. : 25 à 40 cm • pH : 6,4 à 7 • T° : 18 à 22 °C • Éclairage : moyen à intense
• Substrat : sable, boulettes d'argile

▌ Caractéristiques et exigences

Cette plante très résistante apprécie la diffusion de CO_2. L'éclairage doit augmenter simultanément avec la température. Dans un bac tempéré, cette plante pousse bien sous un éclairage assez faible, mais en aquarium tropical, elle réclame une lumière intense.

▌ Multiplication

Elle s'effectue facilement par bouturage des têtes.

▌ Particularités

Les fleurs apparaissent à l'aisselle des tiges aériennes. Elles sont bleu clair.

CABOMBA AQUATICA
Cabomba aquatique

ORIGINE : Amérique du Sud
Syn. lat. : Nectris aquatica

• T. : 150 à 200 cm • pH : 6,2 à 6,8 • T° : 23 à 26 °C • Éclairage : intense
• Substrat : sable, boulettes d'argile, tourbe

▌ Caractéristiques et exigences
Cette plante a besoin d'un éclairage très intense et apprécie la diffusion de CO_2. L'eau doit être acide et le substrat bien enrichi. Sa culture est relativement difficile. La présence d'un diffuseur d'air inhibe le développement de cette jolie plante.

▌ Multiplication
Elle s'effectue facilement par prélèvement de boutures de tête et de pousses latérales.

▌ Particularités
Les fleurs sont jaunes. Cette très gracieuse plante aquatique réclame une eau très claire, limpide et fortement éclairée.

CERATOPHYLLUM DEMERSUM
Cornifle émergé

ORIGINE : cosmopolite
Syn. lat. : Ceratophyllum asperum – Ceratophyllum cornutum – Ceratophyllum gibbum

• T. : 50 à 200 cm • pH : 6,8 à 7,5 • T° : 15 à 18 °C • Éclairage : intense
• Substrat : sable, boulettes d'argile, terreau

▌ Caractéristiques et exigences
Cette plante convient mieux à l'aquarium contenant une eau dure, relativement fraîche. Elle peut s'acclimater progressivement jusqu'à des températures tropicales autour de 25 à 26 °C, à condition que l'éclairage soit intense.

▌ Multiplication
Elle s'effectue facilement par prélèvement de boutures de têtes et de pousses latérales.

▌ Particularités
La teinte et la forme des feuilles varient selon les conditions de culture.

CERATOPTERIS CORNUTA
Fougère flottante à cornes

ORIGINE : cosmopolite

• T. : 50 à 70 cm   • pH : 6,5 à 7,2   • T° : 22 à 26 °C   • Éclairage : intense

▍Caractéristiques et exigences
Sous un éclairage intense, cette plante flottante envahit rapidement la surface de l'eau. Elle peut être cultivée en position immergée. Elle est très résistante.

▍Multiplication
Très facile. Le *Ceratopteris cornuta* produit des plantules à l'extrémité de ses frondes.

▍Particularités
Cette fougère est très commune en aquarium. Utilisée comme plante de surface, les alevins trouvent un refuge sécurisant parmi les racines particulièrement denses.

CERATOPTERIS THALICTROIDES
Fougère de Sumatra

ORIGINE : cosmopolite
Syn. lat. : Acrostichum thalictroides

• T. : 50 à 70 cm   • pH : 6,5 à 7,2   • T° : 22 à 28 °C   • Éclairage : intense
• Substrat : sable, terreau, tourbe

▍Caractéristiques et exigences
Sous un éclairage intense, cette fougère très populaire auprès des aquariophiles devient rapidement envahissante. Elle est très résistante. Il est possible de la cultiver comme plante flottante. Dans ce cas la morphologie des feuilles se modifie.

▍Multiplication
Très facile. Le *Ceratopteris thalictroides* produit des plantules à l'extrémité de ses feuilles.

▍Particularités
Cette fougère apprécie un sol enrichi.

CRYPTOCORYNE BECKETTII
Cryptocoryne de Beckett

ORIGINE : Asie du Sud-Est, Sri Lanka

• T. : 10 à 35 cm   • pH : 6,5 à 7,5   • T° : 25 °C   • Éclairage : faible à moyen
• Substrat : sable, tourbe

▌Caractéristiques et exigences

Sa croissance peu rapide exige une eau pas
trop dure, faiblement éclairée. La température peut monter jusqu'à 28 °C. La présence
de tourbe facilite sa reprise.

▌Multiplication

Très facile. Il suffit de repiquer les stolons.

▌Particularités

Cette espèce résistante s'identifie facilement
par la coloration de ses feuilles. Brune à vert
olive sur la face supérieure, elles sont
pourpre à rouges sur le côté inférieur.

CRYPTOCORYNE CORDATA
Cryptocoryne

ORIGINE : Asie du Sud-Est, Bornéo, Sumatra, Thaïlande
Syn. lat. : Cryptocoryne blassii – Cryptocoryne kerri – Cryptocoryne siamensis

• T. : 15 à 20 cm   • pH : 6,6 à 7,5   • T° : 24 à 26 °C   • Éclairage : moyen   • Substrat : sable, boulettes d'argile

▌Caractéristiques et exigences

Plusieurs variétés sont identiques. Elles se
distinguent par la forme de leurs feuilles. Le
limbe est elliptique pour la forme *siamensis,*
cordiforme pour la forme *kerri,* denticulé
pour la forme *ewansii.* C'est une plante
résistante qui s'adapte bien à l'eau alcaline.

▌Multiplication

Très facile. Cette plante, peu productive,
émet quelques rejets de stolons à partir du
rhizome.

▌Particularités

La *Cryptocoryne cordata* n'aime pas avoir
froid au pied. L'ins-
tallation d'un câble
chauffant dans le sol
est particulièrement
recommandé.

CRYPTOCORYNE LUCENS
Cryptocoryne

ORIGINE : Sri Lanka

• T. : 10 à 20 cm • pH : 6,5 à 7,5 • T° : 25 °C • Éclairage : moyen • Substrat : sable

Caractéristiques et exigences

Cette plante pousse aussi bien en aquarium, en position totalement immergée, que sur le bord très humide d'un aquaterrarium. Elle n'est pas exigeante pour les qualités de l'eau, mais elle ne supporte pas un éclairage trop intense. Elle convient parfaitement pour orner les premiers plans.

Son inflorescence, de 5 à 7,5 cm de long, se présente sous la forme d'un limbe brillant verruqueux et rugueux.

Multiplication

Elle s'effectue par division du rhizome.

CRYPTOCORYNE PETCHII
Cryptocoryne

ORIGINE : Asie du Sud-Est, Sri Lanka

• T. : 15 à 25 cm • pH : 6,5 à 7 • T° : 24 à 25 °C • Éclairage : moyen • Substrat : sable, tourbe, boulettes d'argile

Caractéristiques et exigences

Cultivée en aquaterrarium, en position émergée, sa croissance est beaucoup plus rapide. Les hausses subites de température entraînent souvent la destruction des parties aériennes.

Submergée, cette plante croît moins vigoureusement, mais elle est aussi moins sensible aux variations de température.

Multiplication

Très facile par voie végétative.

Particularités

L'inflorescence ressemble à celle de *Cryptocoryne beckettii*, mais la couleur est jaune sale et la partie supérieure de la spathe n'est pas contournée.

CRYPTOCORYNE UNDULATA
Cryptocoryne

ORIGINE : Sri Lanka
Syn. lat. : Cryptocoryne axelrodii – Cryptocoryne willisii –
Cryptocoryne pseudobeckettii

• T. : 25 à 35 cm • pH : 6,5 à 7,5 • T° : 25 °C • Éclairage : moyen • Substrat : sable, boulettes d'argile

▍ Caractéristiques et exigences

C'est une plante résistante, de morphologie intermédiaire entre la
Cryptocoryne walkeri et la *Cryptocoryne wendtii*. Ses feuilles atteignent 25 cm de long. Le bord du
limbe est légèrement frangé. Cette
plante amphibie se développe mieux
en position émergée. En aquarium,
elle est peu exigeante, supportant de
grandes variations de température et
une eau moyennement dure.

▍ Multiplication

Très facile par division du rhizome.

▍ Particularités

Son inflorescence mesure un peu
plus de 7,5 cm de longueur.

CRYPTOCORYNE WENDTII
Cryptocoryne de Wendt

ORIGINE : Asie du Sud-Est, Sri Lanka, Thaïlande

• T. : 18 à 25 cm • pH : 6,8 à 7,5 • T° : 24 à 28 °C • Éclairage : intense
• Substrat : sable, tourbe, boulettes d'argile, humus

▍ Caractéristiques et exigences

Cette espèce résistante n'a pas de caractéristiques ni d'exigences particulières. Elle est
sensible, comme toutes les *Cryptocoryne,*
aux variations brutales des qualités physico-
chimiques du milieu. Le remplacement des
tubes fluorescents doit être progressif.
Remplacez un tube tous les mois.

▍ Multiplication

Très facile. Il suffit de repiquer les stolons.

▍ Particularités

Cette *Cryptocoryne* produit des feuilles
polymorphes en fonction des conditions de
culture. L'inflorescence présente une morphologie relativement constante.

301

ECHINODORUS AMAZONICUS
Amazone

ORIGINE : Amérique du Sud, Brésil
Syn. lat. : Echinodorus brevipedicellatus

• T. : 50 à 60 cm • pH : 6 à 7,2 • T° : 22 à 25 °C • Éclairage : moyen à intense
• Substrat : sable, boulettes d'argile

Caractéristiques et exigences
Cette espèce populaire, exclusivement aquatique, trouve sa place au centre de l'aquarium. Elle apprécie une eau douce légèrement acide. Cultivée en eau dure, son développement est moindre.

Multiplication
Très facile. La hampe florale produit de nombreuses plantules qu'il suffit de repiquer sous une faible hauteur d'eau.

Particularités
Cet *Echinodorus* ne produit pas de feuilles flottantes. Il est proche d'*Echinodorus bleheri*.

ECHINODORUS MAIOR
Échinodorus géant

ORIGINE : Amérique du Sud, Brésil
Syn. lat. : Echinodorus martii – Echinodorus leopoldina

• T. : 30 à 50 cm • pH : 6,2 à 7,2 • T° : 23 à 25 °C • Éclairage : intense
• Substrat : sable grossier non lavé

Caractéristiques et exigences
Cette plante strictement aquatique supporte l'eau légèrement alcaline, mais redoute des températures trop élevées. Elle apprécie la diffusion de CO_2 ainsi que des apports réguliers de chelate de fer qui stimulent fortement la croissance de cette jolie plante.

Multiplication
La reproduction sexuée à partir des graines est possible. Vous pouvez également prélever des boutures à partir du rhizome.

Particularités
Cet *Echinodorus* ne produit pas de feuilles flottantes ni aériennes.

ECHINODORUS PARVIFLORUS
Échinodorus noir

ORIGINE : Amérique du Sud, Pérou, Bolivie
Syn. lat. : Echinodorus peruensis – Echinodorus tocantins

• T. : 30 à 50 cm • pH : 6,2 à 7,2 • T° : 23 à 25 °C • Éclairage : intense
• Substrat : sable grossier non lavé

▌Caractéristiques et exigences
Cet *Echinodorus* supporte différentes conditions de culture et des qualités d'eau variées. Elle produit de nombreuses feuilles dont la forme est parfois différente.

▌Multiplication
La multiplication végétative est très prolifique. La hampe florale donne énormément de plantules.

▌Particularités
Cet *Echinodorus* ressemble beaucoup à *Echinodorus aschersonianus.*

ECHINODORUS TENELLUS
Échinodorus nain

ORIGINE : Amérique du Nord, sud des États-Unis et Amérique du Sud, Brésil

• T. : 10 cm • pH : 6,2 à 7 • T° : 18 à 25 °C • Éclairage : intense
• Substrat : sable, boulettes d'argile, tourbe, humus

▌Caractéristiques et exigences
Cette espèce, idéale pour garnir les premiers plans, produit de nombreux stolons qui forment un joli tapis verdoyant. Elle préfère une eau douce légèrement acide. l'avant-plan de l'aquarium produisent rapidement, par le biais de la production de stolons, un superbe tapis vert clair.

▌Multiplication
La multiplication végétative est très prolifique. Cette petite plante produit de nombreux stolons.

▌Particularités
Cet *Echinodorus* convient parfaitement aux bacs de type amazonien. Dix à vingt pieds plantés à

HETERANTHERA ZOSTERIFOLIA
Hétéranthère à feuilles de zostère

ORIGINE : Amérique du Sud, Brésil, Bolivie, Paraguay
Syn. lat. : Heteranthera zosteraefolia

- T. : 50 à 100 cm • pH : 6,2 à 7 • T° : 22 à 26 °C • Éclairage : intense
- Substrat : sable, boulettes d'argile

Caractéristiques et exigences
Cette espèce très touffue supporte de larges écarts de température. Sa croissance est très rapide. Elle s'adapte dans tous les aquariums.

Multiplication
Le bouturage est sans problème. Laissez flotter les boutures quelques jours à la surface de l'eau avant de les repiquer.

Particularités
La hampe florale porte deux fleurs bleu clair à taches jaunes.

HYGROPHILA CORYMBOSA
Hygrophile

ORIGINE : Asie du Sud-Est, Inde, Malaisie, Indonésie
Syn. lat. : Nomaphila stricta

- T. : 20 à 50 cm • pH : 6,2 à 7,2 • T° : 22 à 28 °C • Éclairage : intense
- Substrat : sable, boulettes d'argile

Caractéristiques et exigences
Cette plante à croissance exubérante et rapide s'adapte à toutes les conditions de culture. Elle convient bien pour les arrière-plans et les côtés.

Multiplication
Le bouturage est très facile. Prélevez de préférence des boutures de têtes.

Particularités
Les feuilles sont gluantes et légèrement aromatiques. Les feuilles supérieures se referment la nuit.

HYGROPHILA POLYSPERMA

ORIGINE : Asie du Sud-Est, Inde
Syn. lat. : Justica polysperma – Hemiadelphis polysperma

• T. : 50 cm • pH : 6,5 à 7,5 • T° : 18 à 30 °C • Éclairage : intense
• Substrat : sable, boulettes d'argile, humus

▌Caractéristiques et exigences

L'*Hygrophila polysperma* est une plante extrêmement résistante. Elle supporte de larges variations de température et la qualité de l'eau la laisse pratiquement indifférente. Elle est capable de produire rapidement un bosquet dense qu'il convient de raccourcir régulièrement.

▌Multiplication

Le bouturage est très facile. Prélevez des boutures de têtes et latérales.

▌Particularités

Cette plante acidifie l'eau de l'aquarium.

LEMNA MINOR
Lentille mineure

ORIGINE : cosmopolite
Syn. lat. : Lemna minuta – Lemna cyclostasa

• T. : 0,2 à 0,3 cm • pH : 6,5 à 7,2 • T° : indifférente • Éclairage : indifférent

▌Caractéristiques et exigences

Cette minuscule plante flottante est très répandue dans tous les aquariums. Elle se multiplie très rapidement à tel point qu'il est souvent nécessaire de l'extraire pour laisser passer la lumière. Les poissons rouges et tous les herbivores se régalent avec cette lentille. Les alevins recherchent des infusoires parmi leurs courtes radicelles.

▌Multiplication

Elle se déroule toute seule. Elle est extrêmement prolifique.

▌Particularités

Sa prolifération excessive risque de nuire aux plantes situées en dessous.

LIMNOPHILA AQUATICA
Ambulie aquatique ——————— SCROPHULARIACÉES

ORIGINE : Asie du Sud-Est, Sri Lanka, Inde

• T. : 50 cm • pH : 6,5 à 7 • T° : 24 à 26 °C • Éclairage : intense • Substrat : sable

▌Caractéristiques et exigences
Cette plante à fines ramures exige un éclairage puissant et une eau peu minéralisée. Des apports de fer chélaté sont indispensables. La couronne foliaire de cette plante finement divisée peut atteindre 10 à 12 cm de diamètre.

▌Multiplication
Facile par bouturage des têtes.

▌Particularités
Sa croissance, irrégulière, dépend des conditions culturales. Une eau faiblement minéralisée et un puissant éclairage réduisent considérablement les entre-nœuds et la plante devient plus trapue et plus esthétique.

LIMNOPHILA HETEROPHYLLA
Ambulie hétérophylle ——————— SCROPHULARIACÉES

ORIGINE : Asie du Sud-Est, Sri Lanka, Inde, Pakistan, Indonésie, Japon
Syn. lat. : Limnophila reflexa – Columnae heterophylla

• T. : 20 cm • pH : 6,5 à 7 • T° : 20 à 25 °C • Éclairage : intense • Substrat : sable

▌Caractéristiques et exigences
En culture immergée, cette plante développe des feuilles aériennes complètement différentes des feuilles immergées. Sa culture en aquaterrarium est possible. Dans ces conditions particulières de culture, la plante développe des tiges rampantes qui produisent des racines adventives.

▌Multiplication
Facile par bouturage des têtes et des rejets latéraux.

▌Particularités
Elle est très commune en aquarium car elle est peu exigeante. Cette espèce est particulièrement recommandée pour orner l'arrière-plan et les côtés de l'aquarium.

LIMNOPHILA SESSILIFLORA
Ambulie sessile

ORIGINE : Asie du Sud-Est, Sri Lanka, Inde, Pakistan, Japon
Syn. lat. : Hottonia sessiliflora

• T. : 10 à 30 cm   • pH : 6,5 à 7   • T° : 20 à 25 °C   • Éclairage : intense
• Substrat : sable, boulettes d'argile

Caractéristiques et exigences
Son acclimatation est plus facile dans une eau peu profonde, bien éclairée. Dès qu'elle s'enracine, vous pouvez remonter progressivement le niveau d'eau.

Multiplication
Facile par bouturage des têtes et des rejets latéraux.

Particularités
Le *Limnophila sessiliflora* est très commun en aquarium.

LUDWIGIA PALUSTRIS
Ludwigie palustre

ORIGINE : Amérique du Nord, Afrique du Nord, Asie, Europe
Syn. lat. : Ludwigia petala – Ludwigia nitida

• T. : 15 à 80 cm   • pH : 6,5 à 7,5   • T° : 18 à 22 °C   • Éclairage : intense
• Substrat : sable, boulettes d'argile, terreau, humus

Caractéristiques et exigences
Cette plante de marais préfère les eaux peu minéralisées, une température faible et un puissant éclairage. Les feuilles émergées deviennent rouges. Elle produit beaucoup de racines adventices à l'aisselle de ses feuilles. Elle forme des bosquets touffus.

Multiplication
Facile par bouturage des têtes et des rejets latéraux.

Particularités
Elle s'adapte bien dans un aquaterrarium.

LUDWIGIA REPENS
Ludwigie rampante

ORIGINE : Amérique du Nord, Amérique centrale
Syn. lat. : Ludwigia fluitans – Ludwigia natans

• T. : 15 à 80 cm • pH : 6,5 à 7,5 • T° : 20 à 27 °C • Éclairage : intense
• Substrat : sable, boulettes d'argile, terreau, humus

▌ Caractéristiques et exigences
Cette plante de marais est particulièrement polymorphe et polychrome. Sa systématique est donc compliquée. Sa croissance est rapide. Elle redoute une élévation de la température.

▌ Multiplication
Facile par bouturage des têtes et des rejets latéraux.

▌ Particularités
Les fleurs jaunes minuscules apparaissent à l'aisselle des feuilles des plantes immergées.

MYRIOPHYLLUM AQUATICUM
Myriophylle aquatique

ORIGINE : Amérique du Sud, Brésil, Argentine, Uruguay
Syn. lat. : Myriophyllum brasiliense – Myriophyllum proserpinacoides

• T. : 15 à 150 cm • pH : 6,4 à 7 • T° : 22 à 28 °C • Éclairage : intense • Substrat : sable, tourbe

▌ Caractéristiques et exigences
Cette plante croît facilement sous un éclairage intense, dans une eau faiblement minéralisée, légèrement acide. Des feuilles émergées peuvent apparaître.

▌ Multiplication
Facile par bouturage des têtes.

▌ Particularités
Sa culture est assez difficile, elle se laisse envahir par les algues filamenteuses.

SAGITTARIA GRAMINEA
Sagittaire graminée

ORIGINE : Amérique du Nord et centrale, Mexique
Syn. lat. : Sagittaria sinensis – Sagittaria chinensis

• T. : 60 à 70 cm • pH : 6,5 à 7,5 • T° : 18 à 22 °C • Éclairage : intense
• Substrat : sable, boulettes d'argile

▌Caractéristiques et exigences
La hauteur des différentes variétés est très variable. C'est une plante résistante qui forme parfois des feuilles aériennes. Sa croissance est assez lente.

▌Multiplication
Elle se reproduit par production de stolons.

▌Particularités
Elle accepte toutes les compositions physico-chimiques de l'eau, y compris l'eau saumâtre.

SALVINIA AURICULATA
Salvinie auriculée

ORIGINE : Amérique centrale et du Sud, Mexique, Paraguay, Cuba
Syn. lat. : Salvinia hispida – Salvinia biloba

• T. : 2 à 10 cm • pH : 6,8 à 7,2 • T° : 18 à 22 °C • Éclairage : intense

▌Caractéristiques et exigences
Cette plante flottante est appréciée par les alevins qui y trouvent un excellent refuge et une profusion d'infusoires. Si les conditions de culture lui plaisent, elle devient rapidement envahissante.

▌Multiplication
Elle se reproduit par production de stolons.

▌Particularités
Elle redoute les gouttes issues de la condensation des couvercles. Cette fougère est plus à l'aise dans un bassin de plein air peu ensoleillé.

VALLISNERIA ASIATICA
Vallisnérie asiatique

ORIGINE : Asie du Sud-Est, Viêt Nam, Japon
Syn. lat. : Vallisneria spiralis var. tortifolia

• T. : 30 à 50 cm • Ph : 6,5 à 7 • T° : 20 à 26 °C • Éclairage : intense • Substrat : sable, tourbe

Caractéristiques et exigences

Cette plante à grand développement apprécie un puissant éclairage. Elle s'adapte à toutes les compositions de l'eau. La hauteur minimum de l'eau est de 40 cm. La taille des feuilles rubanées peut atteindre 40 à 60 cm pour une largeur de 1 cm environ.
Vallisneria asiatica convient parfaitement pour garnir l'arrière-plan de l'aquarium.

Multiplication

Elle se reproduit par production de stolons sous la forme de chaîne.

Particularités

Cette espèce ressemble à *Vallisneria spiralis*.

VALLISNERIA GIGANTEA
Vallisnérie géante

ORIGINE : Asie du Sud-Est, Nouvelle-Guinée, Philippines

• T. : 100 à 200 cm • pH : 6,5 à 7,5 • T° : 22 à 26 °C • Éclairage : intense
• Substrat : sable, boulettes d'argile, tourbe

Caractéristiques et exigences

Cette plante à très grand développement apprécie un puissant éclairage et beaucoup d'espace. Elle préfère une eau peu minéralisée, légèrement acide. Un sol enrichi avec de l'engrais permet une croissance exhubérante.

Multiplication

Elle se reproduit par production de stolons sous la forme de chaîne.

Particularités

Cette espèce ne convient qu'à de grands aquariums.

VALLISNERIA SPIRALIS
Vallisnérie à fleur spiralée

ORIGINE : cosmopolite

• T. : 60 à 100 cm • pH : 6,5 à 7,5 • T° : 22 à 28 °C • Éclairage : intense
• Substrat : sable, boulettes d'argile, tourbe

Caractéristiques et exigences
Cette plante à grand développement, très populaire, convient bien pour garnir les arrière-plans. Sa croissance est très rapide.

Multiplication
Elle se reproduit par production de stolons sous la forme de chaîne. Elle est très prolifique.

Particularités
Les feuilles de cette espèce comptent trois nervures. Elle est souvent confondue avec d'autres espèces proches.

VESICULARIA DUBYANA
Mousse de Java

ORIGINE : Asie du Sud-Est, Inde, Malaisie, Java, Philippines, Indonésie

• pH : 6,5 à 7 • T° : 16 à 26 °C • Éclairage : normal
• Substrat : sable, tourbe, racines de tourbières

Caractéristiques et exigences
Cette mousse, très connue des aquariophiles, est pourtant délicate à cultiver en aquarium. En aquaterrarium elle pousse vigoureusement. En culture immergée, sa croissance reste lente. Elle préfère une eau douce, légèrement acide. Elle représente un excellent substrat de ponte pour les poissons adultes, et les alevins y trouvent un refuge très recherché. Mais elle présente l'inconvénient de se laisser envahir par les algues qui finissent par l'étouffer complètement.

Multiplication
Elle se reproduit par division de touffes.

Particularités
Cette plante a besoin d'une lumière atténuée.

Index

Les chiffres en italique renvoient aux légendes. Les chiffres en romain renvoient aux monographies détaillées.

317

Crédits photographiques

Berthoule/NATURE : 11 h, 12 bd, 12 bg, 187 h, 229 b ; **Chauche/AQUA PRESS :** 103 , 104 h, 104 m, 105 b, 106 b, 107 ; **Chaumeton-Lanceau/NATURE :** 6 bg, 6 h, 15 h, 17 h, 22 h, 26 h, 30, 40, 41, 44, 46 b, 47 h, 47 m, 58 b, 63 h, 64 b, 64 h, 67 h, 68 h, 69 h, 70 b, 70 h, 71 hg, 77 h, 78 b, 78 h, 80 h, 81 b, 81 h, 83 h, 85 , 87 b, 87 h, 89 b, 95 mh, 97 h, 105 h, 110 h, 112 b, 118 h, 128 b, 130 b, 134 , 137 b, 137 h, 139 h, 139 m, 140 , 142 b, 147 , 149 b, 158 , 160 , 163 b, 164 , 166 h, 167 h, 168 b, 168 h, 172, 182-183, 185 h, 186 b, 189 h, 199 b, 200, 238-239 ; **Chaumeton/NATURE :** 5 bg, 8 b, 12 h, 12 mh, 15 b, 16 h, 16 m, 18 h, 22 b, 23 b, 23 h, 31 b, 32 b, 32 h, 33, 36, 37 b, 37 h, 38, 47 b, 59 h, 60 b, 62, 68 b, 71 b, 72 h, 73, 74, 75 b, 75 h, 76 h, 82 h, 84 h, 93 b, 93 h, 94 b, 94 h, 94 m, 95 b, 95 mb, 97 b, 98-99, 99 bd, 99 h, 108, 110 b, 111 b, 122 h, 127 b, 129 h, 133 h, 159 h, 161 h, 161 b, 161 m, 162 b, 169 , 171 mb, 171 mh, 173 b, 173 h, 174 , 175 b, 177 b, 178, 180, 181 b, 184 b, 184 h, 187 b, 188 h, 189 b, 192 h, 194 b, 195 h, 198 h, 206, 218 h, 218 b, 224, 230 b, 234 b, 235, 236, 237 b, 244, 247 b, 248 b, 249, 250 b, 252 b, 254 h, 263 b, 265, 266 h, 269 h, 274, 282, 288 b, 288 h, 289 b, 289 h, 290 b, 292 b, 292 h, 296 b, 296 h, 297 h, 298 b, 299 b, 299 h, 302 b, 302 h, 304 b, 305 h, 306 b, 306 h, 308 b, 308 h, 309 h, 310 b ; **Corel corporation :** 234 h, 293 ; **EHEIM :** 13 b ; **Grospas/NATURE :** 305 b ; **Hartl/OKAPIA :** 91 ; **Heather Angel :** 54 ; **Houtmann/AQUA PRESS :** 193 b ; **La Tourette/NATURE :** 210 h, 229 h ; **Labat :** 4, 7 mg, 8 m, 15 m, 16 b, 20-21, 59 b, 65 b, 66 h, 71 hd, 79 b, 100 b, 100 h, 101 h, 104 b, 128 h, 143, 152, 163 h, 163 m, 165, 294-295 ; **Labat/Lanceau :** 6 bd, 34 h, 35 bd, 35 bg, 35 md, 35 mg, 61 h ; **Lamaison/NATURE :** 297 b ; **Lanceau/NATURE :** 35 h, 55 h, 90 b, 196 b, 197, 199 h, 214 b, 231, 233 b, 254 b, 259 h, 291 ; **P. Louisy :** 124 h, 227 ; **T. Maître-Allain :** 19 b ; **NATURE :** 5 bd, 8 h, 14 b, 14 m, 19 m, 24, 27, 28 b, 34 b, 42 b, 45 h, 53 b, 72 b, 118 b, 120 b, 125 h, 131 h, 155 , 190-191, 196 h, 198 b, 202 h, 203, 207 h, 209, 211 b, 212 h, 213 b, 214 h, 215 b, 216, 217, 219, 220 b, 222 b, 222 h, 223 b, 223 h, 225, 230 h, 233 h, 240 b, 241 h, 242, 243, 245, 246 b, 246 h, 253 b, 253 h, 255, 258, 259 b, 261, 264, 270, 273, 275, 277, 287 b, 287 h ; **Pecaloto/NATURE :** 92 b ; **Piednoir/AQUA PRESS :** 5 h, 9, 12 mbg, 13 h, 17 b, 18 b, 19 h, 25 b, 25 h, 26 b, 29, 31 h, 39 b, 39 h, 42 h, 43 b, 43 h, 46 h, 48, 49 b, 49 h, 50 b, 50 h, 51 b, 51 h, 52, 53 h, 55 b, 56 b, 56 h, 58 h, 60 h, 61 b, 63 b, 65 h, 66 b, 67 b, 69 b, 76 b, 77 b, 79 h, 80 b, 82 b, 83 b, 84 b, 86 b, 86 h, 88 b, 88 h, 89 h, 90 h, 92 h, 95 h, 96 h, 101 b, 102 b, 102 m, 106 h, 109 b, 111 h, 112 h, 113, 114, 115 b, 115 h, 116 b, 116 h, 117 h, 117 h, 119 b, 120 h, 121, 122 b, 123, 124 b, 125 b, 126 b, 126 h, 127 h, 129 b, 130 h, 131 b, 132, 133 b, 136 b, 136 h, 138, 139 b, 141, 142 h, 144, 145 h, 145 h, 146 b, 146 h, 148 b, 148 h, 149 h, 150 b, 150 h, 151 b, 151 h, 153 b, 153 h, 154, 156, 157, 159 b, 162 h, 166 b, 167 b, 170, 175 h, 176, 177 h, 179 h, 181 h, 185 b, 186 h, 188 b, 192 b, 193 h, 194 h, 195 b, 201 b, 201 h, 202 b, 204 b, 204 h, 205 b, 205 h, 207 b, 208 b, 208 h, 210 b, 211 h, 213 h, 215 h, 220 h, 221 b, 221 h, 226, 228, 232 b, 232 h, 237 h, 240 h, 241 b, 247 h, 248 h, 250 h, 251, 252 h, 256 b, 257, 260, 262 b, 262 h, 263 h, 266 b, 267, 268 b, 268 h, 269 b, 271, 272, 276, 278, 279, 280, 281, 283, 284, 285 b, 285 h, 286 b, 286 h, 290 h, 298 h, 300 b, 300 h, 301 b, 301 h (Aquamadern), 303 b, 303 h, 304 h, 307 b, 307 h, 310 h (Aquamadern), 311 b, 311 h ; **Piednoir/NATURE :** 45 b, 102 h, 119 h ; **Prevot/NATURE :** 171 b, 171 h ; **Sauer/NATURE :** 57, 305 b ; **Tomey :** 14 h

Photos de couverture : Chaumeton/NATURE (hg, bg, bd), **Labat/Lanceau** (hd), **Piednoir/AQUA PRESS** (bm).
4ème de couverture : Chaumeton/NATURE (h, b), Piednoir/AQUA PRESS (m).